Collection « HIER »

JEAN GRAVE

LE MOUVEMENT LIBERTAIRE

SOUS LA 3ᵉ RÉPUBLIQUE

16 Photogravures hors-texte
et fac-similés de lettres de
KROPOTKINE

LES ŒUVRES REPRÉSENTATIVES

LE MOUVEMENT LIBERTAIRE
SOUS LA 3ᵉ RÉPUBLIQUE

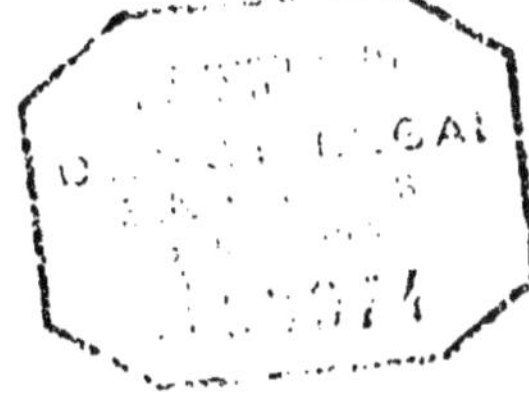

JEAN GRAVE

LE MOUVEMENT LIBERTAIRE SOUS LA 3ᵉ RÉPUBLIQUE

(SOUVENIRS D'UN RÉVOLTÉ)

16 REPRODUCTIONS HORS-TEXTE DE PORTRAITS
ET DE DOCUMENTS

LES ŒUVRES REPRÉSENTATIVES
A PARIS, 41, RUE DE VAUGIRARD — 1930

AUTRES OUVRAGES DE L'AUTEUR :

Editions de *La Révolte* et des *Temps Nouveaux*

La Société au lendemain de la Révolution (tirage 15.000 ex.) Traduit en anglais, en grec, en arménien, en italien, en russe, en roumain et en bulgare.

Terre Libre, conte pour les jeunes (tiré à 2.000 ex.). Traduit en espagnol et en russe. Edition Argentine.

CHEZ STOCK :

La Société Mourante et l'Anarchie, ouvrage poursuivi (Tiré à 10.000 exemplaires, plus 3.000 d'une édition populaire). Traduit en hollandais, en anglais, en portugais, 2 traductions en russe, 2 en espagnol, en italien.

La Grande Famille, roman militaire (4 éditions), épuisé.

L'Anarchie, son but, ses moyens (12 éditions). Traduit en portugais.

La Société Future 10 éditions), épuisé. Traduit en hollandais, en italien, 3 éditions en espagnol, 3 en russe.

L'Individu et la Société (4 éditions). Traduit en portugais.

Réformes, Révolution (4 éditions).

Malfaiteurs, roman (4 éditions). Traduit en hollandais.

Les Aventures de Nono, conte pour les jeunes (4 éditions). Traduit en espagnol.

Responsabilités !, théâtre (4 éditions). Traduit en italien.

POUR PARAITRE :

L'Anarchie, ses Déformations, ses Déviations.
Pour préparer la Société Future.

AU LECTEUR

Longtemps, j'ai hésité à écrire ces souvenirs.

J'avais, présente à la mémoire, cette réflexion de Séverine, un jour que j'étais allé la voir pour l'intéresser à un camarade dont j'aurai, plus loin, à parler: « Il n'y a que les imbéciles qui écrivent leur journal! »

Journal, Mémoires, Souvenirs, cela se vaut. Mais, cependant, il y a des Mémoires écrits par des imbéciles qui sont intéressants par des détails qui situent une époque. Et puis, il y en a d'écrits par des gens de valeur.

Cédant aux suggestions de ma femme, je me suis mis à noter les faits. Au fur et à mesure que je me les rappelais, j'ai pris goût à ce qui n'était, primitivement, qu'une intention.

J'aurai ma récompense si ces souvenirs, lecteur, ont su t'intéresser.

JEAN GRAVE

Jean Grave! Pour tous ceux dont la jeunesse fut mêlée à l'ardent mouvement social endigué entre les années 1890 à 1910, ce nom évoque le tumultueux idéalisme qui battit de son flux toute une génération d'intellectuels et d'artisans que la mystique humanitaire avait portés les uns vers les autres, dans le noble souci d'une société meilleure.

Que, pour la bâtir, les constructeurs se soient âprement confrontés, qu'un apparent désordre ait donné quelquefois le pas aux empiriques, que les théoriciens aient dû momentanément s'incliner devant certains ultimatums puérils, ces variations mêmes marquent l'élan vital des doctrines qui passionnèrent les esprits vingt ans durant pour aboutir au témoignage universel de cette faillite hagarde des plus généreux espoirs dans le sang et l'horreur.

*
* *

L'enfance de Jean Grave fut celle de la plupart des enfants du peuple. Né au Breuil en 1854, dans l'arrondissement d'Issoire où ses premières années sont bercées des légendes que content les veillées en Limagne, il arrive à Paris pour s'asseoir sur les bancs de l'école. Ses parents habitent une chambre, rue Neuve-Sainte-Geneviève, maintenant rue Tournefort, et le futur anarchiste est un petit garçon tranquille, d'une grande timidité, qu'il a précieusement gardée, et qu'animent alors les rêves multicolores

*et les changeants désirs de l'enfance. Comme tant d'autres,
il n'a connu, lui aussi, des joies familiales, que le spectacle
si quotidien du père qui se lève dès l'aube, pour rentrer
le soir muet de fatigue, et d'humeur instable; d'une mère
fragile, inquiète provinciale, que la vie fiévreuse du fau-
bourg et l'obscur logis courbent lentement vers les collo-
ques secrets avec la mort; d'une jeune sœur qu'il faut
surveiller, au défaut de la mère rivée aux travaux d'aiguille:
menue et persistante pluie de tristesses qui tombe sur les
jeunes têtes pour en faire, plus tard, des révoltés ou des
vaincus.*

*Tour à tour placé chez un mécanicien, un forgeron, un
cordonnier, le petit Grave mène la rude vie de l'apprenti;
les brimades des camarades et l'incohérente autorité des
patrons l'ont enseigné mieux que les philosophes sur les
hommes: de sens droit, il hait l'injustice et l'arbitraire et
son indignation d'enfant, quand de solides lectures l'auront
éclairé sur les inégalités inexpiables d'une société qui ne
repose que sur des intérêts et des appétits, s'affirmera laten-
te dès l'adolescence, pour le poser définitivement en réfractaire.*

*Il vit la Commune avec son père, insurgé; un an plus
tard il perd successivement sa mère et sa sœur qu'il a
veillées jusqu'au dernier jour. Puis il part soldat. Il a con-
signé, dans la Grande Famille, toutes les rancœurs, toute
sa haine. Qui pourrait l'en blâmer quand de bourgeois
écrivains comme Lucien Descaves ou Abel Hermant ont
signé les pénétrants et accablants témoignages que sont
Le Cavalier Miserey et Sous-Off. ?*

*Libéré par dispense, seule vraie fortune peut-être qu'il
ait eue sans partage, il revient à Paris où il peut vivre, selon
son humeur, avec des camarades d'idées. Il crée là, avec
eux, un foyer actif de propagande, le Groupe d'Études des
V* et XIII* arrondissements dont il est le secrétaire, où la
bataille connaît enfin un but, celui que Jean Grave s'est
assigné, l'organisation du parti anarchiste. Celle-ci, para-
doxale en apparence, n'en fut pas moins, à l'origine, l'idéal
qu'il se flattait d'atteindre. Et de grands noms viennent
sous la plume : Cafiero, Tcherkesoff, Malatesta, Kropotkine, Elisée Reclus, les apôtres de l'anarchie, par leur parole, par leur action, leurs secours servent avec enthousiasme
le jeune propagandiste.*

Dans ce livre, le lecteur retrouvera, sans fard, ces hautaines figures, burinées par l'homme qui fut leur ami, en une langue simple et drue qui est la marque de son esprit et de son caractère.

Son œuvre vivante, ce fut La Révolte, puis Les Temps Nouveaux, tâche admirablement ingrate où l'homme public, le doctrinaire en butte simultanément à la vindicte d'une gérontocratie apeurée et à la scurrilité facile des surgeons libertaires, sut garder la calme attitude qui convient au pilote d'une noble cause.

Quelque jugement qu'on en ait aujourd'hui, ceux qui ont connu les heures héroïques de ce temps, chimérique déjà, n'ouvriront pas ce livre sans émotion.

Tel Aristée, peut-être leur sera-t-il donné d'entendre un jour prochain bourdonner un essaim de libres abeilles « dans le ventre des taureaux immolés ! »

Mais, pour répéter Virgile, ne sera-ce pas un nouveau prodige ?

A. R.

I

LA FIN DE L'ORDRE MORAL

Revenu du régiment — j'en ai fixé quelques souvenirs dans la *Grande Famille* (¹), — je respirai plus largement.

C'était la fin de l'Ordre Moral. Mac-Mahon avait si bien fait, qu'il avait fini par ameuter toute l'opinion contre lui. Gambetta menait l'attaque. Ce fut la dissolution de la Chambre, puis la campagne pour renommer les 363. C'était le mot d'ordre.

C'est au xiii° que j'avais été inscrit comme électeur. Jo votai pour un des 363, qui devait être, si mes souvenirs sont exacts, Sigismond Lacroix. Ce fut l'unique fois que je votai. Entré dans le mouvement révolutionnaire, presque aussitôt anarchiste, je perdis bientôt toute confiance dans le vote.

Un ancien voisin de la Cour des Rames, cordonnier aussi, m'avait proposé d'aller travailler chez lui. J'acceptai. Puis, ne voulant pas rester en garni, je m'abonnai chez Crépin (²). Quand j'eus versé la moitié de la somme nécessaire à l'achat d'un lit, d'une commode, d'une table et de quelques chaises, je m'installai dans une chambre que j'avais louée Cour des Rames. J'étais chez moi.

On traquait encore ceux qui avaient pris part à la Commune. Cela n'empêchait qu'il commençât à y avoir un réveil d'opinion, appuyé par une propagande pour la création de sociétés coopératives de consommation. Des réunions s'organisaient. Mais je ne commençai à y aller

______

(1) Un volume chez Stock.
(2) Maison de vente à terme.

que lorsque parut le *Prolétaire*, auquel je m'abonnai dès sa création. J'y trouvais, encartées, des lettres de convocation pour les réunions organisées par le « Parti Ouvrier », que je suivis assidûment. J'étais pris dans l'engrenage.

Fort peu de temps après, je vis entrer un jour chez moi un individu qui avait l'air d'un garçon maçon, et qui se mit à me poser diverses questions sur ce que j'étais, ce que je faisais, etc.

— Mais qui êtes-vous, pour venir m'interroger?

— Je suis employé au ministère de la Guerre. On a besoin de quelques renseiguements sur vous.

— Vous êtes employé au ministère de la Guerre? Est-ce que l'on aurait l'intention de me faire repartir parce que je vais dans les réunions?

— Oh! non! Seulement on désire savoir ce que vous faites.

— Eh bien, vous leur direz que je n'ai rien à leur dire.

Au cours de la conversation, il m'avait lâché qu'il m'avait vu dans les réunions, et qu'il était l'ami de Gaston Picourt, qui faisait partie de l'entourage de Guesde.

Quand je rencontrai Picourt :

— Je vous félicite, lui dis-je, « vous choisissez bien vos amis, jusque dans la police! ».

— Comment? Comment? fit-il.

Je lui racontai la visite que j'avais reçue.

— Je vois qui vous voulez dire. J"ai déjà remarqué le bonhomme. A la prochaine réunion où il sera, amenez-le moi.

Peu de temps après, il y eut réunion rue des Arquebusiers. Une vingtaine de personnes au plus. Mon Blanchon — c'était le nom que mon visiteur m'avait donné — s'y trouvait.

Picourt finit par arriver. Je le menai vers le monsieur.

— Voyons, Blanchon, vous dites que vous êtes employé au ministère de la Guerre?

— Oui, fit l'autre, ayant l'air un peu démonté.

— Tiens! vous m'aviez dit, à moi, que vous étiez employé au Jardin des Plantes.

— Oh! c'est parce que je cumule.

— Vous cumulez! Savez-vous ce que vous êtes? Un mouchard! Et nous allons vous sortir.

Nous empoignâmes chacun par un bras notre bonhomme, et le mîmes à la porte. Jamais plus je ne le revis.

Sa visite me mit quelque temps la puce à l'oreille. N'étant en congé que comme soutien de famille, il aurait pu se faire qu'on refusât de me le renouveler. C'est que cela n'aurait eu rien d'enchanteur d'aller reprendre la casaque !

*
* *

Ce fut dans les meetings que je fis la connaissance de Jeallot, un ouvrier travaillant dans le papier de fantaisie : il était anarchiste, avait fait six mois de prison, pour avoir coopéré à l'organisation d'un congrès international avec Guesde et Costa.

Il était souvent accompagné d'un nommé Minville, ouvrier corroyeur qui avait perdu un œil en se battant pour la Commune. Nous habitions, moi, avenue des Gobelins, Jeallot au 140, rue Mouffetard, Minville, rue des Cordellères, de sorte que nous revenions ensemble des réunions, nous faisant mutuellement la conduite, car la discussion ininterrompue pendant le voyage, n'était pas terminée quand nous arrivions à la porte de l'un de nous. C'est ainsi que nous ne nous séparions — quatre ou cinq fois par semaine — qu'à deux ou trois heures du matin.

Cette vie dura cinq ou six mois. A la fin, j'étais dans un état de faiblesse extrême, tout courbatu, n'avançant pas dans mon travail. J'allai voir le D' Lacambre, le neveu de Blanqui, qui m'ordonna de cesser cette vie, et des pilules, moitié digitale, moitié valériane.

J'observai les prescriptions du docteur, quant aux réunions, où j'allai moins souvent. Je cessai aussi de passer les nuits à lire dans mon lit. Mais je ne me remis que peu à peu.

Lavy, un instituteur, Prudent Dervilliers, un tailleur, Simon Soëns, un cordonnier, poursuivaient la création d'un Parti ouvrier; Guesde, aidé de Labusquière, Lafargue, Massard, Deville, Marouck, tentaient d'organiser un Parti révolutionnaire. C'est de ce côté-là que je fus attiré.

*
* *

L'Ordre Moral avait vécu avec la démission de Mac-

Mahon qui avait dû se soumettre et se démettre, c'est étonnant ce que les généraux aiment les phrases à effet, dont ils ne pensent pas un mot. Après le triomphe des 363, il fallait bien que ceux-ci fissent quelque chose. Ils votèrent une loi d'amnistie d'où furent exclus tous ceux qui, pour leur participation à la Commune, avaient été condamnés pour délits de droit commun. C'est-à-dire, des délits politiques que les conseils de guerre, dans leur arbitraire, avaient qualifié d'assassinats, de vols, d'incendies, etc...

Cette loi écœura l'opinion publique, et ceux des déportés qui étaient amnistiés furent les premiers à protester. Mais la trouée était faite. On fut bien forcé de l'étendre par la suite.

En mai, Blanqui, quoique inéligible, fut nommé par Bordeaux.

Les républicains bourgeois avaient constitué un « Comité de secours aux amnistiés », dont Louis Blanc avait eu le cynisme d'accepter la présidence.

Nous trouvâmes qu'il était par trop impudent de forcer les amnistiés à aller demander des « secours » à celui qui, pendant la lutte, avait coopéré avec leurs fusilleurs. Nous organisâmes un « Comité d'aide aux amnistiés » composé de travailleurs, dont je fis partie.

Evidemment, nous n'étions pas de force à rivaliser avec le comité bourgeois. Je ne me rappelle plus le total des sommes récoltées, mais si cela monta à un ou deux milliers de francs, ce fut le bout du monde. Une goutte d'eau pour les détresses à secourir. Il y eut, cependant, un certain nombre d'amnistiés qui préférèrent s'adresser au comité de prolétaires qu'au comité bourgeois, malgré la modicité des allocations qu'il nous était possible de délivrer.

Il faut avouer, du reste, que la plupart des amnistiés ne comprenaient pas grand chose à ces distinctions. La plupart prenaient pour argent comptant, d'où qu'elles vinssent, les marques d'intérêt qu'on leur témoignait, ou que l'on faisait semblant d'éprouver. Ils étaient plutôt dépaysés au milieu des différences d'écoles. Au fond, plus près du radicalisme que du socialisme, ils en étaient restés au vague des idées pour lesquelles ils s'étaient battus. Chose assez naturelle, du reste. Ce n'est pas au bagne que les idées peuvent évoluer.

Un détail que j'avais oublié, et que je retrouve dans le *Révolté* du 14 juin 1879. Le comité Louis Blanc refusa des secours à un amnistié, parce que, primitivement, il s'était chargé — et acquitté — d'une commission auprès d'un membre du comité socialiste. Cela dépeint la mentalité de ceux qui le composaient.

Ce fut dans ce comité que je fis connaissance d'Ardouin, ouvrier fleuriste qui, ayant pris part à la Commune, avait pu échapper à la répression en passant à l'étranger. C'était un excellent camarade dont j'aurai à parler plus loin.

Presque en même temps, nous avions organisé un « Comité des grèves » en vue de ramasser des fonds pour soutenir les grèves qui pourraient se produire. J'en faisais partie avec Ardouin. Eugène Fournière, ouvrier en fausse bijouterie, y débuta. Intelligent, parlant facilement, il faisait beaucoup de zèle. Mais il ne tarda pas à semer, en route, le révolutionnarisme dont il faisait parade, au fur et à mesure qu'il vit que « ça pourrait le mener à quelque chose ». Était-ce l'habitude de travailler dans le faux ?

Avec Jeallot et Minville nous fondâmes aussi le Groupe d'études sociales des V° et XIII° arrondissements, dont je fus le secrétaire. Le groupe était surtout fréquenté par des ouvriers tanneurs, mégissiers et corroyeurs, industries du quartier.

Notre premier soin fut de nous mettre en relation avec tous les groupes dont nous pouvions avoir les adresses, tant à Paris qu'en province. Comme secrétaire, je fus chargé de la correspondance.

Nos idées anarchistes, à ces débuts de notre propagande, étaient très indéfinies. La liberté pour chacun, le bien-être pour tous. Le droit, pour l'individu, de choisir son mode de groupement, d'agir selon sa libre initiative, et le droit à son développement intégral, cela allait de soi.

Pas d'autorité ! c'était entendu. Entente entre les groupements et les individus ! c'était hors de discussion. Mais dans l'ensemble, tout cela restait vague.

Adversaires de l'autorité, nous ne voulions pas de président pour nos réunions. Il ne devait plus y avoir qu'un « délégué à l'ordre » ! Inconsciemment, nous emboîtions le pas aux faiseurs de révolutions politiques, dont le premier travail est de conserver les vieilles institutions en les affublant de noms nouveaux, s'imaginant qu'on leur a, ainsi, enlevé leur malfaisance.

Toute notre éducation était à faire. Ce fut une chance pour moi d'être nommé secrétaire du groupe, car, dans les correspondances que j'eus à échanger avec les camarades de province, ayant souvent à répondre à des objections, à expliquer nos propres idées, le besoin de trouver des arguments m'amena à voir clair en moi-même, à peser lesdits arguments, à reconnaître pourquoi ils étaient faibles.

Ce fut ainsi que, peu à peu, je pris conscience de ce que devait être une société libre, quels étaient les modes de relation qui pouvaient sauver la liberté de chacun, quels étaient ceux qui pouvaient faciliter le retour de l'autorité, de l'exploitation.

*
* *

Adversaires de la centralisation, nous voulions trouver un moyen de relier les groupes entre eux, sans organe exclusivement directeur, mais où chacun d'eux, au contraire, y conservât son activité propre.

C'est alors que nous imaginâmes la création d'un « Bulletin mensuel », organe des groupes fédérés, qui y développeraient leurs idées, les mettraient en discussion, appelant la controverse, y formuleraient leurs propositions pour la propagande à accomplir.

Mais si la publication était faite toujours par le même groupe il y avait danger que ce groupe ne devînt une espèce de groupe directeur. Pour y parer, nous décidâmes que chaque groupe, à tour de rôle, éditerait un numéro dudit « Bulletin ». Cela éviterait la centralisation et, de plus, forçait les groupes à quelque activité, le temps, tout au moins, qu'ils auraient à préparer la publication de leur numéro.

Faute de fonds, le premier numéro fut polycopié. Baillet nous avait amené un de ses amis, employé à la Cie d'Orléans, qui avait une écriture superbe. Ça aurait valu de l'impression si le tirage, faute d'expérience, n'avait laissé à désirer. Malheureusement, à travers les viscissitudes de la vie d'un propagandiste, ce premier numéro a été perdu.

Dans le *Révolté* du 26 novembre 1881, je retrouve le
sommaire. Il y avait des correspondances de Rivesaltes,
du Creusot, des Devaux (Yonne), de Fontaines (Isère), de
Cette, du Havre, de Bordeaux, de Lyon et de Perpignan.

La tentative, hélas! s'arrêta à ce premier numéro. Sur-
vinrent les événements de Lyon (¹), les arrestations qui en
furent la suite. L'activité du groupe en fut paralysée un
moment. Lorsqu'elle reprit, elle se trouva aiguillée dans
d'autres directions.

Du reste, l'importance de l'idée ne fut jamais bien
comprise par personne. Ayant, à diverses reprises,
essayé de la susciter en la décrivant, faute du temps
nécessaire pour m'en occuper d'une façon plus efficace, il
ne se trouva personne pour en reprendre l'initiative.

*
* *

Nos réunions se tenaient dans une petite salle de
marchand de vin au premier, au coin des rues Pascal et
de Valence.

Amenés par le père Lecourtois, un vieux de 48, qui
faisait le courtage en librairie, nous arrivèrent Guesde, et
ses suivants, Massard, Labusquière, Deville et Marouck. Ils
furent assidus pendant plusieurs séances. Ce fut là que fut
élaboré le programme de la deuxième *Egalité* dont ils
poursuivaient la réapparition.

Dans ce programme était affirmé que, seuls, les moyens
révolutionnaires pouvaient affranchir le prolétariat. Quant
au parlementarisme, impuissant à transformer l'ordre
social, le bulletin de vote ne devait être employé qu'à se
compter, sur des candidatures de protestation, et d'inéligibles.

Ce fut sur ce programme que je me laissai embaucher
pour faire partie du conseil d'administration de la nouvelle *Egalité*. Quant au clan Guesde et C¹⁰, lorsqu'ils eurent
pêché les éléments qui pouvaient leur être utiles, ils ne
remirent plus les pieds au groupe.

____

(1) Dont il sera question plus loin.

*
* *

Cafiero, Malatesta, Tcherkesoff, furent aussi des visiteurs du groupe. Je dis visiteurs, parce qu'ils ne tardèrent pas à être expulsés de France.

Le 18 mars 1880, le groupe décida de porter une couronne au mur des Fédérés. Nous eûmes la bêtise de laisser porter la couronne par Malatesta, et un jeune Grec, qui l'accompagnait. Tout alla bien pour la traversée de Paris, mais, arrivés rue de la Roquette, les agents se précipitèrent sur les couronnes, Malatesta voulut résister. Ce voyant, le jeune Grec, qui était un fanatique de Malatesta, sauta sur les agresseurs, tapant comme un sourd. Tous deux furent emballés et expulsés, ce qui ne serait pas arrivé si la couronne avait été portée par des Français.

Quelque temps auparavant, Tcherkesoff avait été arrêté sur la place du Panthéon, au sortir d'une réunion au « Vieux Chêne ». Jeallot qui l'accompagnait, ayant voulu prendre sa défense et résister, attrapa six mois de prison. Tcherkesoff fut expulsé.

*
* *

Tcherkesoff était un prince géorgien, de bonne heure affilié au mouvement révolutionnaire en Russie, et qui, traqué, avait dû se réfugier à l'étranger. Doué d'une voix douce, presque chantante, il aidait beaucoup dans les discussions.

De sa principauté, il ne lui restait que ses deux bras pour gagner sa vie, mais il n'avait aucun métier.

Il me raconta ses débuts comme peintre en bâtiment. Il avait réussi à se faire embaucher — je ne dirai pas sans avoir jamais touché à une brosse, car il avait peint quelques tableaux.

Par la façon même dont il tenait la brosse qu'on lui avait confiée, le compagnon qui travaillait à côté de lui s'exclama : « Mais tu n'as jamais été barbouilleur de ta vie » !

— Non, fit piteusement Tcherkesoff.

Le copain était un bon zigue. Il donna quelques conseils, quelques retouches, l'aida de son mieux, pour cacher son inexpérience. Tcherkesoff put échapper un temps au regard critique du contremaître. Il finit cependant par « avoir son sac ». Mais on était en pleine saison. Il passa à un autre chantier, ayant déjà un peu plus de savoir-faire. Et, de chantier en chantier, il finit par devenir un ouvrier passable.

*
* *

Un jour, Jeallot arriva chez moi avec un camarade allemand du nom de Grün, que j'avais connu dans les groupes. C'était un garçon assez renfermé. Il était sculpteur sur bois.

Jeallot me raconta qu'un arrêté d'expulsion avait été pris contre ce camarade, et me demanda si je voulais le cacher quelque temps.

Comme il suffisait qu'un étranger fréquentât un groupe anarchiste, pour qu'il fût aussitôt expulsé, je n'en fus pas trop surpris. J'acceptai donc de lui donner asile.

Le lendemain matin, il me demanda d'aller lui chercher une demi-douzaine de journaux qu'il se mit à parcourir. Tous relataient l'assassinat d'une fille galante qu'un de ses clients de passage avait égorgée.

Le lendemain, je dus donc lui apporter quantité de journaux. Cela commença à me paraître suspect. Le troisième jour, je n'avais plus aucun doute. Le meurtrier c'était Grün.

J'avoue que je me sentis passablement mal à l'aise. J'avais envisagé, sans le moindre remords, de faire sauter les députés, voire le préfet de police, d'enlever une caisse de l'Etat, mais me trouver mêlé à cette histoire de meurtre, accompli de parti pris, avec un sang-froid assez révoltant, n'avait rien qui pût me charmer, et en moi-même j'envoyais Jeallot — et son protégé — au diable.

Mes craintes furent loin d'être calmées lorsqu'un jour une voisine qui habitait le rez-de-chaussée, avec laquelle je m'étais attardé à causer, me fit cette réflexion : « Mais, dites-donc ? c'est un rouquin, votre camarade. Pourquoi donc a-t-il essayé de se teindre les cheveux ? »

Pris au dépourvu, je ne sais plus quelle explication je donnai, mais je m'empressai de rapporter ma conversation à Grün. Je fus fort soulagé lorsqu'il m'apprit qu'il était décidé à repartir en Allemagne. Jeallot le conduisit à la gare.

Je fis part de mes soupçons à ce dernier. Il m'avoua que, en effet, je ne m'étais pas trompé. Hanté, comme presque nous tous, par l'idée de se procurer les moyens d'intensifier la propagande, il avait projeté le meurtre de cette fille qui passait pour avoir des sommes assez importantes chez elle, mais il était arrivé trop tard. Lorsqu'il mit à exécution son projet, il y avait quelques jours déjà, qu'elle avait placé son argent.

Jeallot me laissa entrevoir que le coup avait été suggéré à Grün par un membre du groupe anarchiste de Levallois-Perret, nommé P... Deux ou trois ans après, nous découvrîmes que ce P... était fortement soupçonné d'être un mouchard.

Je ne pus m'empêcher de faire remarquer à Jeallot que, lorsqu'un cas pareil se présenterait, j'entendais être mis au courant de ce dont il s'agissait et qu'il ne me convenait pas d'être mêlé à des histoires que, non seulement, je désapprouvais, mais qui me répugnaient.

Jeallot m'avoua qu'il avait conduit Grün chez E. Gautier, mais que celui-ci sachant l'affaire, avait formellement refusé d'abriter Grün. C'est pourquoi il me l'avait amené, sans me dire la vraie raison de son intervention.

Quelque temps après nous lûmes dans les journaux que Grün avait été arrêté en Allemagne, et s'était pendu dans sa cellule.

*
* *

A cette même époque, eurent lieu les congrès du Havre et de Londres. Les camarades proposèrent de m'envoyer aux deux. Mais, incapable de parler en public, je déclinai l'invitation. Ce fut un autre camarade qui fut désigné.

Gautier, avec Vaillat, Demongeot, un riche cafetier, ayant, par la suite, versé dans le spiritisme, Bérard, un marchand de meubles, et quelques autres, avaient fondé le Groupe parisien de propagande qui avait déjà publié un placard. Baillet qui en faisait partie me proposa d'y adhérer.

Sur la proposition de Gautier, on décida de publier un

second placard qui serait intitulé « Mort aux Voleurs » !
Chacun devait écrire un projet. On verrait quel serait le
meilleur. Ce fut mon projet qui fut accepté, après quelques
légères modifications de forme par Gautier.

Un ou deux autres placards, rédigés par Gautier, furent
encore publiés.

C'était une époque affairée. Avec raison, on nous avait
qualifiés « de demi-quarteron ». Nous n'étions pas davantage, mais nous faisions de la besogne pour cent.

*
* *

La même année, 1880, eut lieu le Congrès ouvrier, dit
du Centre, qui se tenait à Paris. Moi, Jeallot, et un troisième camarade y fûmes délégués.

Les questions qui devaient être discutées, étaient :
l'Action électorale — la Propriété — le Salariat — la
Femme — et l'Instruction. J'avais rédigé les rapports
sur l'Action électorale, sur la Propriété, et sur la question
de la Femme, que je devais lire — c'étaient mes débuts à
la tribune. Les autres camarades avaient fourni les rapports
sur le Salariat et l'Instruction.

Nous avions pour mission, en outre, de demander que,
les délégués n'étant, en fait, que les porte-parole des
groupes, ne fussent pas désignés sous leur nom, mais simplement comme « délégué » de tel groupe.

C'était un pavé dans la mare aux grenouilles. Cela ne
pouvait faire l'affaire de la plupart de ceux qui étaient là
pour se faire un nom. On nous accorda bien de ne pas
figurer sous nos noms, mais on en laissa la liberté aux
autres !...

La première question à discuter était l' « attitude du
prolétariat dans la lutte électorale ». Quand vint mon tour
de monter à la tribune, j'avais la bouche un peu sèche.
J'avais du reste, la conviction que je serais « descendu »
de la tribune avant d'être arrivé à la moitié de ma lecture.
C'était le clan guesdiste qui dominait, et ils étaient, tous,
des candidats en expectative. Dans mon rapport, je
concluais que tout l'argent dépensé à nommer des députés
serait plus judicieusement employé à acheter de la dynamite pour les faire sauter !

Je ne fus pas « descendu » de la tribune, mais la lecture fut interrompue par nombre de protestations de la part des directeurs du Congrès. Et comme ils avaient eu la précaution de faire voter que chaque délégué ne pourrait avoir la parole plus de vingt minutes, Paulard, qui présidait, en profita pour me couper la parole et faire observer que j'avais largement dépassé le temps qui m'était attribué. Mais la majorité du Congrès décida que j'irais jusqu'au bout de ma lecture. J'eus même quelques applaudissements.

La phrase où je préférais « la dynamite au bulletin de vote » ne venait évidemment là que parce que nous traversions une période d'activité du mouvement nihiliste en Russie. Elle eut un succès foudroyant, si j'ose m'exprimer ainsi. Le lendemain, les journaux ne s'occupaient que du «discours à la dynamite».Les guesdistes finissaient eux-mêmes par être fiers du succès que remportait le Congrès, et par s'en attribuer le mérite. Toute la presse avait envoyé des reporters.

Mais dans les discours qui suivirent, « qu'est-ce que je pris pour mon rhume » ! Les Paulard, les Massard, et tutti quanti, m'accablèrent sous leur « mâle éloquence ». Peu m'importait ! J'avais dit ce que j'avais à dire.

Les séances qui suivirent se passèrent sans autres incidents.

L'année d'après, lorsque nous voulûmes retourner au Congrès avec notre motion de nommer les délégués non par leur nom, mais par celui de leur groupe, nous fûmes blackboulés, et dûmes tenir notre congrès à part.

*

* *

J'ai nommé Gautier. C'était un docteur en droit, qui dans le mouvement révolutionnaire cherchait sa voie.

Pendant longtemps, dans les réunions, il batailla contre Guesde. Ils étaient révolutionnaires, affirmaient-ils tous deux, mais ce qu'ils disputaient, sans l'avouer, c'était la direction du mouvement révolutionnaire naissant.

Guesde avait de la fougue, qui donnait une impression de sincérité, — erreur dont je suis bien revenu par la suite, — mais il supportait mal la contradiction. Il avait une façon cassante de répondre à ceux qui osaient lui opposer quelque objection, qui a dû lui faire énormément de tort dans ses prétentions à être chef de parti. Peut-être est-ce une des raisons qui le firent piétiner si longtemps sur place, avant de décrocher un mandat.

Gautier était plus froid, plus méthodique, un orateur admirable lui aussi, quoique d'un autre style que Guesde. Mais il avait quelque chose de faux dans le regard qui, dès le début, ne me le rendit pas sympathique. Il combattait l'autoritarisme de Guesde, sans avancer aucune idée pouvant le classer comme un partisan de l'anarchie, quoique depuis longtemps, il eût fondé un groupe, appelé « Cercle du Panthéon » où, aux initiés, il s'avouait anarchiste, mais jamais en public. Ce ne fut que lorsque Guesde l'eut définitivement emporté pour la direction du mouvement révolutionnaire qu'il se décida à faire publiquement profession d'anarchie.

De ce groupe faisaient partie Baillet, Urich, ouvrier cordonnier qui fréquentait les cours de la Sorbonne, que j'ai revu, ayant dépassé sa 80° année, toujours auditeur assidu de ces cours, et toujours alerte.

*
* *

Au Congrès du Centre, nous avions eu l'agréable surprise de voir que nos idées étaient celles du Groupe d'études du VI° arrondissement, que nous ne connaissions pas. Les délégués étaient Lemâle, petit patron relieur, et Vaillat, ouvrier typographe, très intelligents tous deux.

Mais j'anticipe. En 1880, un réfugié russe, Hartmann, accusé d'avoir pris part à l'attentat du Palais d'Eté contre le tzar, avait été arrêté. Il était question de le livrer à la police russe.

A cette époque, on pouvait émouvoir l'opinion publique. Ce fut un mouvement unanime d'indignation. Le gouvernement dut reculer. Il se contenta d'expulser Hartmann.

Entre temps, Guesde avait réussi à trouver des fonds pour faire paraître l'*Egalité*. Travaillant chez moi, je pouvais, lorsque c'était nécessaire, disposer de mon temps. Chaque semaine, j'allais aider à l'expédition du journal, avec Bazin, qui était trésorier.

Les rédacteurs, trop grands personnages, eux, pour mettre la main à la pâte, se contentaient de venir, l'un ou l'autre, voir comment ça marchait.

Un jour, ce fut Labusquière qui vint nous rendre visite. Il me demanda ce que l'on faisait au Groupe des V° et XIII°.

— Pas grand'chose. Nous avons décidé de nous rallier à l'abstention électorale.

— C'est un tort. Ce n'est pas ainsi qu'on fera la révolution.

— Pourquoi un tort ? Faire la révolution avec l'abstention, non. Pouvez- vous davantage la faire par le bulletin de vote ? Ne dites-vous pas que le parlementarisme est impuissant à résoudre la question sociale ? Que seule, la révolution peut détruire le régime capitaliste ?

— Certainement.

— Eh! bien, n'est-il pas plus simple de le déclarer franchement et d'agir en conséquence, en s'abstenant de prendre part à ce qui n'est qu'une comédie et un mensonge?

Profondément dégoûté, Labusquière me tourna le dos.

L'*Egalité* marcha avec le programme que nous avions accepté, sans se prononcer sur la question du vote. Cependant, on pourrait poser des candidatures d'inéligibles.

Aussitôt que l'amnistie fut votée, Guesde fila à Londres où il eut des conciliabules avec Marx et quelques-uns des réfugiés. De ces conciliabules il rapporta le fameux « programme minimum » qui, dans son préambule, affirmait que le seul moyen, pour la classe ouvrière, de s'affranchir, était la révolution, le parlementarisme étant impuissant à transformer la société actuelle en une société d'égalité et de liberté.

Or, ce n'était que de la confiture pour faire avaler la pilule électorale. Le Parlement ne pouvait pas grand'-chose, mais, enfin, il y avait certaines réformes possibles. On devait voter po r les candidats qui accepteraient les « Considérant » en tête de leur programme, les défenseurs dudit programme à de certaines réformes plus ou moins empruntées aux radicaux.

L'*Egalité* publia ce programme, le faisant sien. Pour une volte-face, c'en était une. Dégoûté, à la réunion de la commission administrative suivante, je donnai ma démission « fortement motivée ». Ma confiance en la sincérité de Guesde était franchement ébranlée.

C'est étonnant ce que ce politicien qui, au fond, n'était

qu'un ambitieux, savait jouer de l'air ascétique que lui
conférait sa maigreur, de son air souffreteux, pour se
donner l'apparence d'un apôtre.

Il posait pour l'homme malade, exténué. Comme disait
cet autre: « Il avait toujours de grandes maladies, jamais
de petite mort ». Sous le manteau, on faisait circuler des
listes de souscription pour lui assurer un traitement de
300 francs par mois, dont la majeure partie — sans
compter les extra-tapages — fut fournie par un nommé
Vaidy, un brave type gagnant largement sa vie comme
caissier chez un marchand de vins en gros.

*
* *

Le 13 mars 1881, Alexandre II fut exécuté par les nihilistes. Cette exécution, suivie entre autres de celle de
Trépoff par Vera Zassoulitch, eut une influence immense
sur le mouvement anarchiste qui commençait à se dessiner en France.

Tous, plus ou moins — plutôt plus que moins — nous
rêvions bombes, attentats, actes « éclatants » capables de
saper la société bourgeoise.

Cette mentalité, du reste, exista dès l'aurore du mouvement. La lutte énergique menée contre le tsarisme par les
nihilistes avait fortement influencé notre propagande. C'est
sous cette influence que j'avais introduit la dynamite dans
mon rapport sur l'action électorale au Congrès du Centre.
La mort d'Alexandre II ne fit que nous pousser un peu
plus dans cette voie.

Faire sauter le Palais-Bourbon, le Palais de Justice, la
Préfecture de Police, c'étaient là nos buts et la possibilité
en fut envisagée. Nous nous en pourléchions d'avance.

Au groupe du XII°, il y avait un nommé Hénon, parent,
je crois, au maire de Lyon, du même nom.

Vantard et bavard, il confiait, à qui le rencontrait, sous
le sceau du secret, qu'il projetait de faire sauter le Sacré-
Cœur. Tant et si bien qu'un beau jour le *Figaro* publia
qu'un groupe d'anarchistes se proposait de dynamiter la
basilique de Montmartre.

C'est une maladie qui n'est pas rare chez les révolutionnaires de ne pas savoir tenir leur langue.

Beaucoup auraient besoin de s'inspirer de la leçon que nous donna un camarade, autre ami que m'avait présenté Méreaux.

C'était un ouvrier peintre, du nom de Leclerc. Il y avait longtemps qu'il militait dans les groupes du quartier. Nous le connûmes assez intimement pendant plusieurs années, convaincus que Leclerc était bien son nom, et que sa situation était tout à fait normale. Ce ne fut que lorsque fut votée une loi d'amnistie militaire, qu'il nous apprit que Leclerc n'était pas son nom, et qu'il était déserteur.

Même dans les moments de confidence, il n'avait jamais fait aucune allusion permettant de croire qu'il risquait gros à fréquenter les groupes.

Je suppose qu'il n'était pas le seul à savoir tenir sa langue, mais il fut le seul de qui je fus à même de le constater.

*
* *

Malatesta était rentré clandestinement en France après son expulsion. Lui, Jeallot, Minville et Vaidy se réunissaient chez moi, en quête de ce que nous pourrions bien faire. Ne serait-il pas possible de se mettre en relation avec les égoutiers qui avaient leur service près de l'Aquarium, comme on appelait la Chambre des députés? Chaque projet fut tour à tour étudié. Mais la conclusion fut qu'il nous manquait les moyens d'entreprendre pareille tâche. C'étaient ces moyens qu'il était urgent de se procurer.

Digeon, que j'oubliais, proposa de dévaliser la recette de la rue Saint-Jacques.

Dévaliser une recette n'avait rien qui pût nous scandaliser. N'avions-nous pas l'exemple des nihilistes, s'attaquant aux coffres de l'Etat? Je fus donc chargé de visiter les lieux. Mais cela n'offrait aucune chance de réussite.

Par la suite Malatesta fut arrêté, le groupe cessa de se réunir sans avoir fait plus que Hénon. Mais personne n'eut vent de nos projets.

Au Groupe des V⁰ et XIII⁰ venait un camarade, nommé Bayout, qui était garçon de laboratoire à l'Ecole d'agriculture de la rue de l'Arbalète. Fabriquer de la dynamite était une des toquades du moment. J'ai toujours été tenté

par la chimie. Bayout se fit mon fournisseur en produits
chimiques, éprouvettes, et tout ce qu'il fallait pour faire
concurrence à Nobel, car je m'étais mis en tête de fabriquer de la nitro-glycérine, d'après les descriptions lues
dans les journaux.

Ces recettes donnaient bien les proportions du mélange,
mais négligeaient de dire si ces proportions étaient en
volume ou en poids. J'en passai des soirées, — et aussi
des heures dans la journée — et j'en dépensai des produits pour n'aboutir à rien!

Enfin, à force de patience et de ténacité, au lieu de
dégager, comme d'habitude, son contingent de fumées,
mon mélange resta clair, et je vis descendre au fond du
vase, un liquide d'un beau jaune doré — ressemblant à
peu près à de l'huile d'olive — c'était la nitro-glycérine!
J'étais sur la voie.

Je passai à un autre exercice. Il me fallait fabriquer le
fulminate de mercure. Les mêmes difficultés se produi-
sirent, les mêmes déboires.

Ce ne fut qu'après des centaines d'expériences que je
vis les cristaux de fulminate se déposer au fond du
bocal.

Mais j'étais pressé de vérifier. Je fis sécher le produit
dans une cuvette sur le couvercle du poêle, — qui chauf-
fait modérément, je dois l'ajouter pour atténuer mon
imprudence — et, lorsque je le jugeai assez sec, j'en remplis une douille vide de revolver, et le couvris avec de la
mie de pain. J'y introduisis la soie d'une lime, et allant
dans le couloir, je laissai tomber le tout. Ce fut comme un
coup de canon — un petit canon — qui éclata. Ramasser
ma lime et disparaître chez moi fut l'affaire d'une seconde.

Fier de mes résultats, je les communiquai à deux camarades: Rozier et Seigné, et je leur passai mon matériel
lorsque je partis pour la Suisse. Sans doute, ils bavardè-
rent, car ils furent arrêtés, après perquisition, et condamnés
à quelques mois de prison.

*
* *

Le mouvement anarchiste se développait rapidement.
Des groupes s'étaient formés à Cette, Béziers, Marseille,
Narbonne, dans le Gard, en Vaucluse, un peu partout.

A Lyon, le mouvement dépassait celui de Paris en activité et en violence de ton.

Les camarades de là-bas avaient publié le *Droit Social*. Le ton en fut tout de suite très violent, et les poursuites tombèrent dru comme grêle. Je lui envoyai des articles.

En relisant le *Révolté*, je vois que ce fut dans le *Droit Social* que parut l'étude « La Société au lendemain de la Révolution » que j'avais écrite pour lire au Congrès du Centre où on ne voulut pas nous recevoir; mais elle fut lue au congrès indépendant que nous organisâmes.

....

L'ambition me venant, j'envoyai au *Révolté* un article qui fut inséré. Il s'appelait « La révolution et le Darwinisme ». Suivirent des « correspondances » sur le mouvement français, puis d'autres aricles.

Mes articles au *Révolté* me mirent en relation avec Kropotkine. Ce fut vers 1880 ou 81 que je le vis pour la première fois. De passage à Paris, il me rendit visite, accompagné de M⁰ᵉ Kropotkine.

De longs jours se sont passés depuis, hélas! et j'ai oublié les détails de cette première entrevue. Ce qui survit en ma mémoire, c'est la grande simplicité de l'homme, la bonté qui s'en dégageait et son enthousiasme.

Kropotkine est resté jeune toutes ses longues années. Il a gardé l'ardeur d'un homme de vingt ans toute sa vie, en dépit des souffrances, des privations qu'il a dû traverser au cours de son existence agitée.

Je n'ai pas, ici, à raconter son histoire. Il l'a fait lui-même dans *Autour d'une vie* publié chez Stock (¹).

Malgré l'étendue de ses connaissances, il portait attention aux raisons de ses interlocuteurs, et savait se rendre à un argument lorsqu'il lui paraissait logique Combien même parmi les anarchistes, qui n'avaient pas ses connaissances, auraient gagné à s'inspirer de sa tolérance. Je ne

---

(1) Sous le titre: Pierre KROPOTKINE, le *Révolté*, le *Penseur* et l'*Humanitaire*, il a été publié en anglais un volume contenant les appréciations de quantités de gens qui l'ont connu. Le même éditeur, le camarade Ishill, en a publié un autre sur Reclus. Adresse : Berkeley-Height, New-Jersey, E. U.

l'ai jamais entendu parler de lui-même ou se vanter de sa naissance.

Il m'a été dit qu'il avait beaucoup plus de droit que les Romanof à occuper le trône de Russie, comme descendant direct de Rurik.

Transféré à Clairvaux après sa condamnation à Lyon, là, en plus de ses travaux littéraires et scientifiques, il trouva le moyen d'organiser différents cours en vue d'aider à l'éducation de ses codétenus. Dans sa correspondance il était particulièrement intéressé à savoir comment se portait l' « enfant ». L'enfant c'était le *Révolté*.

C'est là qu'il trouva le temps de revoir ses articles du *Révolté* et d'en faire le volume édité sous le titre *Paroles d'un Révolté* dont Reclus trouva le titre — il avait cette spécialité. Ce fut lui qui baptisa *La Conquête du Pain, Autour d'une Vie*, et l'*Entr'Aide*, ainsi que mon livre *La Société Mourante et l'Anarchie*.

Quand, onze ans plus tard, je fis moi-même une visite à Clairvaux, grâce à ce dernier ouvrage, j'y trouvai la mémoire de Kropotkine parmi les officiels de la maison, directeur, inspecteur et même simple gardien, aussi fraîche que s'il l'eût quittée la veille, tellement ils avaient été impressionnés par sa personnalité.

Mais nos relations furent plutôt épistolaires, nous voyant seulement lorsqu'il passait par Paris, ou lors de mes non moins rares visites en Angleterre. Combien de lettres intéressantes j'ai dû brûler, alors que nous étions toujours à la veille d'une perquisition ou arrestation! Non pas qu'elles fussent compromettantes, mais le Parquet, si anodines fussent-elles, était toujours porté à s'en faire une arme.

Lors d'une perquisition, on en avait saisi chez moi une de lui, où il me parlait du *Révolté*, mais, surtout, des fautes de ponctuation qu'il trouvait dans ma copie. Cette lettre fut lue au procès de Lyon. Quel rapport cela avait-il avec l'Internationale, c'est ce que je suis encore à me demander.

Je me rappelle une visite que ma femme et moi lui fîmes à Bordighera où il passait les vacances avec sa femme. Il était passionné de musique, de la musique russe surtout. Ce jour-là il nous en joua divers morceaux, ainsi que le *Drapeau Rouge* et le *Chant des Travailleurs*.

Attirées par les sons du piano, deux bonnes du voisinage

3

s'étaient approchées de la fenêtre du jardin pour mieux entendre. Les ayant aperçues, Kropotkine se leva, les fit entrer dans le salon. Et, après les avoir installées commodément, il joua, à leurs grands délices, divers morceaux de son répertoire. Cela, tout simplement, sans affectation, heureux, qu'il était, de faire plaisir à quelqu'un. C'est tout Kropotkine.

La révolution russe de 1917 lui ayant permis de retourner en Russie, après quarante ans d'exil, ce fut d'un cœur joyeux que Kropotkine se prépara au départ.

Assurément, ce n'était pas encore la réalisation de ses espoirs, mais c'était la fin du despotisme, de l'arbitraire, c'était la route ouverte à des réalisations possibles. C'était un premier pas vers la liberté, la création d'une atmosphère dans laquelle il serait possible de respirer librement, rêve que les bolcheviks ne devaient pas tarder à détruire.

Je me proposais d'aller lui dire adieu à Brighton, mais il m'écrivit de retarder mon voyage, qu'il serait impossible, au milieu de l'emballage de ses meubles et de sa bibliothèque, de parler sérieusement.

Dans sa lettre, il me disait qu'il serait urgent d'étudier ce qu'il serait possible de faire pour établir une entente entre quelques camarades sûrs afin d'être en mesure de résister aux tentatives de déviation qui, de temps à autres, se faisaient jour parmi nous. L'individualisme par exemple. Il me donnait rendez-vous à Londres.

Par infortune, le bateau qui devait l'emmener dut avancer son départ. Kropotkine n'eut que le temps de m'envoyer, par l'intermédiaire de Turner, le secrétaire du syndicat des employés, sa *Lettre d'adieu aux travailleurs occidentaux*, et 50 francs pour aider à la dépense de sa publication. Cela fit le sujet d'un des « Bulletins » de Guérin, à qui je l'envoyai ainsi que les 50 francs.

Pauvre Kropotkine! Quelle vie dut être la sienne, là-bas, lorsque les bolcheviks se furent emparés du pouvoir! Quel'e cruelle désillusion il dut éprouver lorsqu'il vit dispersés aux quatre vents ses rêves de liberté et de bien-être pour tous: brutalement foulés aux pieds, au nom même des idées sociales qui avaient été le mobile de sa vie entière!

MES PREMIÈRES RELATIONS
AVEC LA MAGISTRATURE DE MON PAYS

La fin de l'année 1882 fut assez mouvementée. Le directeur des mines de Montceau-les-Mines, un nommé Chagot, faisait peser sur son personnel une oppression sans bornes. Clérical enragé, ses ouvriers devaient faire montre d'esprit religieux et faire baptiser leurs enfants.

Poussés à bout, les ouvriers se soulevèrent. Une nuit de la fin d'août, une bande de trois à quatre cents hommes, armés de fourches, de revolvers, se répandirent dans la campagne, brisant les croix et les statues de la Vierge plantées aux carrefours des routes, appelant la population aux armes et arrêtant, comme ôtages, des propriétaires, des cûrés, des fonctionnaires.

Ces « scènes de désordre », pour parler le langage des gazettes bien pensantes, se renouvelèrent plusieurs nuits.

Il n'en fallait pas plus pour donner la frousse à ceux qui trouvent que tout est pour le mieux dans la meilleure des sociétés capitalistes. C'était une bonne occasion pour les gouvernants de démontrer qu'ils avaient de la poigne. Non seulement ils firent procéder à des arrestations d'ouvriers de la région, mais ils préparèrent une rafle des anarchistes.

*
* *

Comme je l'ai dit dans le précédent chapitre, dans le milieu de la même année, était paru, à Lyon, le *Droit Social*, organe hebdomadaire des anarchistes de la région, dont les articles ne tardèrent pas à atteindre un ton auquel, jusque-là, justiciards et gouvernants n'étaient pas habitués. Le *Droit Social* dut disparaître sous les amendes et les années de prison dont les robins gratifièrent ses gérants. Mais ce ne fut que pour céder la place à l'*Etendard Révolutionnaire*, dont, pour ne pas perdre de temps, le premier numéro fut déféré à la cour d'assises. La lutte dura jusqu'en juin 1884, c'est-à-dire deux ans.

A l'*Etendard* succéda la *Lutte*, qui céda la place au *Drapeau Noir*, qui fut suivi de l'*Emeute* qui, elle-même fut remplacée par le *Défi*. Mais ici, la course à la mort s'accélère. Les nouveaux journaux sont tués au bout de deux ou trois numéros. Après le *Défi* parut l'*Hydre Anarchiste* qui eut six numéros; l'*Alarme* qui vint ensuite alla jusqu'à huit. Mais le *Droit Anarchiste* qui lui succéda, tout comme le *Défi*, n'en eut que trois. Les gérants se succédaient sans interruption. La ténacité anarchiste ne pliant nullement devant les tracasseries, ce fut l'argent qui manqua, pour continuer la lutte.

Je reviens à mes moutons.

Le 18 octobre 1882 s'ouvrait le procès des ouvriers arrêtés à Montceau, Blanzy et autres localités dépendant du fief Chagot. La même semaine, on arrêtait Bordat, Bernard, à Lyon. A Paris, nous fûmes cinq à profiter du coche.

C'étaient : Crié, secrétaire de rédaction à la *Bataille*, de Lissagaray, Vaillat, Hémery-Dufoug, orateur populaire dans les réunions, et moi. Il y avait bien un sixième mandat, destiné à E. Gautier, mais celui-ci avait organisé une tournée de conférences et se trouvait en route, lorsque les arrestations furent opérées.

Il m'a même été dit que Gautier, ayant eu vent de ce qui se préparait par Goron, chef de la Sûreté, — un ami de collège — avait organisé cette tournée qui devait le mener à Genève, en vue d'arriver dans cette ville avant que crevât l'orage.

Si la chose est vraie, son calcul tourna contre lui, car, se trouvant à Lyon au moment des opérations judiciaires, ce fut là qu'il fut cueilli, emprisonné et trouvé « bon » pour le procès qui se préparait.

*
* *

Nous fûmes arrêtés un samedi. Il n'était pas encore cinq heures du matin lorsque je fus réveillé par des coups frappés à ma porte.

Je ne fus nullement surpris. Il m'était déjà arrivé de recevoir, à pareille heure, la visite de camarades de province, débarquant à Paris. Ce ne fut donc que pour la forme que je criai: « Qui est là? »

— Ouvrez! j'ai à vous parler.

Sans défiance, n'ayant qu'à allonger le bras, j'ouvris la porte à ce visiteur matinal.

Ils étaient deux qui firent irruption, se plaçant devant mon lit. L'un, une main étendue, comme pour me bénir, chose qui, je suppose, était loin de son intention. De l'autre main, il tenait un papier: « Au nom de la loi, je vous arrête, ne faites pas de résistance. J'ai le mandat d'amener ! »

Tout cela d'une seule traite, comme si cela n'avait fait qu'un seul mot. Il allait, il allait, faisant du cent cinquante à l'heure. Je puis m'être trompé, mais il me sembla que le bonhomme avait un fameux trac.

Assis dans mon lit, je regardais mes deux types, leur trouvant plutôt une « sale gueule ».

— Au nom de la loi, ne faites pas de résistance..., réitéra celui qui avait déjà pris la parole, toujours à la vitesse d'un express.

— Oui, c'est entendu. Mais où est le commissaire?

— Je vous arrête. J'ai le mandat d'amener...

— Vous me l'avez dit, déjà, je ne sais combien de fois. Où est le commissaire?

— Je vous arrête. Pas de résistance...

— Où est le commissaire? Je veux le commissaire.

— Il est en bas. Faites pas de résistance...

Après tout, être arrêté avec ou sans commissaire, cela n'avait qu'une importance minime. Un peu plus, un peu moins de légalité, ça n'en couvrait pas moins le même arbitraire. Ayant, par acquit de conscience, encore une fois réclamé le commissaire Benoîton, je me décidai à m'habiller et à suivre mes sbires.

Face à ma demeure était la manufacture nationale des

Gobelins, avec un poste de police. J'y fus conduit. Là, m'attendait une sorte de colosse que, par la suite, j'appris être le sieur Fouqueteau, commissaire de police du quai de Gesvres.

— Ah! vous l'avez, fit-il vivement, et comme relevé d'anxiété. Qu'est-ce qu'il y a chez lui?

— Oh! c'est plein de papiers. J'avais les invendus de l'*Egalité*.

— Ah! nous allons voir cela.

Je fus laissé sous la surveillance de deux « sergots », pendant que Fouqueteau, suivi de ses deux acolytes, allait perquisitionner chez moi; — sans moi, autre entorse à la loi.

*
* *

Après un temps qui me sembla assez long, revinrent mes trois escogriffes. Je fus emballé dans un fiacre, avec Fouqueteau et un des policiers, pendant que l'autre grimpait sur le siège, à côté du cocher.

En route, Fouqueteau me raconta ses souvenirs de lycée, qu'il dépeignit un peu comme une prison.

Arrivé à son bureau qui se trouvait dans les bâtiments du Théâtre, aujourd'hui théâtre Sarah-Bernhardt, je fus fourré au « violon » où je restai un temps assez long, à mon estimation. J'en fus tiré, à la fin, pour être conduit au Dépôt.

Dans ma cellule se trouvait déjà un jeune homme de dix-sept à dix-huit ans, — quelque employé sans doute, — arrêté, me dit-il, pour avoir « volé » des pommes dans un champ.

La journée se passa assez monotone. Je ne savais de quel « crime » j'étais accusé. Mais la durée de notre incarcération dépendait de notre juge d'instruction. Et, quoique la magistrature soit « indépendante », cela dépendait aussi des ordres qu'il avait reçus. D'autre part, j'avais oublié, en partant, de prendre de l'argent, et l'ordinaire du Dépôt n'avait rien de bien ragoûtant.

Il faisait nuit, lorsqu'on vint me chercher pour me conduire à l'instruction.

C'était un mot d'ordre, parmi nous, de ne jamais répondre aux questions que posaient un juge. Mais de l'astuce de ces « oiseaux », leurs questions insidieuses, je m'étais fait une idée de la difficulté de l'épreuve. Aussi, pour l'occasion, m'étais-je cuirassé des pieds à la tête.

Je ne subis qu'un interrogatoire de pure forme, et restai raide comme un piquet. Le juge ne se renseigna que sur mon identité. Il ajouta deux ou trois questions sans importance, auxquelles je répondis du ton le plus désagréable.

— Pourquoi vous a-t-on arrêté? me demanda le juge.

— Je serais enchanté de le savoir.

Or il paraît que j'étais accusé « de pillage en bande armée », et autres peccadilles du même genre. Et moi qui ne me connaissais aucun crime sur la conscience !

L'interrogatoire terminé, de son ton le plus gracieux, le juge me dit : « Le greffier va vous lire votre interrogatoire, vous direz si vous avez quelque objection à opposer ».

Je ne prêtai que fort peu d'attention au grimoire que me lut le greffier; j'étais davantage occupé à examiner mes deux types.

— Si vous n'avez aucune objection à formuler, vous allez signer votre interrogatoire, me dit le juge. — Il signifiait son élucubration, car il l'avait dictée tout au long.

Puis, de son air le plus engageant, il me tendit son porteplume.

— Je ne signe pas.

— Ah! — et il me regarda comme scandalisé de mon peu d'amabilité. Quelles objections avez-vous à faire ?

— Ça ne rentre pas dans mes idées de signer.

— Ah! — et il fit une pause comme s'il ruminait sur mon manque de tact. Puis il donna l'ordre de m'emmener.

Et je m'en allai, trouvant, qu'après tout, répondre à un juge d'instruction ce n'était pas la mer à boire.

*
* *

Dans la matinée du dimanche, Jeallot était venu déposer quelques sous au greffe à mon nom. La cantine n'étant pas encore passée, j'en profitai pour commander une tasse de café et quelques sous de saucisson.

Midi-était passé depuis longtemps, lorsqu'on commença

à distribuer les vivres commandés. J'étais en train de recevoir les miens, lorsque j'entendis appeler: « Vaillat » ! Tiens! fis-je en moi-même, je ne suis pas le seul. Puis, ce furent Crié, Hémery-Dufoug. C'est ainsi que j'appris quels étaient les camarades qui faisaient partie de la fournée. Quelques instants après ce fut le nom de Gautier qui fut lancé. Mais Gautier était à Lyon.

Je n'avais pas encore eu le temps de goûter à mon café, lorsque, au bas de l'escalier, une voix appela : Grave!

Je descendis, un gardien me conduisit vers une espèce de cellule où m'attendait un grand monsieur, que je ne reconnus pas sur le moment. C'était M. Blancard des Salines, mon juge de la veille. Mais ce fut par les journaux que j'appris son nom.

— Que demandez-vous de moi? finit-il par articuler.

— Moi, je ne vous demande rien.

— Ah! et il me toisa de plus belle.

Après un silence, il reprit :

— J'avais donné l'ordre de vous conduire à Mazas — à Mazas on est beaucoup mieux qu'au Dépôt — J'y suis allé pour vous faire mettre en liberté. Ne vous y ayant pas trouvé, je suis vite accouru ici.

Il fit une pause, attendant quelque réplique.

A part son métier, ce juge, après tout, ne me semblait pas un mauvais diable. Se déranger pour nous faire élargir, cela marquait quelque peu de conscience.

Et, malgré ma raideur de commande, je me laissai aller à articuler un « Je vous remercie, monsieur », un peu sec. Après tout, c'était un juge. Et, lui tournant le dos, je m'apprêtais à sortir.

Mais il avait un discours à me sortir. Le gardien me barra la porte.

Tout ce que je me rappelle, c'est qu'il n'avait pas trouvé de motifs pour nous garder, mais qu'il était possible que, moi et mes camarades, soyons rappelés, que nous devions nous tenir à la disposition de la justice, etc., etc...

Puis, me faisant un grand salut :

— Au revoir, monsieur.

— Je ne tiens pas tant que cela à vous revoir.

C'était parfaitement malgracieux, cela j'en conviens, surtout à l'égard d'un homme aussi aimable. Il en parut déconcerté, mais, ma foi! c'était parti avant que j'eusse eu le temps de réfléchir. S'il y a besoin d'une excuse, c'était un cri du cœur.

Et comme je ne tenais plus en place, il m'accompagna au greffe, où il fit procéder aux formalités de la levée d'écrou.

Auparavant, il m'avait demandé si je n'avais rien à prendre dans ma cellule? « Je n'avais que mon café et mon saucisson, ça sera pour mon camarade de cellule ». J'étais plus avide de respirer l'air de la rue.

Crié, plus tard, me raconta que le juge, en le libérant, lui avait dit qu'il le trouvait charmant, ainsi que les deux autres inculpés, mais que moi j'avais l'air sournois.

Sournois! moi qui avais été de la plus grande franchise avec lui. Gracieux! ça c'est une autre paire de manches!

Ce fut encore Crié qui me raconta que Blancard était légitimiste et que c'était pour faire pièce au gouvernement qu'il lui avait joué le sale tour de nous mettre en liberté. Sale tour, ou, simplement, parce qu'il était honnête homme ? Je ne sais. Toujours est-il que nous lui devions une fière chandelle. Les journaux de lundi annonçaient que l'ordre avait déjà été donné de nous transférer à Chalon. Cela rentrait dans les vues du gouvernement, évidemment. Ç'aurait été, alors, notre transfert à Lyon, notre implication dans le procès. J'étais sûr d'y écoper cinq ans. On avait trouvé de mes lettres, — écrites comme secrétaire du Groupe des V° et XIII° — chez presque tous les inculpés.

*
* *

Une fois dehors, je m'empressai de trotter à la maison. La concierge m'apprit que les policiers étaient venus, une deuxième fois, perquisitionner, emportant un fort ballot.

La veille de mon arrestation, j'avais reçu, de Genève, une grande caisse contenant de nombreux exemplaires des différentes brochures publiées par le *Révolté*. Tout avait été raflé, y compris la caisse. Par contre, un modèle en bois, pour fondre des bombes, que m'avait fabriqué un camarade modeleur, avait été scrupuleusement laissé en place après avoir été examiné.

Le soir, ou le lendemain, Vaillat vint me voir pour savoir comment ça s'était passé avec moi. Les autres avaient eu l'heureuse idée de s'attendre à la sortie, alors que je n'avais pensé qu'à filer.

Mes relations avec Vaillat, comme avec les autres camarades arrêtés, s'étaient, jusque-là, bornées à nos rencontres dans les réunions que, tous, nous fréquentions assidûment. Nous avons toujours formé des associations ou des « bandes » qui ne se connaissaient presque pas ou même pas du tout.

Ayant constaté le vol dont j'avais été victime, je m'empressai d'écrire à M. Blancard des Salines pour réclamer mes brochures, m'appuyant sur le fait qu'elles circulaient librement en France depuis longtemps, qu'elles étaient ma propriété et n'avaient rien à voir avec le procès dans lequel on voulait nous fourrer.

J'attendis une dizaine de jours, et comme sœur Anne, ne voyant rien venir, j'écrivis à l'*Intransigeant*, au *Citoyen* et à la *Bataille*, pour en appeler au public :

Paris, 28 octobre 1882.

Citoyen,

Ayant vainement réclamé auprès du juge d'instruction, qui avait ordonné mon arrestation, la restitution des objets enlevés de mon domicile, je ne trouve rien de mieux que de m'adresser à l'opinion publique.

Je lui laisse le soin de qualifier ce fait, d'autant plus que la perquisition — il paraît que cela s'appelle une perquisition — a été faite en mon absence.

M. Fouqueteau, commissaire de police, est monté chez moi pendant que j'étais au poste de l'avenue des Gobelins. Il y est retourné à dix heures du matin, alors que j'étais au Dépôt, et il a fait main-basse sur mes journaux, mes brochures, deux manuscrits, l'un sur « La Propriété », l'autre sur « Le Suffrage Universel », et sur un revolver qui était dans le tiroir de ma commode. Notez que les journaux ont paru librement en France, et que les brochures ne sont, en aucune façon, interdites.

Bien à vous et à la Révolution.

J. GRAVE.

Quelques jours après la publication de ma lettre, j'étais appelé chez le commissaire de police de mon quartier. Je me présentai chez le monsieur qui me donna lecture d'une communication, par laquelle on m'informait que les objets saisis avaient été envoyés au procureur de Châlon-sur-Saône. Que c'était à lui que je devais adresser ma réclamation.

*
* *

Pendant ce temps, on arrêtait un peu partout : à Vienne, à Saint-Etienne, à Marseille, au Creusot, à nouveau à Montceau, à Autun, à Béziers. Enfin, à Thonon, arrestation de Kropotkine, qui s'y était réfugié après son expulsion de la « libre Helvétie » !

Cinquante-huit camarades qui, sans doute, n'avaient fait rien de plus que ceux qui furent relâchés, — n'est-ce pas le propre de ce genre de procès de rafler au petit bonheur, et de juger de même, — furent renvoyés devant le tribunal correctionnel de Lyon, sous le prétexte d' « affiliation à l'Internationale » qui, depuis la féroce répression de 71, avait cessé d'exister en France. Il est vrai que ce prétexte valait tout autant qu'un autre. En réponse, une bombe fut lancée dans un établissement de nuit : l'« Assommoir », où la haute gomme de Lyon avait l'habitude de se réunir. Une seule personne fut mortellement blessée. Les auteurs inconnus ayant pu s'échapper, ce fut une frousse indicible, que ne fit qu'accroître un nouvel attentat accompli quelques jours après contre un bâtiment de l'administration militaire, appelé la « Vitriolerie ».

La presse bourgeoise aboyait contre les anarchistes. Pendant un moment, il avait été question de l'arrestation d'Elisée Reclus, mais, comme il habitait en Suisse, les journaux en concluaient qu'il s'y était réfugié, à dessein.

Elisée Reclus envoya au juge chargé de l'instruction du procès de nos amis la lettre suivante qui fut reproduite dans quelques journaux :

Monsieur Rigot, juge d'instruction à Lyon,

Je lis dans le *Lyon Républicain* du 23 décembre que, d'après l'instruction, les deux chefs et organisateurs des anarchistes internationaux sont Elisée Reclus et le prince Kropotkine, et que si je ne partage pas la prison de mon ami, c'est que la justice française ne peut me saisir au delà des frontières.

Vous savez pourtant qu'il eût été facile de m'arrêter puisque je viens de passer plus de deux mois en France. Vous n'ignorez pas non plus que je me suis rendu à Thonon pour l'enterrement d'Ananieff, le lendemain de l'arrestation de Kropotkine, et que j'ai prononcé quelques paroles sur sa tombe. Les agents qui se trouvaient immédiatement derrière moi et qui se répétaient mon nom n'avaient qu'à m'inviter à les suivre.

Mais, que je réside en France ou en Suisse, il importe peu. Si vous désirez instruire mon procès, je m'empresserai de répondre à votre invitation personnelle. Indiquez-moi le lieu et l'heure. Au moment fixé, je frapperai à la porte de la prison désignée.

Elisée RECLUS.

Le ton digne de cette lettre imposa silence à quelques-uns des valets de plume. Les autres ne savaient pas assez ce que signifie dignité pour comprendre.

L'Ananieff dont parlait Reclus dans sa lettre était le beau-frère de Kropotkine, qui était mourant chez notre ami, quand les sbires y allèrent perquisitionner et tout bouleverser.

*
* *

Entre temps, j'avais reçu — c'était bien six à sept semaines après mon arrestation — une invitation de Clément, commissaire aux délégations judiciaires. Clément était déjà commissaire à tout faire sous l'Empire, que les pseudo-républicains n'étaient pas dégoûtés d'employer à leur tour.

Je me grattai l'oreille, mais rien à faire. Il fallait, — comme on dit — passer par là ou par la porte.

La veille de l'entrevue je me préparais à aller me coucher, lorsque Vaillat se présenta.

— Tu as reçu ta convocation, me dit-il, que comptes-tu faire?

Les arrestations se multipliaient en province.

— Que veux-tu que je fasse? Me rendre à la convocation.

Je n'avais pas le sou pour me cacher, encore moins pour filer à l'étranger et donner à la bourrasque le temps de s'apaiser. J'étais à la discrétion de l'autorité, tout autant que si j'avais été à Mazas.

— Pour quelle heure es-tu convoqué?

— Pour deux heures.

— Diable! Nous autres nous sommes convoqués pour quatre, quatre et demie et cinq heures. Nous nous sommes donné rendez-vous : Crié, Hémery-Dufoug et moi pour trois heures croyant que tu étais convoqué pour trois heures et demie. Nous pensons que, peut-être, ça serait mieux de nous présenter ensemble. Comment va-t-on s'arranger? Je n'ai pas le temps de revoir les autres.

— N'importe! Je serai au rendez-vous. Clément me prendra à l'heure que je me présenterai.

Le lendemain, j'étais au rendez-vous, à l'heure. Vaillat était là, mais il était près de quatre heures lorsque les autres arrivèrent.

Après une courte discussion, ils avaient changé d'opinion. Il était fort possible que nous soyons arrêtés. Ne valait-il pas mieux que l'un de nous passât devant? S'il était arrêté, ne le voyant pas revenir, les autres auraient le temps d'avertir la presse. Qui serait le premier?

Là-dessus, pas d'erreur, puisque j'étais convoqué le premier, c'était donc à moi « à me dévouer » !

Je trouvai Clément dans son bureau.

— C'est vous monsieur Gravel C'est que... voilà! Je vous avais convoqué pour deux heures. J'ai quarante-quatre questions à vous poser. J'en aurai au moins pour deux heures avec vous. Vos camarades sont convoqués pour quatre heures — ils sont déjà là. — Je serai forcé de les faire attendre. Enfin! comme vous voyez, ce n'est pas ma faute.

— Pas la mienne, non plus. Je n'ai pas pu venir avant.

Il s'installa à son bureau, me fit asseoir, et la comédie commença.

A chaque question :

— Je n'ai pas à répondre. Je refuse de répondre.

Comme cela, malgré toutes les circonlocutions de Clément, nous arrivâmes très vite au bout du chapelet.

— Maintenant, fit Clément, toujours souriant, on va vous lire votre interrogatoire. Ce qui fut fait.

Et, lorsque la lecture fut terminée, comme si ça allait de soi :

— Vous signez votre interrogatoire, et il me tendit la plume.

— Non, je ne signe pas.

— Pourquoi?

— Parce que je ne signe pas.

— Oh! vous êtes parfaitement libre, fit Clément, qui était un bien trop vieux routier pour être surpris.

Et plus souriant que jamais, il me reconduisit jusqu'à
la porte de son cabinet. Mais, en me retournant, je le vis
parler au téléphone, — ou, plutôt, au cornet acoustique —
il n'était pas, je crois, encore question de téléphone, à
l'époque. — « Bon! pensai-je en moi-même, on va te mettre le grappin au débarcadère ». Et à chaque détour, le
long des couloirs, je m'attendais à tomber sur quelque
sbire qui me dirait que ce n'était pas la peine d'aller plus
loin.

Je ne rencontrai que Vaillat, qui me dit que, fatigués
d'attendre et me croyant « emballé », ils avaient décidé
qu'il tenterait à son tour l'épreuve.

Je rejoignis Hémery et Crié au café, où nous avions
rendez-vous. Vaillat revint presque aussitôt. Ce ne fut pas
plus long avec les deux autres.

*
* *

Mais je ne perdais toujours pas de vue mes brochures.

Après avoir attendu quelque temps, j'écrivis au procureur de Chalon pour lui dire que l'on me renvoyait à lui
pour obtenir ce qui m'appartenait, et que j'entendais que
cela me fût rendu.

Pas plus que M. Blancard des Salines, M. le procureur
ne daigna me répondre.

J'eus donc encore recours aux bons offices de l'*Intransigeant*, du *Citoyen*, et de la *Bataille*. Quelques jours
après, convocation chez le commissaire du quartier. Je
finissais par en connaître le chemin.

Là, j'entendis lecture d'une communication m'informant
que le procureur de Châlon avait « refilé » les objets qui
m'avaient été volés à son collègue de Lyon. Qu'ils ne pouvaient m'être rendus tant que l'enquête dont j'étais l'objet
ne serait pas terminée.

J'ai une vague idée que ce n'étaient pas exactement les
termes de la communication, mais c'en est l'esprit. Quant
à ma caisse, elle était en train de faire le tour de France.

Le procès de Lyon terminé, ayant assez d'esprit de suite,
et sans me décourager, j'écrivis au procureur de Lyon pour
réclamer ce qui m'appartenait.

Naturellement, pas de réponse. Et, comme c'était tout indiqué, j'eus recours à la presse.

Dans ma lettre j'expliquais que, arrêté pour « pillage en bande armée », c'était moi qui me trouvais pillé.

Le moyen continuait à me réussir. Nouvel appel chez le commissaire, pour me dire cette fois que le parquet de Lyon m'avisait qu'il tenait à ma disposition les objets qui m'avaient été pris.

Faire le voyage de Lyon était onéreux. Heureusement, le camarade Lemoine qui avait organisé, là-bas, le groupe qui se chargeait de venir en aide aux camarades emprisonnés, voulut bien se charger d'aller chercher mon bien.

Peu de temps après, les camarades m'invitaient à me rendre à Lyon pour mettre en ordre les documents qu'ils avaient collectionnés pour le volume qu'ils se proposaient d'éditer: *Le Procès de Lyon.*

Vérifier le contenu de la caisse qui m'avait été rendue fut une de mes premières besognes arrivé à Lyon. Inutile de dire que tous ceux par les mains de qui elle avait passé, y avaient largement puisé et monté leur bibliothèque à bon marché.

Mais qu'y faire! Il n'existait pas de procès-verbal ni d'inventaire. Je devais m'estimer heureux de rentrer en possession de ce que l'on avait bien voulu me rendre. Le revolver m'était rendu. Il devait être pris et repris encore plus d'une fois.

*
* *

En lisant les fiches policières qui y étaient attachées, je pus constater que, en allant de Paris par Châlon jusqu'à Lyon, les motifs de mon arrestation avaient subi diverses variations.

Arrêté à Paris pour avoir fait partie de bandes armées à Montceau, sans avoir bougé de Paris — à Lyon, je n'étais plus accusé que d' « excitations à la haine des citoyens les uns contre les autres ». Or, comme les camarades qui avaient été envoyés devant le tribunal correctionnel de Lyon y étaient traduits pour « affiliation à une société non autorisée », cela faisait trois accusations différentes que les juges « à tout faire » qui avaient été chargés de l'instruction dudit procès avaient étudiées.

Ce qui prouve qu'on vous arrête d'abord sous le premier prétexte venu, et que l'on cherche ensuite la raison justificative, quitte à se rabattre sur une mauvaise, si on ne peut en trouver une bonne.

A part cela, quantité de gens vous affirment que les lettres de cachet sont abolies en France depuis la révolution de 89.

AFFICHE DES LITHOGRAPHIES DES « TEMPS NOUVEAUX »
REPRODUCTION D'UNE LITHOGRAPHIE DE SIGNAC

II

PORTRAIT DE JEAN GRAVE EN 1928

III

DU PROCÈS DE LYON A GENÈVE

Le procès de Lyon avait eu lieu. Kropotkine, Bernard, Gautier, Bordat avaient été condamnés à cinq ans de prison, d'autres à des peines variant de quatre à six mois. Quelques-uns furent acquittés.

Pendant le procès l'attitude de Gautier fut celle d'un homme qui ne renie aucune de ses idées. Il se défendit remarquablement. Mais après le verdict, il fut brusquement séparé de ses camarades. Pendant qu'ils étaient expédiés à Clairvaux, lui, sans chercher à leur dire un mot, était transféré à Sainte-Pélagie, à Paris. Ce qui était une grande faveur, car, même ceux qui étaient condamnés à Paris étaient envoyés en province, si la condamnation dépassait un an.

Cela fut sans doute dû à l'intervention de son ami Goron, avec qui il publia, pendant sa détention, un roman en collaboration.

Quand je ramenai le *Révolté* à Paris, Crié me remit un article que j'insérai croyant qu'il était de lui. Il était intitulé : « Préjugés Anarchistes, Violences de paroles ». Plus tard, Crié m'avoua que l'article en question — qui était parfaitement juste, du reste — était de Gautier.

Puisque nous sommes sur son sujet, voici une historiette que me raconta Kropotkine.

Au procès, Gautier avait prononcé un discours émouvant, vibrant d'émotion. Mais, au cours de son plaidoyer, il fut interrompu par l'avocat général, Fabreguette qui fut gratifié par la suite d'un fauteuil à la Cour de cassation. Gautier, nullement troublé par l'interruption, sembla, au

4

contraire, y trouver une occasion de repartir avec une plus belle envolée si possible.

Quand ils eurent réintégré la prison, Kropotkine dit à Gautier:

— Tu as été magnifique. Mais ne t'étais-tu pas fourvoyé à un moment de ton discours? Comment t'en serais-tu tiré, si l'avocat général ne t'avait pas interrompu?

— Farceur! fit Gautier, en le poussant du coude, n'as-tu pas remarqué que je me suis arrêté à un moment? L'interruption était prévue, et comme elle ne venait pas, il fallait bien donner à Fabreguette le temps de la trouver.

Baillet qui le connaissait me disait qu'il apprenait ses discours devant sa glace, étudiant ses gestes. Parfait, sans doute, comme entraînement. Mais au bout de quelque temps de cette pratique, que reste-t-il de sincérité?

*
* *

Les arrestations avaient ralenti les correspondances de notre groupe avec ceux de province, mais cela n'empêchait pas que lorsqu'un camarade venait à Paris c'était chez moi qu'il descendait.

Pendant quelque temps, j'avais eu un camarade russe, qui travaillait avec moi. Après lui, ce fut Dejoux, le premier gérant du *Droit Social* qui me tomba du ciel.

Condamné à deux ans, qu'il n'avait nullement l'intention de faire, il avait quitté Lyon. Et comme il n'avait aucune relation à Paris, il resta avec moi.

Ce fut lui qui m'apprit beaucoup de choses sur Lyon. L'activité des camarades lyonnais ne devait pas s'arrêter aux quelques attentats qui s'étaient produits. Notre-Dame-de-Fourvière devait sauter. On avait dû, me dit-il, déjà y transporter de la dynamite. Mais par suite d'indiscrétions dans la correspondance avec Paris, le projet fut abandonné.

A propos de l'attentat de Bellecour, il me dit que le seul individu tué fut un anarchiste qui, doutant de son efficacité, avait résolu de l'empêcher. C'est en voulant éteindre la mèche de la bombe qu'il avait été victime de l'explosion.

De Cyvoct, l'auteur de l'attentat, il faisait de grandes

louanges. Grande intelligence, disait-il, et grandes promesses. Il avait pu s'échapper.

Mais, quelque temps après, les journaux nous apprenaient qu'il venait d'être blessé, en Belgique, en manipulant des explosifs.

Si le nom de Cyvoct fut aussitôt mis en avant comme auteur de l'attentat, c'est que la police avait dû l'apprendre d'un nommé Valadier qui suivait le mouvement et que l'on sut plus tard être un mouchard. Mais elle n'avait aucune preuve. Cyvoct n'en fut pas moins condamné à mort. Tout ce que l'on put réunir contre lui, c'étaient des articles du *Droit Social*, où l'on appelait les colères des vengeurs sur l' « Assommoir », où se produisit l'attentat.

On n'osa pas l'exécuter, — il avait été extradé de Belgique, à la suite de son accident. Il fut envoyé au bagne.

*
* *

Plus tard, à la suite de l'affaire Dreyfus, une campagne fut menée pour obtenir sa libération. Il fut remis en liberté, après dix-sept ans de captivité.

Il vint me rendre visite au Journal. Je m'attendais à trouver un homme exceptionnel. Je fus navré de voir ce que le bagne en avait fait. Le malheureux n'avait absolument plus rien dans le ventre.

Sous l'impulsion d'un ancien membre de la Commune, Arnold, des électeurs du XIII° avaient posé sa candidature à la députation. J'essayai de lui faire comprendre que, libéré, il n'avait aucune chance d'être élu. Mais, grisé par l'accueil enthousiaste d'un certain nombre de citoyens, il se voyait déjà au Parlement. Il tenta, à son tour, de me convaincre de la bonne besogne qu'il allait y faire.

Je lui exprimai les doutes que je nourrissais à ce sujet, lui expliquant que, le voudrait-il, il ne pourrait pas y faire grand chose. Mais, évidemment, pour lui, je n'étais qu'un radoteur.

A propos de l'attentat de Bellecour, il voulut se poser en victime d'une erreur judiciaire. Il n'y avait pas plus innocent que lui dans cette affaire.

— Victime d'une entorse à la justice, lui dis-je, évidemment, puisqu'il n'existait aucune preuve contre vous, mais innocent! permettez-moi d'en douter.

Et comme il persistait, je lui donnai le nom de celui qui lui avait procuré la dynamite, un camarade fort connu dans le mouvement, qui, lui-même, me l'avait confié.

Après tout, à force de nier sa participation à l'attentat, peut-être Cyvoct avait-il fini par croire lui-même à son innocence!

Et cependant, Cyvoct n'avait pas été trop maltraité au bagne — relativement à d'autres, bien entendu — puisque, en dernier lieu, il était employé à la pharmacie. En considérant ce qu'il était devenu, on se demande ce qui doit rester de ceux à qui le régime est appliqué dans toute sa rigueur.

Cyvoct disparut du mouvement.

*
* *

Bernard, Bordat et quelques autres camarades avaient décidé de faire appel du jugement. Le procès s'ouvrit à nouveau vers la fin de février 1883.

Le procès d'appel était en cours lorsque j'arrivai à Lyon. Je n'eus rien de plus pressé que de me rendre à une des audiences, où je pus serrer la main des camarades, y étant arrivé avant que la séance fût commencée.

Au cours de l'audience, il fut donné lecture de plusieurs lettres de moi qui avaient été saisies chez l'un ou l'autre des accusés. Tant et si bien que Tressaud, un camarade de Marseille, chez qui on en avait saisi aussi, s'écria : « Mais, enfin, si c'était si défendu de correspondre avec Grave, pourquoi n'est-il pas ici, avec nous »? Ce qui fit tourner, souriant, les autres accusés vers moi.

C'était chez Lemoine que se faisait la préparation des envois de vivres pour les détenus. Toute la famille s'y employait avec zèle et entrain. Mme Lemoine secondait admirablement son mari, et les enfants de même. C'est curieux comme tous ces « contempteurs » de la famille font de bons époux ou épouses, et de bons pères ou bonnes mères de famille.

Le camarade Lemoine ne tarda pas à payer pour son

zèle. Pris pour je ne sais plus quel délit de parole, il fut condamné à deux ans de prison.

*
* *

Vers la fin de 1883, Reclus vint me trouver — sur la suggestion de Sophie Kropotkine — pour me demander si je voulais aller à Genève m'occuper de l'administration du *Révolté*, en remplacement du camarade qui y était, et qui, ayant femme et enfants, ne pouvait plus supporter la « purée » dans laquelle lui et sa famille végétaient depuis trop longtemps. Il fallait quelqu'un qui n'eût qu'à penser à sa peau.

Aller à Genève me souriait assez. Voir du pays! Apprendre un nouveau métier! — je devais composer le journal — j'acceptai d'emblée. Lorsqu'il fallut conclure, la réflexion étant venue, je terminai par où j'aurais dû commencer, en disant à Reclus : « Mais, est-ce que je serai capable de m'en tirer? »

Je n'avais mis les pieds dans une imprimerie que pour aider à l'expédition de l'*Egalité*, de Guesde. C'était insuffisant comme apprentissage.

— Il n'y a qu'à vouloir, fit Reclus. Vous apprendrez.

— Bon! S'il n'y a qu'à vouloir, j'accepte.

Mais comme je pensais à me marier, et n'envisageais pas de me fixer à Genève, je fis la réserve que je ne m'engageais que pour six mois.

— Bon, bon, fit Reclus, on verra.

Les six mois durèrent trente et un ans. Et encore fallut-il la guerre pour y mettre fin.

Je logeai mes meubles et outils chez un parent de Seigné, et partis pour Genève.

La première journée cela alla bien. Le camarade que je devais remplacer m'apprit la casse et à tenir le composteur. Le lendemain j'attendis vainement le camarade, je ne le revis que quelques jours après. Il devait du reste continuer à s'occuper de la rédaction.

*
* *

Pour être anarchiste, on n'en est pas moins homme. C'est-à-dire, homme comme vous fait l'éducation actuelle. Quoiqu'il eût adhéré au nouvel état de choses, le camarade — appelons-le X... — ne pouvait s'empêcher d'être froissé de ce qu'il considérait comme une diminution et de me regarder comme un intrus.

De la part de quelques-uns, je trouvai une certaine hostilité, mais je trouvai aussi de l'aide. Un déserteur, nommé Belnet, qui était compositeur, prit une casse chez lui, et se mit à composer la copie que je lui passai.

Les commencements furent durs.

Je me rappelle qu'une nuit, faisant la mise en pages, il m'échappa un paquet qui représentait bien trois quarts de colonne. Naturellement, il se mit en pâte. Je dus le recomposer. Mais lorsque je voulus sortir la composition du composteur, même accident. Et pendant au moins une demi-heure il en fut ainsi. J'en fus réduit à ne sortir qu'une ligne à la fois pour ne pas voir ma composition s'éparpiller.

Énervé, je fus plus d'une fois prêt à donner un coup de pied dans la galée, et à tout envoyer au diable. Je dus m'arrêter un temps avant de continuer. Quand je repris le travail, j'étais plus calme, cela marcha normalement, et au matin les formes étaient prêtes à être emportées chez l'imprimeur qui nous faisait le tirage.

*
* *

J'avais retrouvé un camarade que j'avais connu au Groupe des V° et XIII°, un nommé Finet, ouvrier peintre, qui m'offrit le lit et la pension chez lui, à mon arrivée.

Mais comme il était sans travail, qu'il avait une femme et un enfant qu'elle allaitait, il arriva que nous dûmes vivre tous les quatre avec les 80 francs que Reclus s'était chargé de m'assurer tous les mois.

J'étais dans une situation embarrassante. Cela ne pouvait durer ainsi, et, d'autre part, il me coûtait de les laisser dans une pareille misère.

Ce Finet était un bon garçon, mais, j'en ai peur, un peu insouciant et flemmard. Ce n'est pas lui qui aurait fait mentir le dicton que « la sueur de peintre vaut très cher » !

Je ne me souviens plus comment finit notre association. Il avait dû, je crois, trouver du travail. J'en profitai pour louer une chambre meublée chez une locataire de Perrare, un réfugié de la commune de Lyon. Il me recommanda également à un boucher qui prenait des pensionnaires.

Là, c'était la noce! Pour 40 francs par mois, on avait, le matin, café au lait à discrétion, viande, légumes, dessert à midi tant que l'on pouvait en manger, et le café par-dessus le marché; le soir, de même. Heureux temps!

*
* *

Le dimanche matin, quelques-uns des camarades qui s'intéressaient à la propagande avaient l'habitude de venir faire un petit tour à l'imprimerie. Parmi ceux qui venaient, je me rappelle Ritz, un Genevois, qui, près des autorités suisses était le gérant responsable du *Révolté*. Belnet, le compositeur dont j'ai déjà parlé; un autre déserteur français, nommé Sadier, un bon camarade avec lequel je suis toujours en rapports; un nommé Steiger, ouvrier bijoutier; un Allemand, ouvrier tailleur, nommé Bareis, tous charmants camarades.

Après avoir causé de choses et d'autres toute la matinée, on se rendait chez le père Pictet — notre proprio-marchand de vin — prendre le « distak », — c'est le nom du verre d'absinthe, à Genève — et on se séparait jusqu'au dimanche suivant.

Il me revient en mémoire une promenade que nous fîmes tous ensemble, un jour de semaine. sur le Salève. C'était une belle journée d'hiver. Il avait gelé. Lorsque nous fûmes sur la hauteur, nous vîmes, au-dessous de nous, les arbres couverts de givre: c'était féérique. Nous arrivâmes, assez fatigués, à un village sur la montagne.

A propos de Sadier, un bel exemple de la fameuse liberté suisse tant vantée. A son arrivée à Genève il était venu loger chez sa tante, veuve d'un révolutionnaire de Clamecy, réfugié à la suite de quelque mouvement. Plus tard, sa compagne l'ayant rejoint, ils s'étaient mis dans leurs meubles. Mais réfractaire, on lui mesurait l'hospita-lité. On ne lui avait accordé qu'un permis de séjour valable pour trois mois seulement, qu'il devait faire renouveler à expiration.

Lorsque sa compagne fut arrivée, il eut la visite presque journalière des policiers qui venaient le relancer, pour qu'ils fissent régulariser leur situation, la pudique Helvétie ne pouvant pas tolérer que des gens se missent en ménage sans approbation du maire. On menaçait de les expulser. Je crois qu'à la fin ils durent céder.

*
* *

Grâce aux relations que j'avais eues, comme secrétaire du Groupe des V⁰ et XIII⁰, je réussis à donner de l'extension au journal.

Des camarades de France se chargèrent d'en placer des numéros. Il vint également quelques abonnés. Bref, en peu de temps je tirai à 3.000 au lieu de 1.500.

Mais cela allait trop bien. Quelques mois après mon arrivée à Genève, le Gouvernement français interdit l'entrée du *Révolté* en France.

J'essayai de le faire passer dans des journaux bourgeois locaux, mais la surveillance était bien assurée, tous les exemplaires furent confisqués.

Gross, un autre camarade suisse qui fut excessivement utile à la propagande, nous avait bien trouvé un *gradé* de l'octroi qui s'offrait à nous le faire passer en France, mais le prix qu'il demandait revenait à 0,10 l'exemplaire, le prix que nous le vendions. C'était hors de nos moyens.

Heureusement, des camarades de Roubaix me proposèrent la combinaison suivante : j'adresserais les colis à un village voisin de la frontière; là, les camarades iraient les chercher et s'arrangeraient pour leur faire passer la frontière et les expédier aux adresses que je leur enverrais.

Cela marcha admirablement pendant quelque temps, sauf que, parfois la police saisissait les exemplaires chez les libraires qui les mettaient en vente.

Mai il arriva pis. Un jour, le camarade Petoux, qui se préparait à franchir la frontière avec son chargement, fut interpellé par les douaniers. Deux des camarades qui l'accompagnaient lâchèrent leur paquet et prirent la poudre d'escampette. Petoux fut arrêté et écroué au poste des douaniers. Comme s'il s'était agi d'un criminel, on le

fourra dans un sac d'où ne passait que sa tête, et on le
ficela sur une chaise où il dut passer la nuit ainsi.

Le lendemain, trimbalé du commissaire au procureur,
il fut, à la fin, relâché. Il n'y avait pas, paraît-il, de délit
caractérisé.

Brûlé, il céda la place à un autre camarade qui, à son
tour, fut surpris par les douaniers, mais parvint à s'enfuir
en territoire belge en abandonnant son fardeau.

Remplacé par un autre volontaire, le journal était dis-
tribué en France malgré l'interdiction. Dans les inter-
valles où nous n'avions personne pour traverser la frontière, nous faisions le service des abonnés sous enveloppes,
que nous allions mettre à la poste, à Saint-Julien, en
France. Le cercle de lecteurs s'agrandissait sensiblement.

*
* *

Lorsque des camarades voulaient publier quelque
placard clandestin, ils s'adressaient à notre imprimerie.
Un jour, de Londres, où se trouvaient nombre de réfugiés
français, je reçus, d'un nommé Bordes la copie d'un manifeste comportant le texte d'une affiche grand format, que
je devais imprimer sur papier blanc, pour lui donner
l'apparence d'une affiche officielle. Elle devait être placardée à Paris.

Tout ce que je me rappelle, c'est qu'il y était dit: « que
c'étaient les bourgeois qui avaient inventé la diversité des
langues pour mieux diviser les travailleurs ».

J'écrivis à Bordes pour lui signaler sa bourde. Quoique
pas très convaincu, il condescendit à ce que je fisse la
correction nécessaire.

Or, plus tard, il fut prouvé que ce Bordes était un agent
de la Préfecture de Police. Il joua un rôle très suspect à
Londres. D'accord avec un nommé Dupont, — autre individu des plus louches — ils fondèrent une revue intitulée
l'*Internationa'*. Bordes m'écrivit pour me demander communication de la liste des abonnés du *Révolté*, qui se
publiait alors à Paris.

A ce moment, j'étais renseigné sur le monsieur, je lui
répondis que la liste des abonnés du *Révolté* n'était pas à
la disposition du premier venu. Que, n'ayant pas l'hon-

neur de connaître suffisamment M. Bordes, je ne pouvais
lui faire cette communication.

Inutile de dire que je fus copieusement assaisonné dans
les numéros ultérieurs de l'*International*.

*

*   *

Il n'y avait guère plus d'un an que j'étais à Genève lorsque les tracasseries commencèrent.

Les révolutionnaires allemands, réfugiés en Suisse,
étaient fort nombreux et fort actifs. Le gouvernement
suisse lui, a été de tous temps aux ordres des autres gouvernements, lorsqu'il s'est agi de faire la chasse aux
réfugiés politiques, surtout socialistes.

On commença à parler d'un complot que l'on venait de
découvrir. Naturellement, les auteurs de ce complot
étaient des révolutionnaires allemands auxquels la Suisse
donnait une si large hospitalité. Il s'agissait de faire sauter
le Palais fédéral, à Berne.

On ne disait pas quel intérêt avaient les révolutionnaires
allemands à vouloir faire sauter les autorités du pays où
ils s'étaient réfugiés, mais les juges de tout pays sont toujours prêts à instrumenter contre les « troubleurs de
l'ordre public » sans embarrasser de questions indiscrètes
ceux qui les font agir. Aussitôt commencèrent perquisitions et arrestations et, afin « que nul n'en ignore », ces
perquisitions et arrestations furent opérées sous la super-
intendance d'un procureur allemand.

C'était le procureur général de la Confédération suisse,
un nommé Muller, qui était chargé de l'enquête.

Le complot, car c'en était bien un — pas des anarchistes,
mais contre eux — visait surtout les révolutionnaires
allemands, mais l'occasion se présentait trop propice pour
qu'on n'en fît pas profiter les révolutionnaires des autres
pays.

Lorsqu'on eut assez perquisitionné, arrêté chez les
Allemands, qui habitaient, surtout, la Suisse allemande,
ce fut notre tour, à Genève. Un beau matin, le premier
janvier, un juge accompagné de deux mouchards, fit
irruption chez nous — celle qui devait être ma femme

était venue me rejoindre à Genève. Après avoir fouillé et refouillé sans rien trouver, ils s'en allèrent.

Mais j'appris aussitôt qu'ils étaient passés à notre imprimerie: qu'ils y avaient « barboté » ce qu'ils avaient voulu, et y avaient mis les scellés. Ils avaient pris le propriétaire comme témoin.

*
* *

On a beau brûler papiers et correspondances, il reste toujours quelque chose en quelque coin. Dans le rapport du Muller en question, je trouve qu'il avait été saisi à l'imprimerie, des lettres de Reclus, — elles ne devaient pas être nombreuses — un manuscrit de sa main, intitulé: « La peur des Mouchards », relatif aux événements de Montceau-les-Mines.

Toute notre correspondance, j'allais oublier de le dire, était saisie à la poste.

Peu de temps après, Perrare, moi et Sadier étions appelés à comparaître devant Muller. J'ai oublié si c'était à l'Hôtel de Ville ou au Palais de Justice. Ce fut la première et unique fois que je pénétrai dans la vieille ville.

Arrivé là, on commença à me boucler dans une espèce de placard où je pouvais à peine remuer. On m'y laissa mijoter une demi-heure environ. Puis on vint me chercher pour me conduire auprès de Muller qui avait arboré son air le plus majestueux.

Il était assis à une table couverte de paperasseries et de divers objets hétéroclites.

Ce fut d'un ton assez rogue qu'il commença l'interrogatoire. Mais je déclinai toute réponse, protestant contre les tracasseries dont nous étions l'objet.

Après m'avoir posé les questions qu'il se croyait tenu de me poser malgré mon silence, il me montra un tube de cuivre, saisi à l'imprimerie, me demandant à quoi ça servait.

— A fondre les rouleaux en gutta qui servent à notre machine à imprimer — une minerve avec laquelle on faisait les petits travaux, quand, par hasard, il nous en arrivait.

Il sembla désappointé.

— Et de cela nous avons besoin, ajoutai-je, en m'en emparant et le plaçant à côté de moi.

— De cela aussi, continuai-je, en poursuivant mon inspection et mon tri parmi les « pièces à conviction ».

Toute la raideur du bonhomme s'était passablement atténuée. Il me regardait d'un air stupéfait. Cependant, le sentiment de « sa dignité » sembla le reprendre, et il me commanda de laisser sa paperasse tranquille et de reprendre ma place. « Vous êtes prévenu », ajouta-t-il.

Après pas mal de paroles oiseuses, — l'entrevue avait duré plus d'une heure — nous arrivâmes à la conclusion :

— Vous signez votre interrogatoire?

— Non.

— Vous refusez! Pourquoi?

— Parce que je subis vos formalités, mais n'y prête pas la main.

— Alors, vous refusez de signer?

— Parfaitement.

Après une pause :

— Vous êtes libre, fit-il. Vous pouvez vous retirer.

Sadier et Perrare qui étaient arrivés après moi, et, comme moi, bouclés dans des placards, passèrent à leur tour. Avec eux ce fut vite bâclé. Mais, comme moi, ils refusèrent de signer leur interrogatoire, ce qui leur valut d'être « rebouclés » dans leur placard. Ils furent enfin relâchés, après avoir, à nouveau, confirmé leur refus.

Le résultat de tout ce tintamarre fut l'expulsion de quatorze des réfugiés allemands arrêtés. Elle fut suivie de la mienne, mais elle ne vint que plus tard, alors que j'étais déjà en France.

Devant la saisie journalière de notre courrier, Reclus et moi décidâmes de transporter le *Révolté* à Paris. Comme j'ignorais si je ne serais pas arrêté au dernier moment, des camarades allèrent prendre, d'avance, mon billet et celui de ma femme. Ils nous firent monter dans un compartiment vide. Ayant mis le nez à la portière lorsque le train fut en marche, je vis une pancarte portant l'inscription : « Dames seules ».

J'enlevai la pancarte, que je cachai sous un coussin, le train continuant sa marche vers Paris. C'est ainsi que nous quittâmes le territoire de la libre — oh! combien! — Helvétie!

LE *REVOLTE* A PARIS

, A Paris, nous nous rendîmes chez la sœur de ma femme qui devait nous donner abri jusqu'à ce que nous pussions nous débrouiller. Dans la maison il y avait à louer une pièce mansardée, sous le toit. Nous la primes — provisoirement. C'est ainsi que je retournai au 140 de la rue Mouffetard, où j'avais habité étant gosse.

Je revis Méreaux dont j'avais fait connaissance avant mon départ pour Genève. Il consentit à devenir gérant du journal. Il me mit en relation avec quelques-uns des camarades qui s'étaient occupés de la publication de *Terre et Liberté*, journal que les Parisiens avaient fondé, mais qui avait dû cesser sa publication après une trentaine de numéros — dont trois sous le titre de l'*Audace* — faute d'argent.

Ces camarades me proposèrent de reprendre leur local, ruelle Pellée, dans la rue Saint-Sabin, ce que j'acceptai.

Dès le premier jour, j'y respirai une atmosphère qui ne me disait rien qui vaille. C'était ouvert à trop de monde. J'y avais fait diriger la correspondance. Lorsque j'allai l'y chercher, il se trouva que l'on avait fracturé la boîte aux lettres. L'auteur était une brute, du nom de H..., un ouvrier ébéniste qui, plus tard, fut mêlé à un journal anarcho-corporatif, mais faisant quelque peu de chantage. Plus tard encore, il fut à peu près convaincu d'être de la police.

Je jugeai prudent de me tenir à l'écart de ce milieu. Dès le deuxième numéro l'adresse du *Révolté* fut rue Mouffetard.

Comme bureau de journal et comme logement, cela laissait à désirer. On y avait accès par un escalier qui tenait surtout de l'échelle de meunier. Quelques mois après notre retour, j'éprouvai l'affreuse douleur de perdre ma femme en couches emportée par la fièvre, ainsi que l'enfant, un superbe garçon. La question du logement me devint fort indifférente. Le provisoire dura dix-sept ans.

Dans les premiers temps, je fus, un soir, appelé à descendre sur la place: quelqu'un désirait me parler.

J'y trouvai quatre bonshommes qui, après quelques pourparlers, me confièrent qu'ils étaient gardiens de prison, à la Roquette. Révolutionnaires et désireux de servir la propagande, ils me remirent une petite souscription. Je ne les revis plus, mais j'appris, plus tard, qu'ils avaient été déplacés.

Lors des arrestations de 94, l'un d'eux, je le sus par un camarade qui s'était trouvé dans son service, à Mazas, se rendit utile à plusieurs des arrêtés, leur faisant passer des journaux, les mettant au courant de ce qui se passait dehors.

Une autre fois, le marchand de vins qui tenait la boutique de la maison me remit, de la part d'un de ses clients, un ou deux francs, pour la propagande et me fit, à diverses occasions, des versements semblables. Je finis par savoir que c'était un des « sergots » qui était de service dans la rue.

Nous nous attardions à bavarder lorsque je le rencontrais. Mais, déception amère, il me confia un jour qu'il était passé dans le service des mœurs! Dégoûté, je cessai de lui parler. Il cessa par contre de verser à la propagande.

A différentes reprises, surtout au plus chaud des persécutions, je reçus des renseignements anonymes sur ce qui se tramait à la «boîte». Une fois, entre autres, il s'agissait d'un pseudo-attentat du côté de Clichy. On me donna le nom de l'auteur, un individu que nous connaissions, en effet, comme très suspect, et qui ne fit que passer, du reste, dans le mouvement.

Comme à Genève, quelques camarades prirent l'habitude de venir bavarder le dimanche matin.

*
* *

Pendant mon absence de dix-huit mois, de Paris, le mouvement s'était étendu. Ce n'était plus le « demi-quarteron ». Les anarchistes étaient devenus nombreux. Une manifestation des sans-travail avait eu lieu, au cours de laquelle une ou deux boulangeries avaient été mises au pillage. A la suite desdits événements, Louise Michel et Pouget avaient été arrêtés et condamnés à cinq ans de prison.

La Chambre syndicale des menuisiers, composée d'éléments anarchistes, avait, de son côté, mené un fort mouvement anarchiste. Mais quelques « sales gueules » en avaient profité pour se glisser parmi nous et avaient commencé un travail de désagrégation qui fut continué avec persévérance.

A l'un des nombreux procès que la Chambre syndicale mentionnée ci-dessus eut à soutenir, les accusés firent venir comme témoin à décharge un nommé Martinet qui, par son bagout, avait su les embobeliner.

Au procès, il s'embarqua en un long discours, mais le président l'arrêta et fit lire son casier judiciaire orné de nombreuses condamnations dont pas mal pour attentats à la pudeur, outrages aux mœurs, etc.

Le sire sut s'en tirer avec habileté, avouant son indignité, mais demandant au tribunal de ne pas la faire retomber sur les accusés qui ignoraient son passé.

Loin de lui nuire, la « sortie » du président ne fit que le rendre sympathique à certains groupes. Comment ne pas admirer un gaillard qui avouait si franchement ses erreurs, et faisait son « mea culpa ». C'est ainsi que le bonhomme put s'infiltrer dans les groupes, où son toupet et son bagout surent lui acquérir une certaine notoriété.

Ce fut sous son influence que commencèrent à germer les idées ultra-individualistes qui, par la suite, devaient faire tant de tort au mouvement anarchiste.

Il ne me fallut pas beaucoup de temps pour me rendre compte que, au train dont ça allait, l'anarchie ne serait bientôt plus qu'un parti de cambrioleurs, de souteneurs et de faux monnayeurs, si on ne se mettait en travers de cette « marche à l'égout ».

Ce fut dans cet esprit que j'insérai l'article de Gautier que m'avait remis Crié. Article qui fut bientôt suivi d'un autre sur les voleurs, qui en amena un troisième sur la morale, lesquels me valurent de sérieuses « engueulades » par ceux qui se sentaient visés.

Dans l'article « Les Voleurs », j'essayais de démontrer que, voler parce qu'on est trop paresseux pour travailler, n'a rien de révolutionnaire comme d'aucuns le prétendaient. Que, du reste, les moyens sournois n'ont jamais eu rien de révolutionnaire et ne tendent qu'à abaisser les caractères. Que, si on est acculé à la misère, par suite de la mauvais organisation sociale, alors prendre là où il y a devient un imprescriptible droit.

Et comme d'aucuns, niant la morale, me demandaient « au nom de quelle morale je rejetais les voleurs », je tentai d'expliquer que si la morale bourgeoise est fausse, cela ne veut pas dire qu'il n'en existe pas une. Là où il y a des rapports entre individus, il en découle fatalement une morale qui doit régler les rapports de ces individus entre eux.

*
* *

Une autre tendance que je m'attachai à combattre, ce fut la surenchère révolutionnaire.

Dès notre arrivée à Paris, je fus accablé de lettres qui nous reprochaient la tiédeur de notre révolutionnarisme.

« Nous en avons assez de vos théories », nous écrivait-on. « Que voulez-vous que ça nous fasse — j'adoucis le mot — de savoir ce que sera la société de l'an 2000? C'est la révolution que nous voulons. Ce sont des articles qui fassent comprendre aux travailleurs que c'est la société actuelle qu'ils doivent culbuter... Assez de théories! Assez de phrases! »

J'eus vite fait de leur dire ce que je pensais. Malheureusement, ils étaient nombreux ceux qui prenaient leur dévergondage d'épithètes pour du révolutionnarisme. Ils étaient convaincus, ce qui était pis. Toute leur énergie se dépensait en outrances... de paroles, se satisfaisant de voir prêcher ce qu'ils étaient incapables d'accomplir, car ce n'était pas parmi eux que se recrutaient ceux qui agissaient.

N' « être qu'un théoricien », était, pour eux, une tare inexcusable. Et nous n'étions que des théoriciens.

Cependant, à force de tenir tête aux braillards, nous finîmes par nous imposer. On nous accepta comme nous étions. Mais le *Révolté*, la *Révolte* et les *Temps Nouveaux*

III

REPRODUCTION D'UNE LITHOGRAPHIE DE SIGNAC

IV

PORTRAIT DE TOLSTOÏ

sont bourrés d'articles où je répondais à ceux qui ne concevaient la propagande révolutionnaire que sous la forme d'articles au vitriol.

*
* *

Il faut dire que la période fut agitée. Lorsqu'on relit les journaux révolutionnaires de la période de 1882 à 1886 surtout, on a l'impression d'être à la veille d'une révolution. C'est par centaines que l'on peut compter les condamnations — et quelques-unes très sévères — pour délits d'opinion. Les actes individuels et collectifs de révolte éclataient un peu partout.

Montceau, Decazeville, en France. Mais aussi en Espagne, en Italie, en Belgique, en Irlande, en Hollande, en Amérique. Nombre de nos camarades, du reste, croyaient la révolution proche. Et, parmi eux, beaucoup, malheureusement, au lieu de chercher ce qui devrait être fait dans cette révolution qu'ils voyaient imminente, se laissaient aller, dans leur impatience, à faire chorus avec les braillards.

On nous acceptait comme nous étions, mais cela n'allait pas sans discussions. Le sentiment de notre insuffisance révolutionnaire persista chez beaucoup. Aussi, lorsque Hervé se présenta avec sa *Guerre Sociale* et sa Mam'zelle Cisaille, son citoyen Browning, sa surenchère et toute sa comédie sur-révolutionnaire, il eut tout de suite un succès que nous n'avions pas connu pour notre compte. Mais c'est une histoire qui viendra à sa place.

*
* *

Les anarchistes avaient établi une permanence à la salle Horel, rue Aumaire. Là, le mouchard Martinet sut y prendre la prépondérance. On en arriva à discuter « s'il était anarchiste d'estamper un camarade » ! Et, comme de juste, on conclut par l'affirmative, personne n'ayant le droit d'avoir deux chemises ou deux paires de souliers, alors que d'autres n'en possédaient pas.

Les anarchistes sérieux, au lieu de rejeter ce joli

monde, dégoûtés, cessant de fréquenter la salle Horel, laissèrent mouchards et détraqués maîtres de la place, où ils formulèrent les pires idioties sous couleur d'anarchie.

Ce fut de là que sortit la première bande de faux monnayeurs se réclamant de l'anarchie. Les premières pièces de 5 francs qu'ils écoulèrent furent pour payer leur entrée à une réunion organisée par les anarchistes. Inutile de dire qu'ils n'oublièrent pas de réclamer leur monnaie.

On pourra se demander pourquoi nous laissâmes ces gens accomplir leur œuvre de déviation, et pourquoi la partie saine et nous-mêmes du *Révolté* n'entreprîmes pas cette œuvre d'épuration.

Cela tient à diverses causes. La plus grande partie de ceux qui se ralliaient autour du *Révolté* étaient des camarades qui pensaient que c'était perdre son temps que d'aller dans lesdites parlotes. Et puis, il y avait ceux qui, très sincères, très bons camarades, prétendaient que, au nom de la liberté, chacun avait le droit de déraisonner si bon lui semblait, que nous n'avions pas à nous ériger en juges.

Pour mon compte, étant seul à faire le journal, à le composer, tant qu'il ne parut que tous les quinze jours, à revoir la copie, en fabriquer lorsqu'il en manquait, à suffire à la correspondance, écrire les bandes, faire l'expédition, sans compter nombre d'autres besognes, tout cela m'ôtait l'envie — et la possibilité — de courir les groupes, où, du reste, je n'aurais fait aucune bonne besogne, les meilleurs arguments ne me venant que lorsque la discussion était finie.

Au grief qui nous fut fait de ne jamais assister aux réunions, nous répondrons que ce fut un malheur que nous n'ayons jamais été en état de mener les deux propagandes de front : le journal et les réunions. Nous aurions pu éviter l'envahissement du mouvement par la tourbe individualiste.

*
* *

Pour en finir avec le mouchard Martinet, il était parti, pour je ne sais quels motifs, à Genève, puis à Roubaix, où il sut s'infiltrer parmi les camarades, et les dominer par son toupet, cependant, le bonhomme avait une gueule qui suait le vice.

Continuellement, les camarades de Roubaix m'envoyaient

des communications où on louait l'admirable propagande que menait Martinet, ou des convocations pour des réunions où il devait prendre la parole. Je mettais le tout au panier.

A la fin, les camarades me demandèrent pourquoi leurs communications n'étaient pas insérées. Je leur en donnai la raison.

Entre temps, Reclus m'avait averti que Martinet avait été arrêté à Genève. Escroqueries ou affaires de mœurs ?

A quelque temps de là, on vint frapper à ma porte. C'était Martinet qui m'apportait une communication. Je lui dis que je n'insérerais rien de lui.

— Je sais ce que vous avez écrit sur moi aux camarades de Roubaix. Ce sont des faussetés. Du reste, ça ne se passera pas comme cela. Si vous continuez, vous aurez affaire à moi.

— Oui, mais en attendant, vous allez me foutre le camp. Comme il était resté sur la dernière marche de l'escalier, je lui fermai la porte au nez. Il s'en alla en grommelant des menaces, que le bureau du *Révolté* était la première place où loger une bombe.

Par la suite, il fréquenta un groupe intitulé : La Vengeance! qui tenait ses réunions chez un marchand de vins de la rue de la Montagne-Saint-Geneviève. Il y fit voter que l'on envahirait le bureau et que l'on me « casserait la gueule ». A ce qui me fut raconté, du moins, car on se garda bien de mettre la menace à exécution.

C'était de l'enfantillage. Mais, espérait le mouchard, ne pouvait-il pas, un jour, se trouver quelque détraqué qui prendrait la chose au sérieux?

Quelques années après, Martinet fut accusé par Rochefort, dans l'*Intransigeant*, de n'être qu'un mouchard. Or, un jour que j'étais allé à l'imprimerie, pour la mise en pages, qui vis-je arriver ? Maître Martinet

Sans tenir l'imprimerie secrète, tant que j'avais travaillé seul, elle ne fut fréquentée que de quelques-uns. Mais ayant pris un camarade comme compositeur, il se trouva que celui-ci, à moitié hystérique, était en même temps un individualiste forcené, admirateur de Martinet. L'imprimerie fut bientôt connue de tout le monde.

Sitôt entré, Martinet se mit à déclamer :

— J'ai été traité de mouchard par Rochefort. Je vous apporte une protestation à insérer.

— Vous auriez pu vous épargner cette peine. Je n'insérerai certainement pas votre protestation.

— Pourquoi ?

— Parce que, comme Rochefort, je crois que vous n'êtes qu'un mouchard.

— Les preuves?

— Adressez-vous à Rochefort qui dit les avoir.

— Oui, je sais. Vous voudriez tous m'envoyer au bagne, mais vous n'y réussirez pas.

— Assez de déclamation. Tournez-moi les talons, et vivement.

Martinet s'en alla, continuant à menacer.

Contre moi il s'en tint là. Mais, pour les mêmes raisons ayant eu, plus tard, des démêlés avec Pouget, il s'embusqua, une nuit, près du domicile de ce dernier. Lorsque celui-ci rentra d'une réunion, il lui tomba dessus.

*
* *

Quand commencèrent les manifestations en faveur du 1ᵉʳ Mai, un camarade bulgare, nommé Stoïanoff, et Merlino, — ce dernier ayant quitté la magistrature italienne pour venir à l'anarchie, — s'avisèrent d'écrire un manifeste à cette occasion, et de le composer à l'imprimerie, où en train de le tirer, on vint les arrêter.

Je n'ai jamais soupçonné Cabot, c'était le nom du compositeur, d'être de la police. Mais c'était certainement ses accointances avec Martinet qui avaient mis la police sur la trace de nos camarades.

Etant gérant du journal, j'avais jugé que, pour la sûreté de l'imprimerie, il serait imprudent de louer le local à mon nom. J'avais donc demandé à Paul Reclus de nous prêter le sien.

Après l'arrestation de nos amis, je jugeai que Cabot devenait trop dangereux. Je demandai à Paul Reclus son appui pour remercier l'indésirable.

— J'ai eu des centaines d'hommes sous mes ordres, me répondit-il, je n'ai jamais renvoyé personne.

La tolérance est une belle chose, et honore ceux qui la pratiquent. Mais lorsque ça devient dangereux pour les autres, dans un mouvement traqué comme était le nôtre, cela prend un autre nom.

— C'est très bien, répliquai-je. Gardez Cabot, et l'imprimerie, moi, j'irai faire le journal où je n'aurai aucune responsabilité de ce genre.

Et je fis, dorénavant, composer le journal, chez Duval, l'imprimeur qui nous en faisait déjà le tirage.

L'imprimerie fut, plus tard, transportée à Bruxelles. Elle servit à éditer la série de brochures connues sous le nom de « Bibliothèque des Temps Nouveaux ». C'était Elisée Reclus qui était censé s'en occuper. Mais, avec sa trop grande confiance habituelle et son inaptitude à bien apprécier les hommes, il l'avait placée au nom d'un individu qui finit par la vendre pour son propre compte.

Pour ce qui est de Cabot, ayant été estampé par un individu plus individualiste que lui, il fut, m'a-t-on dit, dégoûté de l'individualisme et des individualistes.

C'était lui qui, sans rire, affirmait ne jamais aller à un rendez-vous, parce que ça aurait été aliéner sa liberté.

Après cela, on peut tirer l'échelle.

Eh! bien, non. Il y a mieux.

Avant de disparaître du mouvement, Martinet avait fondé, avec d'autres types de son espèce, un groupe qu'ils baptisèrent « Groupe de l'amour libre ». Dans ce groupe, on devait, entre soi, échanger les femmes. Non content d'opérer entre eux, ils allèrent trouver un ex-ouvrier mineur, nommé C..., qui depuis peu, fréquentait les groupes et avait une femme assez gentillette.

Ils tentèrent de persuader l'homme et sa compagne qu'il était immoral et d'un mauvais exemple, de ne pas se prêter aux « frères et amis ». Que, depuis le temps qu'ils étaient ensemble, ils avaient besoin de changement, que, pour l'idée, ils devaient se choisir, chacun, un nouveau partenaire.

Trop ancrés dans l'erreur, C... et sa femme ne voulurent rien savoir. Bien leur en prit, car, paraît-il, l'existence du « groupe de l'amour libre » eut une triste fin : les membres — sans jeu de mots — ayant tous pris la syphilis. A chacun selon ses œuvres!

*
* *

J'en reviens aux débuts du journal à Paris.

Les premiers numéros furent composés et tirés chez un petit imprimeur de la rue des Patriarches, qui fit faillite au quatrième numéro, — le journal n'y était pour rien.

Fatigué des petits imprimeurs, j'allai dans une imprimerie assez importante, chez un nommé Couchoud, rue Delambre. Mais, dès le deuxième numéro, il m'avisa que le journal lui faisait du tort auprès de sa clientèle, qu'il serait très heureux que j'eusse à le transporter ailleurs. Ne voulant pas me mettre dans l'embarras, il me donnait le temps de chercher. Le plus tôt serait le mieux.

Ce fut à ce moment, je crois, que Loth et Rieffel — deux camarades ayant appartenu au groupe qui avait édité *Terre et Liberté*, — m'offrirent leur imprimerie. Mais il fallait trouver un imprimeur pour le tirage. J'allai échouer chez un nommé Reiff, place du Collège de France.

Au sixième numéro, il refusa de me livrer le tirage et les formes parce que je ne pouvais le payer entièrement. Il me manquait une cinquantaine de francs. Les difficultés financières se faisaient déjà sentir.

Je me rendis chez le camarade Bérard qui pouvait largement me prêter la somme que je lui demandais. Mais « il n'était pas en état de disposer des 50 francs! » Il me conseilla de m'adresser à Demongeot, qui tenait un grand café prospère. Lui, non plus, ne pouvait disposer d'aucune somme.

Ce fut ma femme qui me tira d'embarras. Elle me donna ses boucles d'oreilles, deux bagues et un bracelet, les seuls bijoux qu'elle avait. Je les portai au Mont-de-Piété. Je pus dégager le tirage et les formes et ne remis plus les pieds chez Reiff.

Ce n'était pas tous les jours la noce. Peu de temps après notre retour à Paris, nous n'avions pas le sou, et, ce jour-là, rien à manger à la maison. Il nous arriva un pauvre mandat de quelques francs tard dans l'après-midi. Inutile de dire que je ne perdis aucun temps pour aller le toucher... et le dépenser.

Le journal tirait à 5.000 et commençait à se vendre.

*
* *

J'avais reçu, deux ou trois fois, la visite d'un garçon qui venait de Nancy: il s'appelait Duval. Désemparé, il ne rêvait que d'accomplir quelque acte désespéré. Il fréquentait surtout le Groupe de Levallois-Perret.

Nous discutions des idées. Il me paraissait convaincu et sincère. Mais il ne s'ouvrit jamais à moi de l'acte qu'il projetait. Ce fut par les journaux que j'appris qu'il avait cambriolé l'appartement de Madeleine Lemaire, connue comme peintre de fleurs.

Cela se passait en 1887. Duval fut tout de suite soupçonné, et, un jour, reconnu par le policier Rossignol qui sauta sur lui. En se défendant, Duval blessa légèrement son agresseur. Mais le policier n'était pas seul. Duval fut ligoté et emmené au Dépôt.

Au procès, il se défendit énergiquement, revendiquant son acte, proclamant qu'il avait agi pour la propagande, et faisant une profession de foi anarchiste. Il excita un grand enthousiasme parmi les camarades.

Par contre, ceux de la clique guesdiste, qui avaient réussi à s'introduire dans la rédaction du *Cri du Peuple*, tombèrent à bras raccourcis sur Duval, faisant chorus avec les journaux bourgeois, le présentant comme un vulgaire voleur, et essayant, en même temps, de salir les anarchistes.

Leur attitude était d'autant plus inconcevable, que Duval ne se réclamait ni d'eux, ni de leurs théories. Ils pouvaient, pour leur compte, se désolidariser des principes qu'il professait, mais la façon dont ils le fa' ient était ignoble.

Ecœuré de leur mauvaise foi, je . ris sa défense dans un article du *Révolté*, intitulé : « Encore un mot au sujet du vol et des voleurs », où tout en faisant des restrictions, je me laissais aller à légitimer l'acte de Duval. Ce qui me fut reproché, plus tard, lorsque j'attaquai les théories individualistes sur le cambriolage.

Duval fut condamné aux travaux forcés. Le verdict lui fut lu dans la cellule où on l'avait revêtu de la camisole de force, sur l'ordre du président qui l'avait fait expulser du tribunal à cause de son attitude énergique.

De longues années après, il parvint à s'échapper du bagne.

Plus tard, Ritzerfeld, un autre camarade du groupe de Levallois-Perret, qui venait de temps à autre me donner un coup de main à la besogne du journal, arriva un jour, avec un de ses amis. Ils étaient porteurs de divers objets qu'ils venaient de retirer du « clou ».

Lorsque nous fûmes seuls, Ritzerfeld me confia que lesdits objets provenaient du cambriolage de chez Madeleine Lemaire. Son ami, plus ou moins mêlé à l'affaire, en avait eu la garde.

Ce même ami, toujours d'après Ritzerfeld, achetait, quelque temps après, une espèce de café bouibouis, à Montmartre. Avec le produit, je suppose, de la vente des objets que j'avais vus. Et voilà comment ce pauvre Duval ayant cru travailler pour la propagande, n'avait, en réalité, travaillé qu'à faire un bourgeois de plus. Car, inutile de le dire, l'individu en question, se désintéressa supérieurement de la propagande.

Lors de l'affaire Bonnot, Duval qui s'était réfugié en Amérique, m'écrivit pour me reprocher mon attitude au sujet de cette affaire, me rappelant que je n'avais pas hésité à le défendre, lui, autrefois.

Je lui répondis que, en effet, je n'avais pas hésité à le défendre, connaissant sa sincérité, mais qu'il avait donné un bien mauvais exemple, tous les ruffians ayant envahi le mouvement se réclamant de son cas pour justifier leurs appétits. Il oublia de me répondre.

*
* *

Vers la même époque, ce fut la visite de Gallo que je reçus. Lui aussi, voulait frapper un coup. Mais, je ne sais pourquoi, il ne me parut pas sérieux.

Peu de temps après, cependant, je lus dans les journaux qu'on avait jeté dans la « corbeille » de la Bourse un flacon qui, en se brisant, dégagea une mauvaise odeur : pour l'auteur de l'acte ce devait être une bombe. En même temps, il avait tiré cinq coups de revolver dans le tas de boursicotiers qui se sauvèrent..... sans que personne fût atteint.

Arrêté immédiatement, l'auteur de l'acte déclara se nommer Gallo, être anarchiste, qu'il en avait assez de crever la misère, et avait voulu faire payer aux bourgeois le prix de leur exploitation.

Lui aussi fut d'une rare violence à son procès. Il fut envoyé au bagne quoique personne n'eût reçu seulement une égratignure.

Peu de temps après son arrivée au bagne, il tenta d'assommer, à coups de pioche, un de ses gardes-chiourme.

Après l'affaire Rousset, il m'envoya un mémoire par lequel il demandait que l'on entamât, en sa faveur, une campagne pour sa libération.

J'essayai de lui faire comprendre que son cas n'avait rien de commun avec celui de Rousset. Ce dernier avait été condamné pour un acte qu'il n'avait pas commis. Il y avait, là, chance de soulever l'opinion publique pour forcer les juges militaires à réparer leur erreur — ou forfaiture.

Lui, Gallo, avait été condamné — férocement sans doute, mais légalement — pour un acte qu'il avait commis, qu'il avait revendiqué.

Je l'engageai à s'adresser à la « Ligue des Droits de l'Homme ».

Je n'en entendis plus parler, le pasteur dont il m'avait donné l'adresse pour correspondre s'étant refusé à servir d'intermédiaire.

*
* *

A travers tous ces événements, le journal vivotait. Le tirage était monté à 6.000. Mais, faute d'argent, il y avait des semaines où il paraissait en retard. Cela ne m'empêcha pas de le faire paraître hebdomadairement, au lieu de tous les quinze jours, puis de le mettre à 0,05 au lieu de 0,10. Le journal tira à 8.000, mais sans changements dans la situation financière.

Ayant quitté la Suisse, Reclus vint habiter Nanterre. De là, il se transporta à Sèvres.

Une fois, nous rendîmes visite à Léon Cladel qui habitait les environs.

Un autre jour, il était venu m'attendre au débarcadère des bateaux-mouche, près du pont de Sèvres. En route pour aller chez lui, nous passâmes près de deux vieilles femmes qui marchaient devant nous, causant de leurs petites affaires. A l'une d'elles il manquait deux ou trois sous pour un achat quelconque. Elle était désolée d'être forcée de pousser jusque chez elle pour chercher l'argent.

L'autre n'avait pas d'argent non plus. Comment faire? Spontanément, tirant les trois sous de sa poche, Reclus les offrit à la dame à laquelle ils manquaient : « Excusez-moi, madame, dit-il, mais permettez-moi de vous tirer d'embarras. Une si petite somme ! »

Je n'ai jamais vu de personnes aussi choquées de cette hardiesse, que le parurent les deux bonnes femmes. Reclus leur aurait fait des propositions déshonnêtes, que, parole d'honneur, elles n'eussent pas été plus scandalisées. Reclus dut remettre ses trois sous dans sa poche.

Cette histoire en rappelle une autre qui fut contée à ma femme par la femme d'un professeur de Cambridge fort connu.

Elisée s'était rendu chez eux, étant allé à Londres, pour consulter quelques documents qu'il savait trouver au British Museum. Il était parti le matin pour aller faire ces recherches, devant quitter Londres le lendemain, de bonne heure.

Il était tard lorsqu'il rentra, le soir. On lui demanda s'il avait trouvé ce qu'il cherchait. Et Reclus d'avouer qu'il n'avait pas eu le temps...

En arrivant au British Museum il était tombé sur un groupe de visiteurs — qui lui étaient totalement inconnus — arrêtés devant les frises du Parthénon, connues en Angleterre sous le nom d'Elgin's Marbles.

L'attitude de ces visiteurs était si visiblement embarrassée que Reclus ne put s'empêcher de venir à leur secours, leur expliquant ce devant quoi ils semblaient ahuris.

De fil en aiguille, il avait, avec eux, fait le tour des galeries, tâchant de les initier aux beautés devant lesquelles il les arrêtait. Tant et si bien que l'heure de la fermeture était arrivée et Reclus avait dû rentrer bredouille.

Le plus drôle, c'est que lorsqu'il prit congé de ses protégés, ils s'étaient consultés, à part, pour décider s'il ne

serait pas convenable d'offrir un pourboire à leur cice-
rone bénévole!

Comme je l'ai constaté pour Kropotkine, Reclus ne se
targuait jamais de son grand savoir, et n'en tirait aucune
vanité. Il savait écouter les objections d'où elles venaient
et y répondre sans morgue, sans le ton tranchant de celui
qui émet les arrêts.

Tous ceux qui l'ont connu, ont parlé de sa grande bonté,
de sa tolérance. Il faut y ajouter la simplicité de ses manières.

« Sa bonté et sa tolérance ! » j'avouerai qu'elles me
portèrent parfois sur les nerfs, et nous mirent assez
souvent en contradiction l'un avec l'autre. •

Que chacun ait le droit de penser comme il l'entend et
de l'exprimer à sa façon, cela est entendu. Ce n'est pas
nous, qui nous réclamons de la liberté, qui avons à nous
élever contre cela.

Mais, lorsque des imbéciles, ou des gens payés pour
cela, viennent dénaturer vos propres idées, les déformer,
annihiler la propagande que vous faites, faut-il leur laisser
faire leur besogne sans protester?

Je ne parle pas de leur imposer silence en en venant aux
moyens violents, quoiqu'il y ait des cas où les gaillards
n'auraient que ce qu'ils méritent, mais, tout au moins, les
remettre à leur vraie place, en se désolidarisant d'avec eux
et de leurs élucubrations. Agir autrement, c'est de la bêtise
ou de la faiblesse.

La bonté! la tolérance! tant que l'on voudra dans les
circonstances ordinaires de la vie. Mais en matière de
propagande, dans un mouvement traqué comme fut le
nôtre, trop de tolérance devient dangereux et même criminel.

C'est surtout sur la question du vol que nous nous trouvions souvent aux prises. — « Voleurs », m'écrivait-il,
« nous le sommes tous, et moi le premier, travaillant pour
un éditeur et tâchant d'avoir un salaire, dix fois, vingt fois
la paye ordinaire d'un honnête homme. Tout est vol ! »

L'argument était diablement tiré par les cheveux. Si
Reclus se faisait payer un peu mieux que le terrassier, cela
ne prouvait pas qu'il fût un voleur, mais qu'il était, grâce
à certaines circonstances, un peu moins volé que d'autres.
Son argumentation venait d'un excès de scrupules, tout à

son honneur, mais en sociologie, en matière de propagande, on ne doit pas raisonner seulement par sentiment.

C'est parce que la société est basée sur le vol que nous voulons la refaire. Pratiquer le vol par d'autres moyens que ceux qu'elle autorise ou légitime, ne fait qu'ajouter à sa mauvaise organisation, et ne travaille nullement à sa transformation. Nous voulons une société d'où soit banni le vol. Ce n'est pas en le préconisant, ni en multipliant les voleurs que nous travaillerons à leur disparition, et que nous préparerons une société d'harmonie.

Elisée Reclus, je dois ajouter, ne préconisait pas le vol, mais il était trop tolérant, et avait trop d'excuses pour ceux qui le préconisaient.

« Nous n'avons à nous faire les juges de personne », était un autre de ses axiomes. Possible, encore, au sens général. Mais, lorsque, dans une lutte, des individus viennent salir les idées que vous défendez et les rendre répulsives à ceux que vous voulez convaincre, devez-vous, sous prétexte de liberté, qu'il ne faut se faire juge de personne, laisser accomplir la besogne de désagrégation que l'on tente de faire dans vos rangs? Au demeurant, lorsque nous critiquons les institutions bourgeoises, ne nous posons-nous pas en juges ? Les vérités générales valent pour des généralisations, mais ne s'adaptent pas toujours à des cas particuliers et définis.

Dans un mouvement d'idées qui a tant de préjugés à vaincre avant d'être compris, il est du devoir de ceux qui luttent pour le faire triompher de combattre ceux qui, par bêtise, le dénaturent. Encore plus, lorsque ce sont des escrocs, des policiers qui tentent cette besogne.

Et les événements m'ont donné raison. C'est parce que nombre des nôtres ont trop bénévolement supporté le travail démoralisant d'un tas de fripouilles, en ne réagissant pas sérieusement contre la déviation individualiste, que nous avons été débordés par cette tourbe qui, aujourd'hui, tient le haut du pavé, faisant de son mieux pour détruire la propagande et entraver tous nouveaux efforts pour la remettre sur pied.

Plus tard, lorsque Reclus alla habiter la Belgique, je ne le vis plus qu'entre deux trains ou lorsque, de passage à Paris, il venait au bureau, ou à l'imprimerie, si c'était jour de tirage. Nous allions déjeuner dans un restaurant du quartier, échangeant nos impressions, puis il repartait, emportant quelque copie à revoir, quelque volume — de vers, principalement — pour en rendre compte.

Même en voyage, il travaillait, ayant toujours des feuilles de papier et un crayon pour prendre des notes.

Sa mort a été une perte pour l'idée. Aujourd'hui, nous le sentons plus profondément que jamais, voyant le mouvement aller à la débandade, aux mains d'ignorants.

Lui et Kropotkine encore vivants, nous aurions, certainement, pu enrayer cette déviation. Mais ils ne sont plus. Et, jusqu'ici, je ne vois poindre personne qui soit capable de remplir le vide qu'ils ont laissé.

*
* *

Vivait en Argentine un docteur anglais, du nom de Creaghe, qui avait fait, là-bas, une petite fortune, et soutenait la propagande anarchiste.

Venu en Europe pour revoir son pays, il passa par Paris et vint à la maison. Nous parlâmes de divers sujets et, au cours de la conversation, il posa sur la table une livre anglaise pour la propagande. A un autre moment, il en allongea une autre. Et, ainsi de suite, une demi-douzaine de fois. Mais, les meilleures choses ont une fin. Nous arrivâmes au bout de ce que nous avions à nous dire, et le don des pièces cessa aussi.

A Paris, deux jeunes garçons, Bidault et Niquet, avaient fondé la « Ligue des Antipatriotes ». Ils se proposaient de faire de la propagande antimilitariste et pousser à la désertion. Ils réussirent à grouper quelques jeunes gens autour d'eux.

Pour avoir de l'argent pour leur propagande, ils organisèrent une tombola et nous demandèrent de publier la liste des numéros gagnants, ce que je fis, ignorant qu'il existait une loi contre les loteries ou, du moins, qu'elle s'appliquait à ces sortes d'opérations faites entre soi.

Un petit journal, plus ou moins anarchiste, qui se publiait à Elbeuf, l'*Ouvrier Normand*, crut bien faire en reproduisant cette liste d'après le *Révolté*, comme il reprenait souvent nos articles. Le parquet de là-bas le poursuivit pour organisation d'une loterie illicite.

Comme défense, il argua n'avoir fait que reproduire d'après nous qui n'avions pas été poursuivis.

Pour ne pas être en reste, le parquet de Paris nous envoya une assignation, ainsi qu'à la Ligue des Antipatriotes.

Méreaux, pour le journal, Bidault et Niquet, pour la Ligue des Antipatriotes, attrapèrent, chacun, 15 jours de prison, 500 francs d'amende et la privation de leurs droits civils et politiques.

Bidault et Niquet qui avaient dix-sept ou dix-huit ans, au plus, furent privés de droits qu'ils n'exerçaient pas encore.

N'étant pas au courant de la législation sur la presse, ne fréquentant personne capable de me renseigner, je me rappelai toutefois que, sous l'Ordre Moral, les journaux qui étaient condamnés à l'amende devaient, s'ils ne payaient pas, disparaître ou changer de titre. Il en avait été ainsi pour *Le Corsaire*, de Portalis, et les journaux qui lui avaient succédé. De même pour le *Radical*, de Mottu.

Je m'imaginais qu'il devait en être de même pour le *Révolté*. J'annonçai donc l'apparition de la *Révolte*, en me gardant bien de notifier qu'il succédait au *Révolté*, ce qui, d'après l'ancienne législation, nous aurait valu de nouvelles poursuites, mais précisant que, après entente entre les deux administrations, la *Révolte* ferait le service aux abonnés du *Révolté*. Comme je gardais les même format, même caractère et même aspect typographique pour le nouveau journal, il ne pouvait y avoir aucune erreur.

Les condamnés firent traîner l'affaire pour gagner du temps. Mais les condamnations furent définitives.

Seulement, la façon dont ce procès fut mené indique suffisamment le sans-gêne que la magistrature professe pour ses propres règles.

Les prévenus s'étant présentés à la date indiquée on leur dit que le rôle était trop chargé, et qu'ils eussent à se présenter à une autre audience.

Exacts encore au rendez-vous, il leur fut dit que, après leur départ, le jour où le procès devait être primitivement jugé, leur affaire avait été rappelée et jugée. Qu'ils étaient condamnés par défaut!

LA *REVOLTE*

Méreaux qui était un garçon calme, pondéré, devint, à la suite de sa condamnation, très étrange. Un beau jour, — c'était plutôt un vilain matin — il vint frapper à ma porte, il n'était pas encore cinq heures. Nous étions en plein hiver. Il me raconta qu'il étouffait dans son lit, qu'il lui fallait remuer.

Moi qui ai toujours aimé dormir toute ma nuit, je l'envoyais, intérieurement, au diable. D'autant plus qu'il me sembla m'apercevoir que, chez lui, il y avait davantage d'imagination que de mal réel.

Ces visites se renouvelèrent plusieurs fois dans les mêmes conditions. Il s'en allait à peu près remis, revenant le lendemain, ou quelques jours après dans le même état, et à des heures insolites.

Puis il se mit à changer plusieurs fois de garni, finissant par ne plus louer sous son nom.

Et, un beau jour, j'appris que, à la sortie d'une réunion, où la police avait été brutale, il avait tiré des coups de revolver sur les sergents de ville.

Par la suite, on m'avisa qu'il s'était étroitement lié avec un garçon de son âge, intelligent, semblant plein de zèle pour la propagande, habitant les mêmes hôtels que lui.

A l'époque, je ne prêtai pas beaucoup d'attention à cela. J'attribuais ses changements de domicile à son état de surexcitation, à l'espèce d'hallucination dans laquelle il semblait vivre. Mais, plus tard, je sus que Letellier — c'était le nom de son accointance — était soupçonné d'appartenir à la police. Je me demande si ce n'est pas sous les excitations de cet individu que Méreaux s'était trouvé comme détraqué?

Il fut condamné à cinq ans de prison, à la suite de son acte, quoique les policiers en eussent été quittes pour une simple égratignure reçue par l'un d'eux.

Il fit ses cinq ans à Poissy. Lorsqu'il en sortit, il n'éprouva plus le besoin de venir me réveiller à cinq heures du matin.

Il fonda un groupe d'études à Montreuil où il habitait. Ce fut ce groupe, appelé « Les Soirées de Montreuil », qui donna l'idée de cet autre mouvement qui prit naissance à la suite de l'affaire Dreyfus, connu sous le nom d' « Universités Populaires », où des professeurs, des écrivains libéralisant, allaient faire des conférences sur des sujets divers. Et, il faut bien le dire, d'aucuns y faisaient leur apprentissage de conférenciers politiques.

Un ex-anarchiste, individualiste avant la lettre, qui préconisait le vol, et prétendait que l'on n'était pas un homme tant que l'on n'avait pas eu la syphilis, exploita ce mouvement auprès des bourgeois dreyfusistes, en s'en prétendant l'inventeur. Il a fini par se faire positiviste.

*
* *

La *Révolte* ayant remplacé le *Révolté*, le journal continua son petit bonhomme de chemin. Ayant des hauts — pas très hauts — et des bas, publiant des brochures lorsque l'état de la caisse — ou le crédit — le permettait. Paraissant en retard ou pas du tout, de temps à autre, lorsque les fonds étaient en baisse.

Ayant conservé les mêmes caractères, et pour le titre, et pour la composition du journal, ainsi que le même format, je croyais défier audacieusement l'autorité, alors que j'aurais pu, tout bonnement, continuer le journal sous son nom de *Révolté*.

Jusque-là, la police nous avait laissés tranquilles, lorsqu'un jour d'hiver, vers les quatre heures du soir, la nuit commençant à venir, s'amena un monsieur qui, sortant un chiffon tricolore de sa poche, se disant commissaire de police, me déclara être chargé de faire perquisition au bureau. Pour quel motif? Je l'ai complètement oublié, je ne l'ai jamais su.

Ayant ouvert un tiroir de ma commode, il en tira une liasse de papiers à en-tête de la Chambre des Députés avec des enveloppes de la même provenance.

— Ça ne devrait pas être ici, me dit-il, d'un air lugubre.

Rien à répondre à cela. Mais il était indéniable qu'ils y étaient tout de même.

— D'où les tenez-vous?

— Ça, c'est mon affaire.

— Savez-vous que c'est un vol?

— Comme contribuable, j'en ai bien payé une partie.

Il s'en alla emportant son trophée. Pour cette fois, je ne réclamai pas la restitution de ce qui m'avait été pris.

Quand au papier à lettres, c'était Crié qui, étant secrétaire d'un député, en avait comme il voulait et m'en avait donné un paquet.

*
* *

Aux États-Unis, avaient été condamnés à mort, Spies, Parsons et cinq autres de nos camarades, pour avoir — d'après l'accusation — lancé des bombes dans une réunion envahie par la police. Les envahisseurs appartenaient à l'agence privée de détectives connue sous le nom de son organisateur, Pinkerton.

Une campagne internationale fut menée vigoureusement en faveur des condamnés. Rien ne put les sauver. La bourgeoisie américaine était résolue à faire un exemple. Et quoique aucune preuve n'eût pu être apportée contre eux, — ceux qui les avaient condamnés le sachant mieux que tous autres, — ils furent pendus le 11 novembre 1887. Nos amis avaient su grouper des forces ouvrières importantes: il fallait semer la terreur!

Plus tard, un honnête homme, chose rare chez les politiciens, le gouverneur de l'Illinois, un nommé Algeldt, fit reviser leur procès et proclamer leur innocence. Il fut prouvé que la bombe avait été jetée par un policier inspiré par un capitaine de police sous les ordres duquel il était.

Ceux des condamnés qui étaient encore au bagne furent remis en liberté. Mais rien ne peut faire revivre les morts!

*
* *

Quelque temps après l'apparition de la *Révolte*, Rochefort vint ajouter à nos difficultés.

Pour mener son opposition au gouvernement, ou, pour le simple plaisir de faire un « mot », le pamphlétaire n'y regardait pas de trop près. S'il dénaturait la vérité, ou calomniait quelqu'un qui n'avait rien à voir dans la question, cela n'avait, pour lui, aucune importance.

Sa fonction était de « faire de l'esprit », de chatouiller ses lecteurs. Tant pis pour ceux qu'il égratignait ou calomniait, si ça lui était utile pour sa démonstration ou pour « faire » son mot.

Lorsqu'il s'agissait des anarchistes, j'avais relevé ses âneries. Malheureusement, comme vendeur, nous avions celui de l'*Intransigeant* qui, un beau jour, nous signifia qu'il avait ordre de Vaughan de cesser la vente de la *Révolte*.

Dans le numéro suivant, j'enregistrai le fait sous le titre: « Vengeance d'un marchand de papier! »

Nous n'en étions pas moins sans vendeur.

*
* *

Vers 1888, une violente campagne fut menée contre les bureaux de placement. Elle dura longtemps; mais ceux qui l'avaient entreprise étaient énergiques et résolus, et surent y mettre de l'esprit de suite. Il y eut des bombes placées dans quelques-uns de ces offices d'exploitation. A la vérité, elles firent plus de bruit que de mal, mais elles jetèrent la terreur. Un de ceux qui se distinguèrent le plus dans cette campagne fut un nommé Souday qui disparut peu après du mouvement.

Ensuite, ce fut l'affaire dite de « La Mano Negra », en Espagne.

Des émeutes agricoles avaient eu lieu dans la région de Xérès. Le gouvernement espagnol, qui n'a jamais hésité à s'asseoir sur la légalité, la justice — et « autres balançoires » — attribua ces révoltes aux agissements d'une soi-disant société secrète, « La Main Noire ». Il fit arrêter quantité de camarades que, selon l'habitude, en ce pays d'Inquisition, on tortura pour leur arracher des aveux, et condamner ensuite contre toute évidence.

Quatre anarchistes: Busigni, Zarzuela, Lamela et Lebrijano furent exécutés à Xérès. Avant d'être « garrottés », ils protestèrent de leur innocence et affirmèrent leurs opinions anarchistes.

Cela produisit une forte impression en Espagne. Nombre de camarades furent envoyés au bagne.

Vers la même époque, le corps d'un nommé Otto Hanser était trouvé le front percé d'une balle, dans le parc de San-Antonio, au Texas. Il fut, peu après, reconnu que cet Otto Hanser n'était autre que Padlewski, révolutionnaire polonais qui, peu de temps auparavant, avait, à Paris, exécuté un des fonctionnaires russes chargés de la surveillance des terroristes. Son acte accompli, Padlewski avait pu s'échapper, grâce au concours de Séverine et de Labruyère.

Padlewski était, après sa fuite, tombé chez des compatriotes qui habitaient l'Amérique et le cachèrent. Pendant qu'il était chez eux les Pinkertons assassinèrent quatorze mineurs de Pensylvanie. Padlewski voulait les venger, mais ceux chez lesquels il était firent intervenir des questions d'intérêt de parti pour le détourner de son entreprise.

Condamné à l'inaction, découragé, sa nature ardente et généreuse ne pouvant se plier à toutes ces petitesses de politicaillerie, Padlewski avait préféré en finir avec la vie.

*
* *

Aux premiers temps de la propagande, le camarade Baillet m'avait souvent parlé d'un projet qu'il caressait depuis longtemps : prendre, dans la littérature tant ancienne que moderne, surtout chez les plus chauds défenseurs du régime capitaliste et autoritaire, tout ce qui pouvait s'y trouver d'aveux en faveur de l'idée anarchiste, et publier une revue entièrement composée d'extraits de ce genre.

Je crois que ce fut pendant que j'étais à Genève qu'il tenta la réalisation de son projet, en publiant le *Glaneur Anarchiste*. Mais le « demi-quarteron » initial ne s'était pas encore assez développé; le *Glaneur* dut cesser sa publication au second numéro.

Le premier numéro contenait l'article « Anarchie » que

Ranc avait écrit pour l' « Encyclopédie » dont Jules Mottu avait commencé la publication sous l'Ordre Moral.

L'idée de Baillet m'avait toujours paru excellente. Du reste, elle était dans l'air. Dès ses premiers numéros, le *Révolté*, de Genève, avait donné des extraits d'auteurs qui étaient loin d'être anarchistes. Michel Achkinazy, sous le pseudonyme de Michel Delines, avait inauguré une rubrique: « Collaborations originales », où on donnait des articles de politiciens ou de réactionnaires à tous crins apportant des arguments à notre propagande.

Quand la place le permettait, j'avais continué la rubrique. Et, lorsque, à la suite des persécutions que la « libre » Helvétie n'a jamais marchandées aux défenseurs des idées d'émancipation, je dus transporter le *Révolté* à Paris, l'idée d'y ajouter un supplément littéraire se présenta tout de suite à mon esprit, lorsque je cherchai quelle nouvelle amélioration apporter à notre organe.

Je fis part de mon idée à Reclus et à Kropotkine. Ceux-ci ne furent pas encourageants. Leur principale objection était que, « au bout de très peu de temps, nous manquerions de matériaux pour composer notre supplément. Mais j'étais toujours libre de tenter l'essai » !

Dans le troisième numéro de la *Révolte*, je publiai une lettre qu'un camarade m'écrivait pour approuver l'idée. Au n° 8 j'annonçai l'apparition du supplément. Au n° 10, paraissait le premier numéro. Ce fut toute la publicité qui fut faite.

Il contenait des extraits de L. de Grammont, Chamfort, Zola, Condorcet, Quételet, Sismondi et A. de Vigny. Plus une poésie d'Hégésippe Moreau. Le supplément était lancé. Il dura vingt-sept ans, et ne mourut qu'avec les *Temps Nouveaux*, ayant toujours eu plus de copie qu'il ne pouvait en contenir.

*
* *

Dès ses débuts, le « Supplément » fut très apprécié. D'aucuns, même, m'écrivirent pour trouver qu'il était bien plus intéressant que le journal. Si c'était flatteur en un sens, ça l'était moins d'un autre.

Les auteurs reproduits l'apprécièrent autant que les lecteurs. J'ai un énorme dossier de lettres d'eux accordant avec enthousiasme l'autorisation demandée de reproduire leurs œuvres. Il n'y en eut guère que deux ou trois pour la refuser. Dont un fut Harry Allis se retranchant derrière le motif qu'il faisait partie de la « Société des Gens de Lettres ».

Dès les débuts, par déférence pour les auteurs, j'avais cru bon de demander leur autorisation à ceux dont je me proposais de reproduide les écrits.

Un lecteur m'avait suggéré de publier entièrement *Les Blasphèmes* et *La Chanson des Gueux*, de Richepin. Par la « petite correspondance », 'e lui répondis que nous n'avions pas le droit de reproduire des volumes entiers. Quelques jours après, je recevais les deux volumes, avec la lettre suivante, où, en tête, Richepin avait collé le passage de la petite correspondance en question :

11 avril 91.

Monsieur,

Je vous autorise, pour ma part, à reproduire, sans payer aucuns droits, tout ce que vous voudrez de mes œuvres, absolument. Je me trouverai assez rétribué par la joie d'avoir pu faire plaisir à des amis inconnus. Si toutefois il vous est désagréable de recevoir sans rien donner en échange, considérez que vous me servez gratuitement le journal, ajoutez à ce service l'envoi d'une collection complète de la *Révolte*, et nous voilà quittes! Pour la forme, du moins; car je resterai toujours, et de beaucoup, votre débiteur, à vous qui me répandez dans le public le plus vivant, le seul où les idées semées fleurissent en actes.

Jean RICHEPIN,

6, rue Galvani (Ternes).

Il va sans dire que je ne perdis aucun temps pour porter à Richepin la collection demandée. Trop heureux de voir qu'il y avait quelqu'un qui savait nous apprécier.

Dans une autre lettre, il m'écrivit que, « dans son traité avec *Gil Blas*, il avait stipulé que la mention : « reproduction interdite », ne concernait par la *Révolte*. »

Et mon dossier contient nombre de lettres tout aussi approbatives, même émanant d'auteurs appartenant à la Société des Gens de Lettres.

*
* *

Il y avait dix-huit mois environ, que paraissait la *Révolte* lorsque un jour, Baillet arriva avec un numéro du *Figaro* contenant un article de Henry Fèvre, intitulé : « Reportage Anarchiste ».

Sous un masque de persiflage, c'était un exposé consciencieux des idées anarchistes, une appréciation sympathique de la *Révolte*. Il semble me rappeler que c'était Baillet qui avait dû documenter l'auteur. Car, quoique dans son article il parlât de notre mansarde et de son escalier en échelle de meunier, je ne me souvenais pas d'avoir vu Fèvre. A moins qu'il ne fût venu incognito. Je ne fis sa connaissance que plus tard.

L'article de Fèvre était notre première entrée dans le grande presse. Nous devions souvent l'occuper par la suite.

Entre temps, les bombes se remirent à parler. Il en éclata une à Lyon, au Palais de Justice, je crois, faisant du bruit sans aucun mal. Sur les murs, avait été placardée une proclamation donnant les motifs de cet acte des anarchistes.

Sur quelles raisons s'appuya la police pour soupçonner Monod, de Dijon, d'être l'auteur de cet acte? Je l'ignore. Toujours est-il que, policiers et magistrats se rendirent à son domicile, pour y perquisitionner.

Mais Monod était en voyage, ce qui n'empêcha pas que tout fut retourné chez lui. On fouilla même le berceau du nouveau-né. Et, là, sous la paillasse, on trouva un paquet bien ficelé. Cette fois, on le tenait. On avait découvert le pot-aux-roses! Hélas! ça n'avait rien de rose.

Vexés, robins et mouchards déguerpirent. Mais un mandat d'arrêt fut lancé contre Monod, qui s'était rendu à Paris, avait déclaré sa femme.

En effet, Monod était venu me rendre visite un soir, me laissant son havresac, — il avait fait le voyage à pied, je crois — me déclarant qu'il reviendrait le chercher le lendemain.

C'était un grand gaillard, large d'épaules, colossal. C'était un mélange de finesse et de naïveté.

Le lendemain de sa visite, — il n'était pas encore cinq heures, — on frappa à ma porte. Pensant que c'était Monod, j'ouvris... et trois policiers, dont l'un était Rossignol, firent irruption dans la pièce. Moi ayant sauté du lit en bannière, je les interrogeai.

Je ne sais plus quelle explication ils me donnèrent, ni ce qu'ils venaient chercher. Je les laissai à leur besogne et me recouchai.

Ils fouillaient le sac de Monod quand un pas lourd se fit entendre dans l'escalier. Cela ne pouvait être que lui.

J'eus bien l'idée de l'avertir, mais il était lourd et mes trois lascars étaient lestes, il aurait été pris avant d'avoir redescendu un étage. Du reste, j'ignorais qu'il y avait un mandat contre lui. Il était venu me voir comme un homme en voyage, qui ne se cache pas. Il n'y avait qu'à laisser aller les choses.

Sitôt qu'ils l'entendirent gratter à la porte, les trois coquecigrues la lui ouvrirent et, patelin, Rossignol lui tendit la main, s'écriant :

— Tiens! ce vieux Monod! Comment ça va, Monod?

Je compris la véritable raison de leur visite.

— Mais ça va camarade, fit Monod, en prenant la main qui lui était tendue.

Je jugeai qu'il était temps d'intervenir.

— Hé! Attention, Monod, ce sont des mouchards.

Monod qui, sans doute, devait s'attendre à cette rencontre, sinon chez moi, à un moment ou un autre, ne sembla nullement surpris.

Il s'en alla avec eux. Mais on dut le relâcher le jour même ou le lendemain, n'ayant rien pu relever contre lui.

Un ou deux ans après, nouveau simulacre d'attentat à Dijon. Nouvelle perquisition chez Monod qui, cette fois encore, était en promenade. Et ce fut dans un placard que fut trouvé le paquet obligatoire, bien ficelé, bien dissimulé. Le pauvre Monod n'avait, il faut croire, qu'une idée à la · fois.

Mais ces plaisanteries lui coûtèrent cher. Lors des rafles de 1894, il fut arrêté et envoyé au bagne où il resta cinq ans, et n'en revint qu'aveugle. Cette fois-là, pas plus que les autres, il n'avait rien à son actif, mais la magistrature et la police n'avaient encore pu digérer leurs mésaventures et elles avaient pris leur revanche.

*
* *

Les anarchistes du monde entier avait choisi la date du 1er Mai comme fête du travail. Ce jour-là chômage général, réunions, manifestations, etc. C'était sur la proposition des socialistes d'Australie que ette décision avait été prise.

Le premier Mai 1890 se passa sans autres incidents que l'arrestation préventive d'un grand nombre d'anarchistes, entre autres celles de Merlino et Stoianoff, dont j'ai déjà parlé.

Mais le 1er Mai 91, les ouvriers de Fourmies organisèrent une manifestation pacifique. Parmi les manifestants se trouvaient des femmes, des enfants. La plupart d'entre eux étaient parés de fleurs, portaient des rameaux de verdure. Ils allaient réclamer la libération de camarades qui avaient été arrêtés la veille. Une bagarre s'engagea. L'ordre de tirer fut donné à la troupe. Quatorze tués et quarante blessés restèrent sur la route.

Ce ne fut qu'un cri d'indignation par tout le pays. Mais ce fut tout. Quand l'indignation se fut manifestée, l'oubli se fit.

Cependant il s'était trouvé un homme indépendant. Un capitaine, nommé Nercy, avait refusé de se soumettre à l'ordre qui lui enjoignait, la veille de la manifestation, de se rendre, avec ses hommes, à Fourmies, donnant pour raison de son refus que l'armée était faite pour défendre la frontière et non pour combattre des Français. Il fut destitué.

Les guesdistes s'emparèrent de lui et essayèrent de s'en faire un trophée. Mais le capitaine Nercy eut vite fait de les juger. Il les lâcha.

Par la suite, il publia un livre chez Stock: *La Future Débâcle*. Dans ce livre, l'auteur qui était un soldat dans l'âme, signalait les tares qui minaient l'armée, indiquant les réformes qui, selon lui, devaient rendre l'armée propre à sa tâche.

L'ayant rencontré chez Stock, je fis sa connaissance. L'homme n'était pas un aigle, mais, comme je l'ai dit, certainement un honnête homme.

Ce même 1er Mai, des camarades, une demi-douzaine, tentèrent une manifestation à Clichy, avec drapeau noir. Attaqués par les policiers, ils se défendirent à coups de revolver, en blessèrent plusieurs, mais succombèrent sous le nombre. Arrêtés, ils furent atrocement passés à tabac. Ils n'étaient pas encore remis des coups reçus lorsqu'ils passèrent en jugement dix ou douze jours plus tard.

Le président Benoît et l'avocat général Bulot s'étaient
particulièrement acharnés contre eux.

Cette même semaine fut condamné à douze ans de bagne
le camarade Grangé, réfractaire, qui avait tiré, mais sans
les atteindre, sur les gendarmes venus l'arrêter. Cette
férocité des juges exaspéra les milieux anarchistes.

*
* *

Ces événements ne pouvaient passer sans que la *Révolte*
les qualifiât comme ils le méritaient.

Méreaux m'apporta un article: « Viande à mitraille ».
Il était d'un individu assez étrange qui fréquentait leur
groupe depuis peu. A ceux qui lu demandaient son nom,
il répondait que son nom n'avait pas d'importance. Qu'on
l'appelât « N'importequi ».

L'article était bien un peu ampoulé, sortant du ton
habituel de nos articles, mais il disait ce qu'il fallait dire.
J'insérai, et la semaine suivante, je recevais une convocation m'invitant à me présenter chez le juge d'instruction
André.

Les articles n'étant signés, ni au *Révolté*, ni à la
Révolte, c'était donc moi qui, comme gérant, était responsable. Le juge m'ayant demandé le nom de l'auteur de
l'article, je refusai de le lui dire. Il n'insista pas, du reste.

Cela marcha vite. Trois semaines après, je passais en
cour d'assises. C'était Bulot qui devait requérir contre moi.
J'ai oublié le nom du président.

A la demande: quel est votre avocat, je répondis que je
n'en avais pas besoin. Mais la cour eut à délibérer si, vraiment, je serais autorisé à m'en passer. Cela me fut accordé
à la fin.

L'interrogatoire fut de pure forme. Tout ce que je me
rappelle de la diatribe de Bulot, c'est, s'adressant aux
jurés: « que leurs prédécesseurs, en semblables cas, avaie *
toujours condamné; que, par conséquent, ils condamne
raient, eux aussi. Ils ne pouvaient faire autrement ».

En fait de justice, c'était peut-être un peu primitif. Mais,
d'un avocat général, il ne faut pas trop exiger.

Le président m'ayant ensuite donné la parole, mon discours ne fut pas long. Je n'avais rien préparé et j'étais

incapable de parler en public. Je me contentai donc de déclarer au tribunal que j'avais inséré l'article parce qu'il disait ce que je pensais, et que je ne reconnaissais à personne le droit de m'empêcher de dire ce que je pensais. Que leur justice n'était que la loi du plus fort. Puisque ils étaient les plus forts, qu'ils fissent ce qu'ils voulaient: cela ne pouvait modifier ma façon de voir les choses.

Coût: 8 mois de prison, 100 francs d'amende.

La condamnation prononcée, je tournai le dos au tribunal en déclarant que mes idées ne s'en porteraient pas plus mal.

— Qu'avez-vous dit? s'écria le président qui fit signe aux gardes de Paris de me fermer le passage.

— J'ai-dit-que-mes-idées-ne-s'en-porteraient-pas-plus-mal.

Le président resta bouche bée quelques secondes. Puis il finit par déclarer que je pouvais me retirer.

Les anarchistes étaient toujours sûrs d'écoper le maximum. Mais la *Révolte* était spécialement mal vue de la magistrature, à cause de son irrévérence envers elle. Déjà, au procès de Méreaux, l'avocat général avait réclamé sa condamnation, car le *Révolté* manquait par trop de respect envers la magistrature.

Avant que s'ouvrissent les débats, je trouvai à l'audience quelques camarades. Parmi eux, Almereyda, que je voyais pour la première fois. Dès l'abord il me fut antipathique par sa présomption.

*
* *

Séverine qui avait eu la naïveté de gober les gasconnades de Guesde et sa secte, leur avait ouvert, ou plutôt, livré la rédaction du *Cri du Peuple*, qu'elle avait hérité de Jules Vallès. Ils avaient fini par faire le vide autour du journal. Elle résolut de s'en débarrasser. Elle me fit demander d'aller la voir, et là, me demanda d'écrire à Kropotkine s'il voulait collaborer. Elle serait enchantée de lui ouvrir les colonnes du *Cri du Peuple*.

Kropotkine refusa. Ce fut, je crois, un tort. Il aurait pu y faire de la bonne besogne.

Séverine se tourna vers d'autres, plus ou moins anarchisants, plus ou moins révolutionnaires, mais la plupart étaient médiocres. Il y avait, entre autres, un nommé

Devertus, un vaniteux prétentieux, qui y représentant l'élément anarchiste, ne manquait jamais une occasion de se faire quelque compliment.

*
* *

Ce fut dans cette même période que se fit connaître un jeune télégraphiste, Jahn, en organisant une grève parmi ses camarades. Il pouvait avoir, je crois, une quinzaine d'années à l'époque.

Il se mêla, par la suite, au mouvement anarchiste, fut condamné en France, en Belgique, arrêté én Espagne, il eut une vie très mouvementée. Puis il disparut de la circulation.

A son procès en Belgique, faisant l'apologie du vol, — il était poursuivi pour délit de parole — il affirma que le produit du vol de Duval avait servi à alimenter la propagande du *Révolté*.

C'était, je suppose, ce que l'on faisait courir dans les groupes, à moins qu'il ne l'ait pris sous son bonnet. Comme on a pu le voir dans le chapitre précédent, c'était une erreur profonde. Ni le *Révolté* ni la *Révolte* n'avaient touché un sou du vol de Duval ni d'aucun autre vol pratiqué, au nom des idées, sous le nom de « reprise ». Pour une bonne raison d'abord, c'est qu'il ne nous fut jamais rien offert. Nous n'eûmes pas à refuser les présents d'Artaxercès.

Si, nous touchâmes une fois. Un camarade, mort à l'hôpital de Marseille, nous légua la somme de 40 francs qui fut annoncée aux souscriptions. Bien plus tard, un camarade de cette ville m'apprit que le donateur était un de ceux qui pratiquaient la « reprise ». Dans quelle mesure était-ce vrai? En tout cas j'ignorais la provenance de l'argent lorsque je le reçus.

Et une autre fois j'eus à refuser le produit d'un vol, mais ce n'était pas d'un des professionnels du vol.

C'était peu de temps avant la bande Bonnot. Revenant de déjeuner, la concierge m'informa qu'on était venu demander Girard et que sur la réponse qu'il n'était pas encore là, l'individu lui avait dit qu'il reviendrait.

Je venais à peine de refermer la porte du bureau sur

moi, que se présentait l'individu en question. Il me demanda si j'étais Girard, je lui dis que non, que j'étais Grave. Là-dessus, il me tendit une enveloppe volumineuse, me disant :

— Voilà, j'ai résolu d'en finir avec la vie. J'ai été envoyé en recouvrements par mon patron, je veux que ma disparition serve à la propagande. Je vous apporte ma recette.

On n'entend pas, sans que ça vous retourne un peu, un homme en bonne santé vous dire qu'il est décidé à se tuer. Je fus un peu interloqué. J'essayai de le persuader qu'il n'y a pas de chagrins que le temps n'efface, et autres lieux communs. C'était une situation bien embarrassante. Comme il ne me confiait pas les raisons qui l'acculaient au suicide, je n'osais les lui demander.

— Vous pouvez, reprit-il, prendre sans crainte, — il tendait toujours son enveloppe — comme je vous l'ai dit, je suis décidé à disparaître. Vous ne risquez rien. Vous n'entendrez plus parler de moi.

Il ne me dit pas la somme, mais, à son volume, elle devait être rondelette. Une vingtaine de mille francs, peut-être.

— Je regrette, lui répondis-je, mais je ne puis prendre l'argent que vous m'offrez. Nous avons toujours combattu le vol dans le journal, il serait illogique de prendre ce que vous m'offrez, en sachant la provenance.

Et je continuai de combattre sa résolution.

Mais, là-dessus, il était aussi entêté que moi. Après avoir, encore une fois, essayé de me glisser son enveloppe dans la main, il partit paraissant assez désappointé.

Deux ou trois jours après, dans un journal, je vis qu'un individu envoyé en recouvrements par son patron avait essayé de se suicider dans un fiacre. L'argent avait disparu. On donnait les initiales de l'homme, mais comme il ne m'avait pas dit son nom, cela ne m'éclairait pas. Etait-ce bien celui que j'avais vu?

A certains indices, je supposai que c'était l'*Anarchie* qui avait bénéficié de mon refus.

Je n'ai jamais eu à opposer pareil refus aux professionnels de la « reprise ». J'aurai l'occasion de revenir là-dessus.

VI

A SAINTE-PÉLAGIE

On ne me laissa pas moisir. La condamnation étant devenue effective, je fus aussitôt appelé à la Préfecture de Police, où on me donna l'ordre de me constituer prisonnier.

Le lendemain, je me présentais au greffe de Sainte-Pélagie, d'où je fus mené à une des cellules du Pavillon des Princes.

Dans la journée toutes les cellules étaient ouvertes, les prisonniers pouvaient fréquenter les uns chez les autres. Là, je trouvai réunis, un vague journaliste qui signait d'un pseudonyme. De ses explications — traduites — il ressortait qu'il avait voulu faire chanter le Casino de Monte-Carlo, mais, n'étant pas de taille, il s'était trouvé que c'était lui qui avait écopé; un chef de bureau de poste qui, éditeur d'un petit journal professionnel, y avait mal parlé de l'administration; une petite fripouille, du nom de V...., connu dans les groupes anarchistes sous le nom de « Pas d'Erreur », son exclamation favorite.

J'ai dit petite fripouille, il n'était que cela. Prêt à toutes les sales besognes. Il devint, par la suite, le factotum de la Limousin, pour finir dans je ne sais quelle boue.

Il y avait enfin Malato.

Quelque temps auparavant, il avait publié en brochure — que Stock réédita plus tard en volume — sa *Philosophie de l'Anarchie*. Là dedans, il expliquait que, pour faire la révolution, les anarchistes devraient accepter de se donner des chefs.

Rendant compte de la brochure, j'avais osé avancer que cela pouvait bien être de la philosophie de Malato, mais quant à de la philosophie anarchiste, cela restait à voir.

Malato me répliqua que j'étais le Pape de la rue Mouffetard, et que je prenais ma blouse pour une soutane.

Pauvre blouse! — de typo — elle me fut souvent repro-
chée. C'est cependant un vêtement de travail commode et
économique.

J'insérai sa lettre sans commentaire. Nous ne nous étions
pas revus depuis.

La prison étant un terrain neutre, nous nous serrâmes
la main comme deux copains heureux de se revoir. Pour
moi, du reste, la réflexion de Malato m'avait laissé absolument froid. Ça n'était méchant que d'intention. Je ne lui
en avais donc pas gardé rancune. Je ne jurerais pas qu'il
en fût de même chez lui. Mais ne soyons pas trop inqui-
siteurs!

Je crois que, au fond, il n'était pas mauvais garçon. Il
avait toujours quelque conspiration qui finissait immanqua-
blement en eau de boudin. Mais... je m'arrête.

Comme dernier venu, j'avais la plus mauvaise pièce. Le
« Petit Tombeau » ça s'appelait, si mes souvenirs sont
exacts.

Le temps passait assez agréablement. Quand j'arrivai,
ils en étaient à faire des calembours ou à emmancher le
commencement d'un mot sur la fin d'un autre. C'est étonnant comme il faut peu de pratique pour arriver à être
d'une force étonnante à ce jeu.

Parmi les pensionnaires, j'ai oublié de signaler — la
société était plutôt mélangée — l'éditeur d'un livre porno-
graphique qui, du reste, se prétendait victime d'une
erreur, et posait pour l'homme respectable.

*
* *

Je m'étais réservé l'administration et la correspondance
du journal, que je pouvais faire parfaitement à Sainte-
Pélagie. Ma parente, Mme Benoit, m'apportait les lettres
chaque jour, et remportait les miennes.

Au journal, Ritzerfeld était un garçon intelligent, mais
qui n'avait pu se plier à aucun travail régulier. Il vivait
aux crochets de sa mère, déjà âgée qui, elle-même, vivait
d'une maigre pension que lui faisaient des parents, riches
marchands de vins à Bordeaux.

Ils vivaient chichement, mais s'en contentaient. Lui, venait, depuis quelque temps, déjà, au journal deux ou trois fois par semaine, m'aidant à la besogne sans rechigner, faisant les courses, la correspondance ou allant à la Bibliothèque Nationale pour y copier tous les passages d'auteurs que l'on me signalait pour le supplément.

Il était un de ces exemples de notre mauvaise organisation sociale. Au sens courant, Ritz était un paresseux. Et, pourtant, il restait toute la journée au bureau, copiant des adresses, ou tout autre travail assommant, sans aucune rémunération.

Il mourut de bonne heure. En lui, je perdis un bon camarade et un bon collaborateur.

J'avais découpé dans l'*Endehors*, de Zo d'Axa, un article intitulé « Le Néophyte Cacolet », dirigé contre l'« estampage », dont la doctrine battait son plein déjà, et que j'envoyai pour le Supplément.

P. Reclus, sans m'avertir, inséra un article où, sans approuver l' « estampage », on ne le désapprouvait pas. On n'avait jamais entendu le préconiser chez les anarchistes ! Et que de circonlocutions pour désapprouver l' « estampage » sans le désapprouver, et ne pas faire trop de peine aux « estampeurs ». Un peu plus, on aurait affirmé que le coupable ce n'était pas l' « estampeur », mais l' « estampé».

L'auteur était un de ces grands cœurs qui prétendent que tout comprendre c'est tout pardonner. Mais dans un mouvement d'idées, ces hommes-là peuvent être aussi dangereux que des malintentionnés. Je m'empressai donc de lui répondre dans le journal. Ce qui nous valut une lettre d'Elisée Reclus qui, à ce point de vue, était tout aussi dans l'erreur que lui.

*
* *

Baillet m'avait écrit qu'il viendrait me voir, amenant son ami Darzens.

Darzens était un garçon bon vivant, bohème. Il avait publié deux ou trois romans intéressants. Je ne sais plus de quoi nous causâmes, mais il en tira un article pour l'*Evénement*.

Après lui, ce fut Georges Lecomte qui me demanda une entrevue. Je n'avais aucune raison de la lui refuser. J'avais plus ou moins correspondu avec lui au sujet du Supplément. Puisque les journalistes voulaient bien nous faire de la réclame, ç'aurait été stupide de la refuser.

A cette époque, Georges Lecomte fleuretait avec l'anarchie. Il me parut un peu prudhommesque.

Quant à sa largeur d'idées, j'ai bien peur qu'il ne l'ait semée en route. Lui aussi il y alla de son article, mais j'ai oublié où il parut.

Barrès, qui se piquait d'un certain anarchisme, — n'avait-il pas publié l'*Ennemi des Lois* — à son tour voulut m'interviewer. — C'était la série! — De lui aussi j'ai oublié sur quoi roula notre conversation. Tout ce qu'il en reste, c'est que je fus frappé par son profil d'oiseau, et qu'il épata les camarades par l'excellence de ses cigares, qu'il jetait après en avoir tiré deux ou trois bouffées.

J'ai également oublié où il publia l'article qu'il tira de notre entrevue. On sait comme il a fini.

*
* *

Mais un nouveau locataire était venu augmenter notre colonie. Paul Lafargue nous rejoignit un jour.

Dans la région de Lille, les guesdistes avaient fait une propagande électorale intense. Je ne suis pas sûr qu'il n'y eût pas eu quelques tripotages avec les royalistes. Lafargue, détenu en province pour je ne sais plus quel délit de parole ou de presse, avait été élu député. En attendant que son élection fût validée, on l'avait amené à Sainte-Pélagie.

Comme homme il était charmant. Il m'apprit à jouer aux échecs. Mais politiquement, il était tout aussi jésuite que son beau-père Karl Marx.

En Espagne, il avait, dans un journal, publié les noms des adhérents de l' « Alliance Internationale », qui avaient pris le parti de Bakounine dans sa dispute avec Marx.

Or, comme l'Internationale était interdite en Espagne en tant que société secrète, les camarades ainsi dénoncés furent emprisonnés.

Lafargue, pris à partie par ceux que révoltait cette

façon de se débarrasser de ses adversaires, donna comme justification que ce n'était pas dénoncer que de publier les noms dans un journal. Comme escobarderie cela ne laissait rien à désirer. Dans ses discussions avec les anarchistes, comme tout bon guesdiste, il était généralement de mauvaise foi.

Un matin que Lafargue et moi nous nous rendions aux douches, nous rencontrâmes le directeur de la prison. Nous nous arrêtâmes pour causer et, au cours de la conversation, ce dernier dit à Lafargue :

— Comment, c'est vous, monsieur Lafargue, un socialiste, qui demandez un détenu de droit commun comme domestique!

La réponse de Lafargue fut plutôt embarrassée.

*
* *

Dès mon arrivée à Sainte-Pélagie, je m'étais mis à revoir les articles que j'avais publiés pour en faire un choix et les réunir en volume. Chose que je projetais depuis longtemps, mais je n'avais jamais trouvé le temps de m'y mettre.

Quand le travail fut au point, je l'envoyai à Reclus, lui demandant de m'écrire une préface. Il me suggéra le titre: *La Société mourante et l'Anarchie*, mais, disait-il, il n'était pas assez entraîné pour écrire une préface.

Je me retournai du côté de Mirbeau, et lui demandai de bien vouloir s'en charger. Il ne se fit nullement prier et accepta tout de suite, d'une façon tout à fait encourageante et gracieuse. Je lui envoyai le manuscrit.

Mais, lorsque je sortis de Sainte-Pélagie, voulant présenter le volume à Stock, je n'avais encore rien reçu de Mirbeau.

J'écrivis à ce dernier pour lui demander quand il comptait se mettre à écrire la préface. Deux lettres restèrent sans réponse. Je lui écrivis de me retourner le manuscrit avec ou sans la préface. Rien.

Il ne me restait plus qu'à me présenter chez Mirbeau qui à ce moment habitait près de Pont-de-l'Arche. Je lui écrivis, par lettre recommandée, que je comptais me présenter chez lui le dimanche suivant avec mon ami Baillet qui m'avait promis de m'accompagner.

Pas de réponse! Cela me paraissait d'assez mauvais augure. N'importe, le dimanche annoncé nous prîmes le chemin de fer pour Pont-de-l'Arche. Arrivés à la gare, vers midi, personne. C'était encore de plus mauvais augure.

Mirbeau n'ayant pas cru devoir nous donner signe de vie, je ne voulus pas me présenter chez lui à l'heure du déjeuner, nous allâmes prendre le nôtre à l'auberge.

Le repas fini, nous nous mîmes en route pour les Damps où habitait Mirbeau. Ce fut une bonne qui répondit à notre coup de sonnette et nous déclara que Monsieur était en train de déjeuner, qu'il ne fallait pas le déranger. Nous n'avions qu'à nous retirer en laissant nos noms, et nous dîmes à la bonne d'avertir son maître, que nous repasserions un peu plus tard.

Ayant fait un tour dans le pays, jugeant que nous pouvions retourner, il nous fut répondu que Monsieur était sorti.

Cette fois la moutarde me monta au nez, trouvant que la plaisanterie dépassait la mesure. Nous nous rendîmes au bureau de poste, d'où j'adressai une carte postale à Mirbeau, lui notant que, m'étant présenté deux fois chez lui, après l'avoir prévenu de ma visite par lettre recommandée, non seulement, il n'avait pas cru devoir me répondre, mais avait refusé de me recevoir quoique chez lui, et qu'il eût à me retourner mon manuscrit. Et nous reprîmes le train pour Paris.

Je reçus la réponse suivante :

> Mon cher Grave,
>
> Le jour où je vous ai télégraphié (?) en rentrant à la maison, j'ai trouvé ma femme, qui était tombée dans l'escalier, évanouie, le poignet brisé. Il a fallu envoyer chercher un médecin à Rouen, bref, je n'avais guère le cœur à vous écrire. Voilà pourquoi vous n'avez pas reçu ma lettre.
>
> Mais autre chose.
>
> Je suis désolé, désolé de ce qui est arrivé, et la faute en est à cette petite fille, si sotte, qui vous a ouvert, et qui nous joue, gaminement, souvent de pareils tours. Huret était venu ce matin avec un de ses amis, M. Tardieu, pour me demander un service. Il a fallu que nous repartions pour Paris, par l'express de Saint-Pierre. Ce qui fait que j'ai trouvé votre carte postale et votre lettre en rentrant de Paris.
>
> Mais pourquoi ne m'avez-vous pas averti (!) que vous veniez

avec Baillet? J'aurais été vous chercher à la gare. Le rien de
tout cela ne serait arrivé.

Vous ne savez pas combien je suis navré de ces choses. Je ne
vous connais pas, mais j'ai pris l'habitude de vous écrire,
d'aimer votre esprit, et ç'eût été une grande joie pour moi de
vous recevoir.

Ne m'en veuillez pas de mon silence. Vous ne pouvez comprendre, je ne comprends pas moi-même ce que j'ai, et quelle crise
d'affreuse tristesse, sans cause, je traverse, depuis près d'un an.
Je ne fais plus rien..., plus rien... Et pourtant je ne suis pas
paresseux. Je suis malade. Pissarro était chez moi ces temps
derniers. Il a (ici un mot indéchiffrable) à ma vie, à ma tristesse; il était navré de me voir ainsi.

Mais je veux surmonter cela, pour vous. Et je veux vous
écrire une belle préface. Dès mon prochain voyage à Paris, je
vous avertirai et nous irons ensemble chez Charpentier.

Je pars après-demain passer quelques jours avec mon père, à
Breym..lard (?). Je repasserai par Paris. Vous recevrez un mot
qui vous donnera un rendez-vous. Et nous conviendrons d'une
journée à passer aux Damps avec Baillet.

Dites-moi que vous avez oublié tout ce malentendu, et recevez
l'assurance de mes sentiments sincères et affectueux.

Octave MIRBEAU.

Devant une lettre pareille, je ne pouvais que m'excuser
d'avoir été plutôt rude dans ma carte postale, et attribuer
au mauvais service de la poste la disparition des lettres
qui le prévenaient de ma visite.

Quant à la préface, il tint parole. Elle était magnifique.
Mais je ne le vis pas à Paris. Nous n'allâmes pas chez
Charpentier.

Pauvre Mirbeau! Je crois qu'il avait souvent de ces
accès de neurasthénie. Plus tard, au temps des premiers
jours du *Journal*, de Xau, j'y allai le voir quelquefois. Un
jour il me raconta ses insomnies, les hallucinations qui le
hantaient. Il me fit l'effet d'un homme sur la pente de la
folie.

Ce fut vers cette période qu'il donna au *Journal* toute
une série de nouvelles, déjà parues dans l'*Echo de Paris*.
Ce qui lui valut un procès de la part de Letellier.

La *Société mourante* terminée, j'écrivis le brouillon de
mon roman *La Grande Famille*.

Mes six mois de détention terminés, je réintégrai la rue
Mouffetard et ma place au journal.

LA *REVOLTE* CONTRE LA SOCIÉTÉ
DES GENS DE LETTRES

J'avais reçu une assignation de la Société des Gens de Lettres au sujet de la reproduction, dans le Supplément, d'extraits d'œuvres de ses membres.

C'était le dénouement d'une lutte que, depuis quelque temps, je soutenais contre elle.

Dans les premiers temps du Supplément tout était allé bien. Mais, en juillet 1890, — le Supplément paraissait depuis près de quatre ans, — je reçus une lettre signée E. Montagne, agissant comme délégué de ladite Société, où il me réclamait la somme de 41 fr. 50 pour avoir reproduit une nouvelle de Paul Arène, « Les Anes de Piégut ».

J'écrivis à Montagne pour lui expliquer ce qu'était notre journal, organe de propagande et non d'entreprise commer.iale. Tout fut inutile, nous devions payer et signer un traité.

Outré, j'envoyai la somme demandée, mais dis son fait au bonhomme et à la Société qu'il représentait.

*
* *

Zola venait, depuis quelque temps, d'être nommé président de la société. Comme il m'avait autrefois donné l'autorisation de reproduire ce que je voudrais de son œuvre, je crus que c'était le moment, ou jamais, d'user de la permission. Je croyais que Zola avait des vues plus larges que la Société et qu'il arrangerait le conflit.

Au lieu de cela, il eut l'audace, plus tard, dans une interview que publia l'*Eclair*, de dire qu'il m'avait autorisé à reproduire certaines de ses œuvres, sauf *Germinal*. Or, le morceau incriminé n'était pas tiré de *Germinal*, mais d'un chapitre de *La Bête Humaine* que j'avais pris dans la *Vie Populaire*. Son assertion était du reste fausse, l'autorisation ne portait aucune restriction.

Je fus quelque temps sans plus entendre parler de rien, lorsque, un beau jour, étant à Sainte-Pélagie, Mme Benoit m'apporta, avec le courrier du jour, un exploit d'huissier me sommant, à la requête de MM. Zola, F. Coppée, de Maupassant, Courteline et Ginisty, de comparaître devant la huitième chambre correctionnelle pour m'entendre condamner à payer à la Société des Gens de Lettres la somme de 476 fr. 90, montant de reproductions à 0 fr. 25 la ligne.

Quelques jours auparavant, le « Bulletin » de la Société avait publié l'entrefilet suivant :

Avis très important

Un petit journal de Paris, non abonné à la société, s'adresse aux auteurs pour obtenir des autorisations de reproductions gratuites. Nous rappelons à nos confrères qu'en donnant cette autorisation, ils s'exposent à une amende pour la première fois, puis ensuite à la radiation. (Art. 41 des statuts, chap. VII).

Au reçu de l'assignation, j'écrivis à Zola pour lui rappeler qu'il m'avait donné l'autorisation, lui expliquant à nouveau la situation du journal, et espérant qu'une société de littérateurs pouvait être guidée par d'autres mobiles que la pièce de cent sous.

Voici sa réponse :

Médan, 21 juillet 1891.

Monsieur,

Si je vous ai autorisé à reproduire mes œuvres, c'est à l'époque où je ne faisais pas partie de la Société des Gens de Lettres. Depuis le mois de mars, je suis membre de cette Société, et il faut bien que je me conforme à ses statuts. Mon autorisation n'a plus aucune valeur.

Vous avez tort de croire qu'on poursuit une œuvre de haine contre vous. On vous soumet à la loi commune, voilà tout. Tout journal qui n'a pas de traité ne peut reproduire une ligne d'un

sociétaire. Le mieux, comme vous le dites, est d'exciper de votre
bonne foi, et de ne plus rien reproduire des membres de la
Société, jusqu'à ce que vous ayez un traité avec elle. En octobre,
veuillez renouveler votre demande d'un traité, et je vous promets qu'on examinera très sérieusement cette demande.

Veuillez agréer, Monsieur, l'assurance de mes meilleurs sentiments.

Emile ZOLA.

Je m'empressai de répondre à M. Zola :

Monsieur,

Je reçois votre lettre, je vous remercie. Seulement, à côté de
la réponse du président de la S. des G. de L., j'ai vainement
cherché celle du littérateur auquel je m'adressais. Je ne l'ai pas
trouvée. Je regrette, nous ne nous entendons pas.

Je vous salue.

J. GRAVE.

Et, dans la *Révolte*, où je reproduisis ma lettre, j'ajoutai,
en guise de « post-scriptum », ces quelques lignes tirées
de la « Correspondance » de Flaubert :

... J'aurai même grand soin, dût-il m'en coûter cher, de
mettre à la première page de mes livres, que la reproduction
en est permise, afin qu'on voie que je ne suis pas de la Société des
Gens de Lettres, car j'en renie le titre d'avance, et je prendrais,
vis-à-vis de mon concierge, plutôt celui de négociant ou de
chasublier.

G. FLAUBERT.

Mais j'entendais bien ne pas laisser s'endormir l'affaire.
Me rappelant la campagne que certains littérateurs avaient
menée autrefois contre Zola, je crus bon d'expliquer mon
cas à quelques-uns, entre autres à Mirbeau, avec lequel
j'étais en correspondance déjà. Je n'eus pas tort. Dans
l'*Echo de Paris* du 4 août, parut, sous le titre: « A propos
de la Société des Gens de Lettres », un article véhément,
mordant, comme savait les écrire Mirbeau, exposant le
cas de la *Révolte*. Ce fut une véritable levée de boucliers.
Pendant quelques semaines, tous les journaux discutèrent
les poursuites que nous intentait la Société des Gens de
Lettres. Cette dernière et Zola passèrent de mauvais quarts
d'heure.

Ce fut d'abord dans la *Bataille*, Camille de Sainte-Croix qui, dans un article où il cinglait d'importance Zola et la Société des Gens de Lettres, prit la défense de la *Révolte*.

Armand Villette, dans le *Gaulois*, Arsène Alexandre, dans l'*Eclair* — ce journal était cependant le défenseur de la Société — H. V..., dans l'*Intransigeant*, Bonnetain, dans *Gil Blas*, et combien d'autres, dont j'ai perdu les articles, s'élevèrent contre le mercantilisme que la Société poussait un peu trop loin. Ce fut, vraiment, une belle agitation.

Entre temps, j'écrivis aux auteurs, au nom desquels on nous poursuivait, et aussi à tous ceux dont l'opinion pouvait avoir quelque poids.

Hugues Leroux, lorsque je lui avais demandé l'autorisation de reproduire une de ses nouvelles, l' « Ane », m'avait répondu que le public de la *Révolte* l'intéressait fort et que, une fois pour toutes, il m'autorisait à reproduire tout ce qui me plaisait.

Mais lorsque s'éleva la campagne qu'avaient suscitée les poursuites, il se dépêcha de m'écrire « que, lorsqu'il m'avait donné l'autorisation de reproduire », il croyait que j'avais un traité avec la Société, et qu'il me *défendait formellement*, dorénavant, de rien reproduire de lui tant que je ne serais pas en règle avec ladite Société.

Je lui répondis que, lorsqu'il m'avait autorisé, je l'avais remercié de sa gentillesse, et qu'il aurait suffi qu'il m'écrive qu'il avait changé d'avis pour que je m'incline devant sa défense, mais que sa « défense formelle » manquait plutôt de dignité. Si ce n'est pas le texte exact, car je n'ai pas gardé la copie de ma lettre, c'en est l'esprit.

De Courteline, je retrouve la lettre ci-dessous :

Monsieur,

Je n'ai ni à m'associer ni à ne pas m'associer aux poursuites exercées contre vous par la Société des Gens de Lettres, tout ça ne me regarde pas. Je conviens volontiers que les règlements de la Société, en nous retirant la libre disposition de notre copie, sont quelque peu léonins, mais que voulez-vous que j'y fasse? J'y peux d'autant moins qu'étant membre adhérent, je n'ai pas voix au chapitre. Vous me demandez de reproduire « Potiron », je vous répète que je ne suis pas maître de vous accorder cette faveur; je le regrette très sincèrement et vous assure de mes meilleurs sentiments confraternels.

COURTELINE.

Cette lettre était-elle la réponse à une lettre de moi où je l'avisais que l'on nous poursuivait en son nom. C'est possible.

J'ai gardé copie d'une de mes réponses à Courteline qui implique d'autres correspondances.

Dans cette lettre, j'expliquais mon attitude à l'égard de la Société des Gens de Lettres; c'était une question de principe, que les auteurs eussent au moins le droit d'exempter ceux qui ne pouvaient payer.

Courteline se dépêcha de me répondre par la lettre suivante :

Monsieur,

1. — La première fois où je vous écrivais pour vous autoriser la reproduction de deux nouvelles du « 5° Chasseurs », je me gardais bien, comme vous le constatez, de vous avertir que je faisais partie de la Société des Gens de Lettres. Voulez-vous savoir pourquoi? Parce que je n'en faisais partie que six mois plus tard. Vous reproduisîtes les deux nouvelles, et je ne sache pas que vous ayez eu des désagréments à ce propos.

2. — La seconde fois où je vous écrivis, je vous donnai avis que, faisant, désormais, partie de la Société, j'étais impuissant à de nouvelles autorisations, et je vous laissais libre de passer outre, à vos risques et périls. Vous passâtes outre.

3. — Le point acquis, l'avis nettement formulé que j'étais dans l'impossibilité de vous autoriser à des reproductions gratuites, je n'avais plus à faire que ce que j'ai fait : vous informer, comme je le fais pour toute demande de reproduction qui m'est adressée, qu'un des statuts de la Société des Gens de Lettres autorise tous les journaux à reproduire des œuvres déjà parues, sans qu'il soit besoin de l'autorisation de l'auteur, jusqu'à concurrence de 1.500 lignes.

Je ne vois pas, dans tout ça, où il y a manque de franchise. Si la Société des Gens de Lettres vous poursuit d'une part en mon nom, j'en suis fâché, mais je n'y peux rien. Au lieu de le prendre de si haut avec des gens qui ont fait de leur mieux pour vous obliger, vous feriez mieux de suivre le conseil que je vais vous donner, si vous voulez bien me le permettre. A votre place, donc, voici ce que je ferais. J'écrirais personnellement à chacun des six ou huit membres au nom desquels la société vous fait un procès et je solliciterais leur désistement, qu'aucun ne vous refuserait. Je suis, si je ne me trompe, un de vos plus gros créanciers, et je vous donnerais très volontiers quittance. Ainsi déchargé des 9/10 de la dette, je paierais à la société 10 0/0 qui lui est dû, et qui doit se monter à 30 ou 40 francs, après quoi l'incident serait clos. J'estime la proposition sage. Soumettez-la, si vous voulez, au jugement d'Ajalbert, et recevez l'assurance de ma considération distinguée.

G. COURTELINE.

Je ne me rappelle pas si je répondis à Courteline. J'aurais eu pas mal de choses à lui rétorquer.

J'avais également écrit à Maupassant — à qui, par je ne sais quelle circonstance, j'avais omis de demander l'autorisation — pour lui expliquer la situation du journal et notre but. Ici, encore, deux lettres ont disparu. Sur les trois lettres furibardes que m'envoya Maupassant, il ne me reste que celle ci-dessous. Les autres étaient du même ton.

24, rue Boccador.

Monsieur,

Le droit que vous me demandez est tout simplement celui de marauder dans mon œuvre, et je vois que vous ignorez absolument ce qu'est aujourd'hui la propriété littéraire. Je n'ai pas besoin de réclame, et je m'en moque. Les journaux sont des boutiques qui doivent payer ce qu'elles vendent. Je vous dirais même que, aucune reproduction à Paris n'étant possible, même avec un traité de la Société, sans l'assentiment de l'auteur, je n'accorde jamais cette permission à moins de conditions spéciales. La seule chose que je reproche à la Société, c'est de ne pas imposer aux journaux des conditions assez sérieuses.

Maintenant, restons-en là, ces histoires m'ennuient et je n'ai pas le temps de m'occuper de ces détails.

Je vous salue.

Guy DE MAUPASSANT.

Dans ma première lettre, je m'étais contenté d'exposer bien modérément la situation à Maupassant. Mais, dès sa première lettre, je m'étais vite mis à son ton. Je n'ai pas gardé copie de ces réponses, mais je m'en rappelle bien le sens. Je lui disais que, oui, c'était le droit — comme il appelait cela — de piller dans son œuvre que je demandais. Que, malgré tout son dédain de notre public, il était bien heureux qu'il existât des gens pour produire tout ce qui lui était nécessaire pendant qu'il étudiait ou écrivait. Que ceux-là, leur travail pouvait bien passer par un nombre infini de mains, ils n'étaient jamais payés qu'une fois, tandis que lui voulait être indéfiniment payé pour le même travail. Que si je n'avais pas d'autres chiens à peigner, je me payerais, certainement, le plaisir de reproduire certaines de ses œuvres, et que nous verrions s'il aurait le front de me poursuivre.

*
* *

A la Société, on s'agitait ferme. Nadar me fit passer une coupure du Bulletin de la Société où il était dit qu'à une des séances, un des sociétaires avait été frappé de 25 francs d'amende pour avoir « violé » les statuts en autorisant la reproduction de ses œuvres par un journal non abonné. A une autre séance, la discussion s'était engagée sur le cas de trois membres accusés du même forfait. Après discussion, deux avaient été mis hors de cause, et le troisième devait être invité à retirer son autorisation et à donner ses pouvoirs pour poursuivre le journal reproducteur.

Hector France m'envoya copie d'une lettre qu'il avait adressée à Montagne, par laquelle il refusait de s'associer aux poursuites, plaidant notre cause.

Il fut condamné à 25 francs d'amende. Cladel m'apprit qu'il avait encouru le même châtiment.

Bergerat, pour avoir le droit de m'autoriser, avait écrit à Montagne qu'il payerait de sa poche.

Mme de Peyrebrune m'écrivit que, m'ayant donné l'autorisation de reproduire, elle entendait rester seule responsable, et m'engageait à refuser de payer quoi que ce soit.

Paul Ginisty s'entremit auprès de Montagne, lui affirmant qu'il ne se sentait nullement lésé et l'engageait à cesser les poursuites.

Aurélien Scholl, dans une première lettre, m'avait autorisé à reproduire en disant qu'il plaiderait l'exception.

Il s'intéressait à la lecture du journal, car, ensuite, il m'envoya les deux lettres suivantes :

Paris, le 26 mars.

Monsieur J. Grave,

Pour éviter le caractère de reproduction, je vous adresse ci-joint un mot qui répondrait à la réclamation possible de la Société des Gens de Lettres.

Publication gracieuse à titre de propagande. Je souscris pour 5 francs et quelques pages de copie.

On ne pourra pas réclamer le prix d'une reproduction dont je paie l'insertion!

Salutations confraternelles.

Aur. SCHOLL.

Ici, la lettre qui accompagnait la copie et que j'inséral dans la *Révolte* :

Paris, 28 mars 1891.

Monsieur J. Grave,

Je vous remercie de l'envoi de votre journal et de la brochure de Kropotkine, qui m'a vivement intéressé.

Je vois que vous invitez les amis à souscrire pour la propagande de votre supplément. Il ne sera pas dit que je n'y aural pas apporté mon concours. Ci-joint des timbres-poste (5 fr.) et un extrait d'une petite étude qui peut convenir à vos lecteurs.

Compliments confraternels.

Aurélien SCHOLL.

Avec Bonnetain, nous échangeâmes une assez nombreuse correspondance.

A la demande d'autorisation que je lui avais adressée, il avait envoyé la réponse suivante :

Supplément du « Figaro », 26, rue Drouot, 25 juin.

Mon cher confrère, je vous donne de grand cœur l'autorisation de publier tels extraits de mes livres qui vous conviendront. La Révolte ne doit pas être riche et la Société des Gens de Lettres nous défend de concéder nos reproductions, mais cette boutique d'usiniers représente trop peu la littérature pour que je tienne compte de ses statuts!

Continuez-moi l'envoi de votre journal et publiez ma première lettre si bon vous semble.

Cordialités.

P. BONNETAIN, 6, rue Ballu.

Avez-vous lu le *Bilatéral*, de Rosny et son *Marc Fane?* Je serais bien aise de savoir ce que la *Révolte* pense de ces deux romans sur le socialisme et l'anarchie.

Vous trouverez dans *Autour de la Caserne*, l'*Opium*, le *Nommé Perreux* et *Amours Nomades*, des citations ne choquant point vos théories. Ci-joint un mot pour l'éditeur des quatre derniers.

Quelle était la première lettre à laquelle faisait allusion celle ci-dessus? Je ne me rappelle pas. Toutes ses lettres ne sont pas datées. Mais lorsque je reçus l'assignation de la Société, je demandai à Bonnetain l'autorisation de reproduire celle ci-dessus. Autorisation qu'il m'accorda, en me recommandant d'y laisser la signature, comme on verra par les extraits ci-dessous de la longue lettre qu'il m'adressa :

Le « Figaro », 11 août.

Mon Cher Confrère,

En présence de l'attitude misérable de Zola, je tiens au contraire à ce que vous citiez mon nom au bas de ma lettre de l'an dernier.

....

Je vous réitère donc la formelle autorisation de reproduire gratuitement mes bouquins tant que les ressources de votre journal ne vous permettront pas de payer à la Société ce qui lui est dû de ce chef.

Ces droits de reproduction, quand le diable y serait, sont ma propriété et je puis en disposer, vous en faire remise. Si la Société excipe de son droit strict et de ma signature au bas d'un papier (que je n'ai pas lu), pour protester *summum jus, summa injuria* — je lui fermerai la bouche en lui versant le tant pour cent qu'elle aurait prélevé sur lesdits droits de reproduction. De la sorte, sa caisse ne souffrira pas de mon fait, et ses intérêts tout comme notre dignité d'écrivains seront sauvegardés.

Je ne partage pas vos idées, vous le savez, mais il ne s'agit ici ni d'écoles littéraires, ni d'écoles socialistes ou politiques. Je ne vois en présence: d'une part, que votre bonne foi, basée sur des autorisations formelles, que notre droit à nous, créateurs, de disposer de notre création; et, d'autre part, que la mesquinerie de gens nous représentant peut-être financièrement, mais non moralement, mais non intellectuellement.

....

Un médecin, un avocat, un professeur ont le droit de soigner, de défendre, d'enseigner gratuitement les pauvres diables, et nous n'aurions pas le droit, nous, de donner pour rien aux déshérités la seconde mouture de notre œuvre?

Ce serait trop fort!

Confraternellement vôtre.

Paul BONNETAIN.

*
* *

Pendant ce temps, que devenait le procès?

Comme on l'a vu par une lettre de Courteline, c'était Ajalbert qui avait accepté de présenter notre défense. Par

des lettres de lui, qui ont trait à cet incident, je vois qu'il
fit demander, une première fois, la remise de l'audience,
n'étant pas prêt. Ensuite, l'affaire fut inscrite deux ou trois
fois au rôle, mais, à chaque fois, ce fut l'avocat de la
Société qui demanda le renvoi. Puis, l'affaire disparut du
rôle, je n'en entendis plus parler.

Nous avions gagné notre procès devant le public. L'étroi-
tesse d'esprit qui dirigeait le comité de la Société avait
été amplement démontrée. Je crois même que, par la suite,
des améliorations furent apportées, sinon dans les statuts,
au moins dans la façon d'agir.

*
* *

Cependant, pour se rappeler à mon souvenir sans doute,
je recevais de temps à autre quelque réclamation avec
une note à payer.

Une fois c'était pour un article politique de C. Pelletan.
J'écrivis à ce dernier. Voici la réponse que j'en reçus :

CHAMBRE   Paris, le 11 octobre 1909.
DES DÉPUTÉS

        Mon Cher Confrère,

Je déplore, croyez-le très sincèrement, les difficultés que vous
avez eues avec la Société des Gens de Lettres, à la suite de la
reproduction d'un de mes articles.

J'aurais voulu pouvoir intervenir, malheureusement cela m'est
impossible. Je suis, en effet, lié par un contrat avec la Société et
seule ma démission pourrait me dégager; mais après plus de
vingt ans d'affiliation, il me serait pénible d'en arriver là.

Si vous m'aviez demandé l'autorisation de reproduire l'article
en question, je vous aurais mis sur vos gardes; il est fâcheux
que vous ne l'ayez pas fait.

Agréez, mon cher confrère, l'expression de mes sentiments
cordiaux et mes plus vifs regrets.

                                        C. PELLETAN.

Tous les jours, dans la presse politique, on reproduit des
articles de confrères, c'est pourquoi je n'avais pas cru
nécessaire de demander l'autorisation de reproduire à
Pelletan.

Je me bornai à lui envoyer la lettre suivante :

Paris, le 13/10 1909.

Monsieur le Député,

Lorsqu'il s'agit de reproduire des extraits de volumes ou des œuvres plus littéraires que de polémique, j'ai l'habitude de demander l'autorisation des auteurs.

Mais s'agissant d'un article de journal, d'un homme politique qui, je le croyais, doit surtout écrire en vue de propager ses idées, j'avais pensé que, en l'occasion, c'était inutile.

En vous écrivant pour vous aviser du cas, je n'avais nullement en vue que vous vous mettiez en guerre avec la Société des Gens de Lettres. J'espérais seulement que vous seriez intervenu auprès du délégué pour lui faire comprendre que, pour sa propre dignité, comme pour celle de ses collègues, il y avait à faire la différence entre les publications qui ne sont que des entreprises commerciales, et celles qui sont des œuvres de propagande d'idées.

Vous ne l'avez pas envisagé à ce point de vue.

Autrefois, au temps des Armand Carrel, le journalisme était envisagé sous un aspect plus élevé, et moins commercial.

Autres temps, autres mœurs. On s'en aperçoit tous les jours.

Il y en a qui trouvent que notre époque ne gagne pas à la comparaison.

Je vous remercie de l'amabilité que vous avez eue de me répondre.

J. GRAVE.

Il fut, je suppose, dégoûté par ma stupidité à comprendre son point de vue, car notre correspondance finit là.

Comment s'arrangea l'affaire? J'ai oublié, mais ce ne fut pas la seule, car je trouve d'autres lettres concernant d'autres réclamations de la Société. (Dans l'intervalle, M. de Larmandie avait remplacé Emile Zola).

Pierrefonds, 3 juillet 1900.

C'est arrangé, cher ami, et voici en quels termes m'a répondu M. de Larmandie.

Tout le possible pour être agréable à un confrère aussi vaillant que vous, et aussi *à ce noble cœur qu'est Jean Grave* (c'est Séverine qui souligne).

Dès votre lettre j'avais télégraphié.

Lors de mon prochain séjour à Paris, je vous en aviserai pour qu'on puisse se serrer la main et convenir du jour où vous viendrez déjeuner chez la paysanne que je suis devenue.

Affectueusement votre toujours.

SÉVERINE.

La Société, malgré son amabilité ne pouvait renoncer à réclamer, car voilà une autre lettre, sans compter celles détruites :

1, Chemin des Châlets
Ville-d'Avray (Seine-et-Oise)

10 janvier 1911.

Mon cher Grave,

Ne vous inquiétez de rien. J'ai vu Larmandie hier, et le secrétaire, M. Lapare, il ne sera pas donné suite à la demande formulée par l'administration. Mais c'est là une mesure générale pour tous les journaux qui nous reproduisent sans traité, et vous n'avez pas à vous formaliser.

Enchanté, mon cher Grave, d'avoir pu vous être agréable dans cette occasion, je vous serre bien cordialement la main.

Jean JULLIEN.

Une autre fois, ce fut pour avoir reproduit du Barrès. Ce dernier m'engagea à payer, qu'il me rembourserait. Je payai mais ne fut jamais remboursé.

La Société, néanmoins, était devenue plus traitable.

*
* *

Que Zola ait été très ennuyé de cette polémique, cela ne fait aucun doute Il chercha trop à se décerner lui-même des témoignages de satisfaction et à nous « débiner » dans les interviews auxquelles il se soumettait.

Mais la campagne menée contre lui, à propos de la Société des Gens de Lettres, devait fournir l'occasion d'un piège auquel il se laissa prendre, ce qui fournit le point de départ d'une nouvelle campagne.

C'était en 1894, lorsque je fus arrêté pour la fameuse « association de malfaiteurs » et lorsque, comme apéritif, Bulot m'avait fait « prendre » deux ans de prison, pour mon livre l'*Anarchie et la Société mourante* ; quelques jeunes littérateurs rédigèrent une protestation contre ma condamnation. Ce fut Leyret qui se chargea de la présenter à Zola pour qu'il la signât.

Voici le compte rendu de l'entrevue que je trouve dans

l'*Eclair* du 1" octobre 1902, car cette histoire lui fut
ressortie lors de l'affaire Dreyfus :

... « Un homme avait par sa plume contribué plus que
tout autre à propager la semence d'anarchie: c'était le
créateur de « Souvarine », l'auteur de *Germinal* ». Très
naturellement, M. Henry Leyret, qui recueillait les signatures se présenta en son fastueux hôtel.

« M. Emile Zola lut l'éloquent appel à la clémence présidentielle et refusa de signer.

« M. Leyret eut avec lui la conversation suivante qu'il a
consignée :

« — Je ne veux pas signer la protestation que vous
m'apportez, cela m'est tout à fait impossible, me déclare
M. Zola.

« — Pourquoi ?

— Mais parce que cela ne m'intéresse pas, moi. Je ne
suis pas pour la violence. J'ai lu des extraits du livre
de Grave, l'*Anarchie* (!), ceux qu'ont publiés les journaux
dans le compte rendu du procès, il y est fait exclusivement
appel à la violence, je n'approuve pas ça du tout. Je n'ai
pas à faire la propagande d'idées que je répouve, étant,
moi, un homme d'évolution et non de révolution.

« — La défense de la liberté d'écrire se trouve en cause
aujourd'hui.

« — La liberté d'écrire ? mais je le nie. Personne, d'ailleurs, ne s'est servi de cet argument pour défendre Grave,
pas même son avocat.

« — Pardon. D'abord MM. Octave Mirbeau et Clemenceau, en leurs articles, puis M° de Saint-Aubau dans sa
plaidoirie.

« — Je ne la connais pas.

« — M° de Saint-Auban a très bien dit que l'accusé n'était
pas un poignard, une bombe, mais un livre, une œuvre de
l'esprit, et que, par application des lois de décembre, le
gouvernement ne demande au jury pas autre chose que de
persécuter la liberté de penser.

« — C'est faux! Et d'ailleurs Grave n'est pas un écrivain,
un des nôtres, c'est un politique, un militant. Que les politiques se débrouillent! Je ne fais pas de politique, moi,
Lorsqu'on se jette dans la mêlée on doit s'attendre à recevoir des coups. Grave est frappé, eh! bien c'est le jeu de

V

REPRODUCTION D'UNE LITHOGRAPHIE DE JEHANNET

PORTRAIT D'ÉLYSÉE RECLUS

la guerre. Que voulez-vous? On attaque la Société: la Société se défend, c'est bien son droit ! »

Plus tard, dans une interview, Zola disait :

— Je ne voulais pas, en donnant mon nom, avoir l'air d'approuver une telle déclaration. Le volume de Jean Grave est une œuvre de propagande, il a agi en soldat qui se bat pour une cause, il a été vaincu, il subit les conséquences de sa défaite. D'ailleurs, quels hommes est-on allé voir? Je veux bien que ceux dont on a donné les noms aient beaucoup de talent. Mais que sont-ils? Quelle est leur situation? Si on excepte Richepin et Mirbeau, ne sont-ils pas encore en marge, pourrait-on dire?

Où Zola avait raison, c'est lorsqu'il disait que, donnant des coups, je devais m'attendre à en recevoir. C'est aussi mon opinion. Et je pense qu'il est ridicule, lorsqu'il s'agit de « faits », de récriminer contre la condamnation qui frappe celui qui agit, comme le font certains camarades, quelques sympathies qu'on ait pour l'homme et son acte.

Mais où Zola avait tort, c'était de nier que ma condamnation pour avoir écrit *La Société mourante*, intéressât la liberté de penser. « Je n'étais pas un écrivain », c'était une opinion que Zola était bien libre d'avoir et d'exprimer, mais mon livre était bien un livre, si mal écrit pût-il être, quelle que fût l'opinion de Zola à mon sujet. Et puis, il est une autre chose qu'il oubliait: Ce n'était pas moi qui protestait contre ma condamnation et qui demandait une faveur. A ce moment, j'étais à Mazas, au secret, en prévention pour le procès des Trente, et je n'appris la démarche que beaucoup plus tard. Ce n'étaient même pas des coreligionnaires, mais des écrivains qui protestaient contre un procès de tendance, et qui, quel que fût le dédain de Zola à leur égard, étaient bien des écrivains et dont certains le valaient certes.

La campagne au sujet de la Société des Gens de Lettres obscurcissait son jugement, j'aime à croire.

Plus tard, l'affaire Dreyfus nous rapprocha. Invité à aller le voir, je me rendis chez lui. Mais ça « c'est une autre histoire » que j'aurai à raconter plus loin.

———————

LA TERREUR

Mais nos démêlés avec la Société des Gens de Lettres ne furent qu'un intermède. Arrestations et condamnations suivaient leur cours, ne faisant qu'augmenter l'exaspération des anarchistes.

La condamnation inique des manifestants de Clichy. surtout, avait porté cette exaspération à son comble.

Des bombes, à différentes reprises, éclatèrent dans Paris, faisant plus de bruit que de mal. Lorsque, fin mars 1892, un engin éclata dans une maison du boulevard Saint-Germain, habitée par Benoît, président du tribunal, qui avait condamné les camarades de Clichy. Sans compter celui de l'explosion, cette bombe fit quelque bruit. Ça devenait sérieux. Comment! on s'attaquait à la magistrature? Car, il n'y avait aucun doute, c'était bien Benoît que visaient les auteurs de l'acte.

L'émotion n'était pas encore calmée, qu'une seconde bombe éclatait rue de Clichy, dans la maison habitée par Bulot qui avait requis contre les mêmes camarades. Toutes deux ne firent que des dégâts matériels, mais, par les personnages visés, cela leur donnait une importance exceptionnelle. Les journaux en furent indignés. Dans une interview, Bulot déclare que « C'était la première fois que l'on s'attaquait à des magistrats ! Jusqu'alors les condamnés avaient tranquillement « encaissé » leur condamnation sans en vouloir à leurs juges. Vraiment! le métier de juge devenait impossible si les anarchistes instauraient ces mœurs nouvelles! »

Dans la *Révolte*, je relevai cette interview, terminant l'entrefilet ainsi qu'il suit :

« Comment trouvez-vous le monsieur qui gagne sa vie à demander la tête des autres, et qui le fait sachant qu'il n'y a nul danger pour lui? »

« Les dernières explosions n'auraient-elles eu d'autre effet que de jeter ces individus bas de leur prétendue mission sociale, nous les montrant gagnant leur vie à faire couper des têtes comme d'autres font des cannes ou des manches de parapluies, qu'elles auraient encore du bon ».

Bulot n'oublia pas cet entrefilet — assez mal bâti lorsque je le relis — et il me le rappela dans son réquisitoire contre la *Société mourante* et dans le Procès des Trente.

*
* *

On n'avait relevé aucun indice sur les auteurs de ces attentats; mais tout de suite, on sut que c'était Ravachol. Quelqu'un, évidemment, avait mangé le morceau. Par la suite, il fut prouvé que l'un de ceux qui étaient dans la confiance de Ravachol, le nommé Chaumartin, s'était vendu à la police.

Ce Ravachol avait la police à ses trousses pour plusieurs méfaits accomplis dans la région de Saint-Étienne.

C'était, d'abord, le meurtre d'un vieil avare, vivant de mendicité et connu sous le nom d'Ermite de Chambles, la localité où il vivait. Puis, c'était la violation de la sépulture d'une vieille femme que l'on disait avoir été enterrée avec ses bijoux et pierreries.

Ces affaires firent grand bruit dans la région lyonnaise et stéphanoise. Beaucoup d'anarchistes étaient convaincus que Ravachol n'avait perpétré ces actes qu'en vue de fournir de l'argent à la propagande.

Plusieurs anarchistes avaient même été arrêtés comme complices. Mais, lorsqu'ils passèrent en jugement, l'attitude de ces comparses fut si piteuse, se rejetant mutuellement leur responsabilité, que cela nous dégoûta et nous rendit injustes envers Ravachol.

Ce fut sous l'impression du compte rendu de ce procès que Kropotkine m'envoya, là-dessus, deux articles intitulés : « Affaire de Chambles », où il disait tout son dégoût.

Cet article nous amena des lettres de camarades, de

Ricard entre autres, nous affirmant la sincérité de Ravachol. Par la suite, par sa crâne attitude devant les juges, nous apprîmes à mieux le juger. On pouvait, évidemment, se cabrer devant l'assassinat, même d'un personnage aussi peu intéressant qu'était la victime, pour se procurer de l'argent. Mais c'était un homme sincère, d'une énergie peu commune.

*
* *

Enfin, ce fut le vol de dynamite, dans un chantier de Soisy-sous-Etiolles qui vint porter la terreur à son comble. Plusieurs camarades furent arrêtés à cette occasion, parmi lesquels, G. Etiévant, Faugoux et quelques autres.

Cela me valut une nouvelle perquisition.

Un après-midi j'étais tranquillement en train de travailler lorsque je vis entrer deux policiers.

— C'est moi, Rossignol, fit l'un d'eux. Je suis déjà venu ici chercher deux anarchistes italiens qui avaient poignardé un mouchard. (Il voulait parler de sa visite lors de l'arrestation de Monod).

— Ah! qu'est-ce qu'il y a de cassé, encore?

— Monsieur Goron va vous le dire.

S'adressant à quelqu'un qui était resté au bas de l'escalier :

— Vous pouvez monter, monsieur Goron, Grave est tout seul!

Et Goron fit son apparition, sortant un papier de sa poche.

— Nous venons chercher de la dynamite. C'est le Préfet de Police qui nous envoie. J'ai le mandat.

— Vous pourrez dire au Préfet de Police qu'il est *un rude fourneau* de s'imaginer qu'ayant de la dynamite à cacher, c'est ici que je la cacherais.

— Je ne vous dis pas. Mais on nous envoie.

Pendant ce temps les deux autres olibrius étaient en train, mais sans grande conviction, de remuer les paquets de journaux et brochures qui encombraient la pièce.

Au milieu de l'opération, Rossignol s'écria :

— Il est épatant ce Grave. Chaque fois qu'on le file, c'est au Palais de Justice qu'il vous emmène!

Etait-ce une invention de Rossignol? Jamais je ne m'étais aperçu que j'étais filé. Toutes les semaines, il est vrai, j'allais au Palais de Justice, au Petit Parquet, faire le dépôt des deux numéros obligatoires, signés. Peut-être était-ce un de ces jours-là!

En tout cas, j'étais bien innocent de la plaisanterie que m'attribuait Rossignol. Je me contentai de lui répondre :

— Si vous croyez que je m'occupe de vous autres! J'ai bien d'autres chiens à peigner.

A un autre moment, — car on faisait la causette — comme il était question de ceux qui venaient au bureau, il lança, sans avoir l'air de rien :

— Il vient beaucoup de compagnons ici, mais il doit bien s'en trouver de la boîte!

— Ceux de la boîte ont de bien trop sales *gueules* et sont bien trop bêtes pour que j'aie grand mal à les brûler, rétorquai-je.

Le simulacre de perquisition — car elle n'eut rien de sérieux — ayant pris fin, Goron réunit une demi-douzaine de lettres qui se trouvaient sur la table et se préparait à les empaqueter pour les emporter.

— Il vous faut absolument emporter quelque chose où vous passez. Vous ne pouvez vous en aller les mains vides, lui dis-je.

— Et puis, ça lui ferait peut-être faute pour son journal, fit Rossignol, bon apôtre, ajoutant d'un air bonasse: Qui sait? Il y en a qui viennent peut-être de la boîte.

Etait-ce un mot d'ordre pour me faire croire que nous étions entourés de mouchards ?

Goron hésita un instant, tourna et retourna les lettres dans ses mains, se décida à la fin à les laisser sur la table, et se retira avec ses acolytes.

C'était la première fois que des policiers quittaient le bureau sans rien chaparder.

*
* *

Les camarades arrêtés pour le vol de Soisy passèrent en jugement. L'attitude de tous fut très énergique. Celle de Faugoux goguenarde. Ils furent condamnés à des peines très sévères. Pour sa part, Etiévant attrapa cinq ans.

Ce fut à ce procès qu'il lut cette magnifique affirmation de principes anarchistes que nous publiâmes dans le journal et en brochure sous le titre : « Déclarations », de G. Etiévant. Ce fut son père qui m'apporta le manuscrit.

Il me fut dit, plus tard, par quelqu'un qui semblait le connaître, que ces « Déclarations » avaient été écrites par un ingénieur nommé Jacquelines, ancien blanquiste rallié aux idées anarchistes, qui avait collaboré à divers journaux anarchistes, entre autres à la *Révolution Sociale*. Ses articles n'étaient pas mal, mais, de tous ceux que j'ai lus aucun n'avait l'envergure des « Déclarations » lues par Etiévant.

D'autre part, le peu que je vis d'Etiévant tendrait à me fair croire qu'il n'avait pas, seul, écrit sa défense. Lorsqu'il passa à nouveau en jugement pour l'affaire du poste de la rue Berzélius, il lut de nouvelles « Déclarations » qui furent publiées par le journal que faisait Constant Martin. Elles étaient loin de valoir les premières.

Mais cela n'a pas d'importance. C'était un garçon d'énergie, et indubitablement intelligent, qui fut quelque peu déséquilibré par la prison. Lorsqu'il fut arrêté à la suite de son attentat contre les *sergots*, il m'envoya, de Mazas, des problèmes de mathématique et d'algèbre qu'il avait résolus lui-même, sans avoir jamais étudié ni l'une ni l'autre.

Ne connaissant pas ces sciences moi-même, j'envoyai ces solutions à Leyret qui les trouva exactes.

A sa sortie de prison, il alla à Londres où il resta huit jours. Là-bas, des camarades l'avaient emmené à une réunion où, comme de juste, on ne parlait qu'anglais. En en revenant, il confia aux camarades qui l'accompagnaient, que l'on n'y avait dit que des bêtises! Le malheureux ne connaissait pas un mot d'anglais!

Il revint à Paris, désorbité, incapable de se remettre au travail ou n'en trouvant pas. Sans aucune raison connue, il attaqua, seul, à coups de revolver, un poste de police, rue Berzélius. Ce qui l'envoya au bagne où il mourut.

M. E. Reynaud, dans ses *Souvenirs d'un commissaire de police*, en parlant de cette affaire de Soisy, dit que Faugoux était la « casserole » de je ne sais plus quel commissaire de police. Je ne sais de qui M. Reynaud tient ces renseignements, mais ils sont, certainement, erronés en ce cas. Au tribunal, Faugoux se moqua continuellement de ses juges. Il fut envoyé au bagne où il mourut, si je ne me trompe, dans une des révoltes où furent tués plusieurs anarchistes. S'il eût été une casserole, Faugoux ne serait pas mort au bagne.

Il semble qu'il y eut bien un mouchardage dans l'affaire, mais si on s'en rapporte aux journaux de l'époque, c'était un nommé Drouhet qui avait vendu toute l'affaire. Je n'ai pas connu l'individu. Il n'était pas dans ma liste.

*
* *

Il va sans dire que tout cela avait surexcité l'opinion publique. Les journaux à moitié littéraires, comme l'*Echo de Paris*, le *Journal*, voire même parfois l'*Eclair*, étaient remplis d'articles tout à fait révolutionnaires. Mirbeau, Séverine, Ajalbert, Bernard Lazare, Descaves, Geffroy, Arsène Alexandre, écrivaient des articles purement anar-chistes. Notre supplément n'avait crainte de chômer.

Bernard Lazare, Paul Adam, Henry Fèvre, Francis Vielé-Griffin, H. de Régnier, avaient fondé *Les Entretiens Politiques et Littéraires* qui, à la fin, étaient devenus tout à fait révolutionnaires.

Dans un article « Ecole de Ravachol », Paul Adam reprochait à la *Révolte* de n'être pas assez révolutionnaire! Pour quelqu'un qui devait finir bourgeois et militariste, ce n'est pas mal!

H. Fèvre — celui-là aussi, hélas! a bien mal fini — dans un des derniers numéros écrivit un article sur les députés. Il terminait ainsi : « O bombes de l'avenir! » La semaine suivante Vaillant jetait la sienne dans l'enceinte du Palais-Bourbon!

Fèvre m'écrivit aussitôt que si j'avais l'intention de reproduire son article il me priait de n'en rien faire. Je le rassurai. Pas plus que lui, tout en appréciant l'article, je n'avais envie d'être poursuivi.

Mais le 1" mai approchait (1892). Fin avril s'amenèrent au bureau deux mouchards chargés de m'arrêter, soi-disant, pour non- paiement de l'amende de mon procès au sujet de l'article sur Fourmies.

Ils me dirent que si j'offrais un acompte je serais certai-

nement relâché; que ça se faisait d'habitude. Je pris donc
une quarantaine de francs — toute la caisse — et, arrivé
au Dépôt, je demandai à être conduit auprès du rond-de-
cuir qui avait charge du département des amendes.

On me fit attendre assez longtemps dans un local rempli
de « mouches ». Enfin, on finit par venir me chercher.
Après avoir traversé je ne sais combien de pièces et couloirs, on nous introduisit, mes deux gardes du corps et
moi, dans une pièce très exiguë, remplie de paperasses,
dont le désordre pouvait se comparer avantageusement
à celui du bureau de la *Révolte*, et où se tenait un monsieur très solennel, très prudhommesque.

Le bonhomme nous fit aligner, les deux chaouchs et moi,
devant la cheminée, comme s'il eût voulu nous passer
en revue.

Un des mouchards — qui avait de l'éducation — se
trouvant devant un chef, ôta délicatement sa chique de sa
bouche et la jeta derrière lui, dans la cheminée.

Mais, dans la cheminée, se trouvait un petit fourneau
allumé, avec une casserole pleine d'eau où cuisaient deux
œufs que le bureaucrate préparait pour son déjeuner. La
chique alla tomber dans la casserole, commençant à teindre l'eau en jaune. Comme il s'était retourné en même
temps, le gaffeur s'empressa d'enlever sa chique avant que
le vieux « rombier » s'aperçût de ce qui était ajouté à son
menu. Je dus me mordre les lèvres pour ne pas éclater de
rire.

Enfin, après nous avoir fait pas mal poser, tout bien
considéré, le bonhomme me déclara qu'il ne pouvait
accepter aucun a-compte, et que, par conséquent, je ne
pouvais être libéré. Ce que j'aurais dû deviner si je
m'étais donné la peine de réfléchir. Je fus donc reconduit
au Dépôt, à la salle commune où je restai deux jours. Le
deuxième jour je vis arriver Delesalle qui avait été, lui
aussi, cueilli quoique n'ayant aucune amende à payer. Evidemment, c'était une rafle en prévision du 1ᵉʳ mai. Le
paiement de l'amende n'était qu'un prétexte.

Je fus ensuite mis en cellule où je restai plusieurs jours.
Dans mes pérégrinations à travers le Dépôt, je vis des
gamins qui n'avaient peut-être pas douze ans, enfermés
avec des adultes dont l'aspect ne dénotait pas la crème de

l'espèce humaine. Je l'écrivis à Mirbeau qui écrivit un article émouvant là-dessus dans l'*Echo de Paris*.

Mon premier soin avait été de me réclamer de ma qualité (1) de politique. Le directeur me fit appeler au bout de quelques jours, mais ne me prêta qu'une oreille distraite. Enfin, l'ordre vint de me transférer à Sainte-Pélagie. Là, ce ne fut qu'aux « dettiers » que je fus conduit.

Le régime y était meilleur qu'au quartier de droit commun, mais ça ne valait tout de même pas le Pavillon des Princes. Je fis une nouvelle réclamation.

Ce ne fut que deux ou trois jours après que le directeur me fit appel   . Il était assisté de l'inspecteur de la prison.

— J'ai   çu votre réclamation, fit le directeur. Savez-vous que vos camarades sont un danger public. Vous savez qu'ils viennent de faire sauter le restaurant Véry?

C'était la première nouvelle que j'en avais. Même, sur le moment, je n'y étais pas. Véry? Mais je fus sur la piste aussitôt.

Aussi impassible qu'ils semblaient graves, je leur répondis :

— Il n'avait qu'à ne pas se faire mouchard.

— Oh! je ne veux pas discuter cela avec vous, reprit le directeur qui s'appelait Potin. Je vous ai fait venir pour vous dire que vous pouvez vous préparer à passer aux politiques. On ira vous chercher pour vous y conduire.

C'est ainsi que j'appris l'attentat Véry.

*
* *

Mais, non contents de m'arrêter soi-disant pour le paiement de mon amende, on avait profité de mon absence pour perquisitionner au bureau et enlever diverses choses. J'en fus informé par mes parents du 140. J'écrivis aussitôt au Procureur de la République :

Paris, 17/6 1892.

Monsieur le Procureur,

Arrêté le 20 avril, pour non-paiement d'une amende, on a, en vertu de je ne sais quel mandat, fait perquisition chez moi, en mon absence, deux jours après mon arrestation et on s'est emparé de lettres, manuscrits, brochures, volumes, mandats et d'un revolver. (Pauvre revolver! il finissait par connaître le chemin du Palais de Justice).

Or, ces lettres se rapportent aux comptes du journal dont je suis l'administrateur; les brochures — dont le dépôt légal a été fait lors de leur apparition — ne sont l'objet d'aucune poursuite; les volumes ont été payés de mon argent, chez les éditeurs qui ne sont pas inquiétés; les manuscrits ne peuvent être poursuivables puisqu'ils ne sont pas encore publiés.

Aussi, pour justifier cet abus de pouvoir, m'a-t-on fait appeler chez un juge d'instruction, en me déclarant que j'étais soupçonné de faire partie d'une bande de malfaiteurs! C'est un comble! C'est celui auquel on a pris ce qui lui appartient qui est un malfaiteur!

Je n'ai pas la naïveté de m'étonner du procédé: depuis longtemps je sais que la loi justifie tous les actes de ceux qui l'appliquent, lorsqu'ils ont la force pour la faire exécuter. Je ne récriminerai ni ne protesterai : je pense seulement qu'il suffira de vous signaler cette anomalie: — un anarchiste forcé de rappeler à des magistrats qu'ils ont accompli à son égard ce qu'on lui reproche de penser seulement — pour que vous vous empressiez de faire rapporter chez lui les objets qui lui appartiennent; sinon, ne pourrait-il pas dire que l'on n'a pas pour lui, respecté les formes de la légalité dont on prétend lui imposer l'observance?

Je vous salue.

J. GRAVE.

*
* *

Qui, à ce moment, était à Sainte-Pélagie? Je l'ai totalement oublié. Tout ce que je me rappelle, c'est que Pouget venait d'en sortir.

Il avait été enfermé sur la réquisition d'un patron — du côté des Ardennes, je crois — qui, se jugeant diffamé par un article du *Père Peinard*, l'avait fait condamner à des dommages et intérêts que Pouget n'avait pas jugé nécessaire de payer. Son adversaire avait obtenu la contrainte par corps contre lui. Seulement, il devait payer le prix de la « pension » que réclamait l'administration pour détenir Pouget. Il devait payer une quinzaine d'avance.

Mais, comme pour les amendes, si le détenu n'est inscrit sur aucun rôle d'impôts, il peut tirer un certificat d'indigence, et alors il ne fait plus que la moitié du temps de la contrainte; or, la veille de la libération de Pouget, il avait versé au greffe la quinzaine d'avance. On se garda bien de le prévenir que son ennemi devait être libéré, de sorte que, le lendemain, il fut religieusement remis à Pouget l'argent versé à son crédit par son persécuteur pour le détenir sur « la paille humide des cachots ! »

Pour les frais de mon procès et l'amende, je devais faire quarante jours de contrainte. Inutile de dire que, moi aussi, je me réclamai de la bienheureuse clause pour ne faire que vingt jours. Mais le temps passait, le vingtième jour approchait sans que, comme sœur Anne, je visse rien venir en réponse à ma requête.

Enfin, le dix-neuvième jour, les gardiens vinrent me prévenir de me préparer pour... aller à l'instruction (1). La voiture cellulaire m'attendait. C'était une réponse du berger à la bergère que je n'avais pas prévue. De quel nouveau crime m'étais-je rendu coupable sans le savoir?

Arrivé au Palais de Justice, je fus amené devant un juge nommé Doppfer.

Ce monsieur, très poli, me fit asseoir. Mais, lui et son greffier étaient d'un solennel à vous impressionner. « Le beurre ne leur aurait pas fondu dans la bouche », comme disent les Anglais.

Mais je n'étais guère impressionnable. Je commençais à être blasé sur les juges, même d'instruction. Pour tout dire, je commençais à en avoir assez.

Après les questions d'usage, sur mes nom, prénoms, âge, etc., nous nous mîmes à discuter socialisme.

Mais comme il en revenait aux attentats, la violence, etc., je lui répliquai :

— Vous, messieurs les juges, vous avez pris l'habitude de jouer avec la tête et la liberté des individus pour défendre ceux qui possèdent. Que voulez-vous? Il s'en trouve quelques-uns qui on le caractère mal fait et qui se vengent. Cela, vous ne l'empêcherez pas.

Après quelques escarmouches, M. Doppfer m'annonça que n'ayant trouvé aucune charge contre moi, je

---

(1) C'était la visite au juge dont il est question dans ma lettre.

serais, le lendemain, remis en liberté... provisoire (¹), béné-
ficiant de la clause dont j'ai parlé.

Le lendemain, je réintégrais le 140 de la rue Mouffetard.

*

* *

Le 2 janvier 1893, des policiers se présentèrent chez
Benoît, mon parent. Sa femme était seule. Ils prétendirent
agir en vertu d'un mandat de perquisition. Ils emportèrent
un paquet de lettres que j'avais mis chez eux, de crainte
qu'elles ne fussent prises en cas de perquisitions chez
moi. Non pas qu'elles fussent compromettantes en quoi
que ce soit, mais parce que je tenais à les garder. Il s'agissait de lettres de littérateurs, quelques-unes de Darnaud
(un ex-commandant de zouaves, retraité, maire de Roque-
fixade, qui était venu aux idées et en faisait la propagande
dans sa région). Il y en avait une que Ravachol m'avait
écrite de la Conciergerie. Plus un manuscrit que je n'avais
pas lu, traitant de la fabrication des explosifs, remis par
Perrare (²).

Ce ne fut que lorsque je descendis que Mᵐᵉ Benoît
m'apprit la perquisition qu'elle venait de subir et la saisie
du paquet de lettres. Comme les « perquisitionneurs » ne
s'étaient pas fait connaître, ni n'avaient laissé aucun

------

(1) Nous étions toujours en liberté provisoire à cette époque.
(2) La lettre de Ravachol était une réponse à un pneu que
je lui avais adressé.
Quelque temps après l'arrestation de Ravachol, Mᵐᵉ Benoît,
un jour que j'avais été absent du bureau, m'apprit que l'on était
venu me demander. C'était Laborie qui tenait absolument à me
parler, et me priait d'aller le voir chez lui.
Je m'y rendis. Il me raconta que, à la Conciergerie, on était
en train de manœuvrer pour imposer à Ravachol un défenseur
du choix de l'administration; qu'il fallait éviter cela. Que lui,
Laborie, se chargerait volontiers de la défense de Ravachol.
Qu'y avait-il de vrai? L'homme me parut sincère. Je lui promis d'intervenir auprès de Ravachol.
Le lendemain, je rencontrai Pouget, je lui racontai la chose.
— Allons voir Atthalin, me dit-il.
Atthalin était le juge chargé d'instruire le procès de Ravachol.
Aussitôt dit, aussitôt fait. Nous voilà partis pour le Palais
de Justice. Là, on nous dit que M. Atthalin est, justement, à la

procès-verbal, je l'engageai à aller chez le commissaire du quartier pour réclamer ce qui avait été pris.

Le commissaire n'était au courant de rien, et l'engagea à écrire au Procureur de la République. Ce que je fis aussitôt. Sans recevoir aucune réponse, naturellement.

Mais comme je ne voulais pas laisser passer, sans protester, cette spoliation, dans la *Révolte* de la semaine suivante, en tête du numéro, sous le titre : *Avis aux Collectionneurs*, je publiai que, si jamais venaient en vente des autographes de Mirbeau, Barrès, Reibrach, et beaucoup d'autres, qui m'étaient adressés, ils ne pourraient provenir que du vol dont j'avais été victime.

Plus tard, lorsqu'il fut avec moi, aux *Temps Nouveaux*, Delesalle m'avisa un jour que, sur un catalogue d'une vente Charavay, il avait vu qu'elle comportait une lettre de Ravachol adressée à mon nom. Mais la vente avait eu lieu déjà.

J'écrivis à Charavay pour lui demander de qui il tenait cette lettre. A qui l'avait-il achetée? Bien entendu, M. Charavay ne se rappelait pas la lettre, ni, par conséquent, de qui il la tenait.

*
* *

La répression continuait. On arrêtait à tort et à travers. Les journaux révolutionnaires étaient poursuivis et aussitôt condamnés. Ce qui ne les empêchait pas de trouver autant de gérants qu'ils en avaient besoin.

Les lois sur la presse n'étant pas assez draconiennes, on augmenta les pénalités pour la plupart des cas. Mais ce fut un cautère sur une jambe de bois. La propagande révolutionnaire continuait de plus belle. Tous les jours il y avait quelque attentat plus ou moins sérieux, quelque acte de révolte. Non seulement en France, mais partout.

Conciergerie, en train d'interroger Ravachol. Nous allons à la Conciergerie. Atthalin en était parti. Retour à son cabinet, mais notre homme refusa de nous recevoir.

Nous allons au bureau de poste, en face le Palais. Là, j'expédiai un pneumatique à Ravachol, lui conseillant de demander Laborie comme défenseur. Ravachol me répondit qu'il avait déjà choisi Mᵉ Lagasse.

Ce fut cette lettre qui fut saisie.

En août 1892, une grève éclata à Carmaux, il s'ensuivit des troubles qui durèrent quelque temps, et soulevèrent l'opinion.

Un beau jour une bombe fut découverte au siège de la compagnie, avenue de l'Opéra. Elle fut transportée au poste de police de la rue des Bons-Enfants, où elle éclata entraînant la mort... de saisissement de l'un des agents.

La bombe qui, plus tard, fut attribuée à Emile Henry, avait été plus intelligente que ses auteurs. Eût-elle éclaté avenue de l'Opéra, elle aurait pu entraîner la mort de plusieurs ouvrières, un atelier de couturières étant, paraît-il proche voisin des bureaux où avait été placée la bombe. Cela n'aurait pu que soulever l'opinion publique contre les anarchistes. Tandis qu'au poste de police cela n'avait aucune importance.

Un peu plus tard, à Barcelone, ce fut au Liceo, un des plus luxueux théâtres de cette ville, qu'il en éclatait une autre, jetée par des inconnus, tuant une vingtaine de personnes, en blessant une cinquantaine. Aussitôt, on accusa les anarchistes qui avaient voulu venger un des leurs, Pallas, fusillé à la suite d'une tentative contre l'auteur de l'exécution d'innocents à Xérès.

Kropotkine m'envoya un article réprouvant l'acte.

Sans doute, Kropotkine avait raison à un point de vue. Se venger sur des innocents (je crois qu'il y avait eu des enfants de tués), jeter des bombes dans un lieu public, où elles tuent des gens qui, peut-être, ne valent pas cher, mais peuvent aussi en estropier d'autres fort estimables, n'est pas un moyen efficace de proclamer la fraternité, la solidarité, la justice.

Mais nous traversions une période troublée. L'autorité, en Espagne, avait été infâme. On avait, comme en France, arrêté des gens sans motifs valables, on les avait gardés indéfiniment en prison. De plus, on en avait envoyé au bagne. On en avait torturé d'une façon abominable. A mon avis, nous ne pouvions, avant de savoir, jeter par-dessus bord les auteurs de l'attentat.

J'écrivis dans ce sens à Kropotkine, lui demandant de retirer son article. Ce qu'il fit, du reste, sans hésitation. J'en écrivis un pour le remplacer, que j'intitulai: « La Vengeance » ! Il se terminait ainsi :

« Certes, pour en arriver à exécuter cet attentat, il faut

avoir le cœur creusé par la haine, corrodé par les souffrances endurées. Pour qu'un anarchiste, dont la préoccupation maitresse est celle de la justice, puisse arriver à concevoir froidement la mort de tant de personnes coupables seulement d'appartenir à la classe privilégiée, il faut qu'il soit bien profondément ulcéré.

« Que les bourgeois qui sont atteints lui jettent l'anathème, c'est dans la logique humaine.

« S'ils réfléchissent aux misères qu'engendre l'ordre social dont ils tirent leur profit, aux vies humaines fauchées par leur avarice, ils devraient s'étonner que Paris existe encore ».

Plus tard, nous apprimes que l'un des auteurs de l'attentat était un de ceux qui avaient été atrocement torturés dans la prison de Montjuich. Cela ne justifiait pas l'attentat, mais cela l'expliquait.

*
* *

Ce fut, enfin, l'attentat de Vaillant contre l'« Aquarium », comme le *Père Peinard* avait baptisé le Palais-Bourbon.

A cette occasion, j'écrivis l'article: « Leur Peur » qui fut poursuivi. C'était le premier numéro que le camarade Siguret signait comme gérant.

Mais, cette fois, c'était trop. C'est en rechignant, que les députés avaient consenti à voter les lois qui aggravaient les pénalités contre la presse. Jusque-là, les actes de révolte ne les concernaient pas. Mais, du jour où l'on s'attaqua à eux, ils devinrent enragés. Ce que l'opinion publique flétrit du nom de « lois scélérates », c'est-à-dire, les lois contre ce que l'on appelait « Association de malfaiteurs », et par lesquelles on pouvait faire partie d'une association sans s'être jamais vus ni avoir correspondu, furent votées dare-dare, sans rémission. « Ceux qui auraient eu connaissance de la préparation d'un attentat seraient poursuivis comme complices, s'ils ne dénonçaient pas les faits à leur connaissance ». Tout cela fut voté en cinq secs.

Quant aux journaux, non seulement, gérants, écrivains pouvaient être poursuivis, les pénalités augmentées à nouveau, les portant à 5 ans de prison là où auparavant

on pouvait attraper 6 mois; mais l'imprimeur, le vendeur
pouvaient être poursuivis. Nous retournions à l'Empire.

A propos de Vaillant, M. Raynaud, dans le volume dont
j'ai déjà parlé, affirme que lui aussi aurait agi — sans le
savoir — sous l'inspiration d'un agent provocateur, nommé
Jacot qui lui aurait été envoyé par un de ses camarades,
nommé R..., mais connu sous le nom de Georges.

Ce nommé R... est évidemment Renard qui, en effet, fut
connu comme mouchard. Quant à Jacot, je n'en ai jamais
entendu parler.

D'après M. Raynaud, en haut lieu on désirait faire voter
les lois scélérates; mais la Chambre s'y montrait rebelle.
Puybaraud aurait inventé l'attentat en vue de forcer la
main aux députés récalcitrants.

Comme moralité, ça ne laisse rien à désirer. Peut-être,
après tout, cet état d'esprit existait-il au ministère et à
la Préfecture de Police, puisque M. Raynaud prétend que
son Jacot allait, se vantant dans les couloirs d'avoir fourni
la bombe à Vaillant en vue de se faire bien voir des chefs.

Donc, selon lui, — et M. Raynaud répète ce qu'il a
entendu — envoyé par ses chefs, — avec la complicité de
Dupuy — il serait allé trouver Vaillant, se donnant comme
anarchiste-cambrioleur, disposant d'argent pour la propagande. Vaillant était dans la misère, il lui aurait donné
cinq louis, puis cuisiné et persuadé d'accomplir son attentat, mais prenant la précaution de lui fournir la bombe
pour qu'elle fût inoffensive.

Cependant, je le répète, personne, parmi nous, n'a jamais
entendu parler de ce Jacot. Le seul que l'on connût et qui
était en relations étroites avec Vaillant, à cette époque,
était un camarade nommé Pauwels. Ils durent combiner
plusieurs affaires ensemble, car Pauwels sema, pour son
compte, plusieurs bombes dans Paris, et fut lui-même
victime de celle qu'il jeta à la Madeleine. Or Pauwels était
un bon camarade, sincère et connu de nous tous.

*
* *

Toujours est-il que les lois furent votées, et qu'à la suite
de ce vote, Bourbier — le vendeur du *Petit Parisien* qui

VII

REPRODUCTION D'UNE LITHOGRAPHIE DE PISSARO

VIII

PORTRAIT DE RAVACHOL

faisait le service de la *Révolte* pour les libraires de Paris, — voulant se mettre à l'abri de ladite loi, me fit signer un engagement par lequel j'étais censé lui louer un de ses guichets. Je devais être présent à la distribution du journal aux porteurs.

Mercier et moi, pour être à l'heure, — la distribution commençait vers les deux ou trois heures du matin — nous nous rendions aux environs du Croissant, passant la soirée à prendre du café jusqu'à la fermeture des établissements, et rentrions le matin crevés de fatigue, après avoir fait acte de présence à la distribution aux porteurs.

Mercier était un drôle de type. Il m'était venu, recommandé par Reclus. Ritzerfeld étant mort, je le pris pour m'aider.

Je ne l'avais accepté qu'à cause de la recommandation de Reclus. A première vue, il ne m'avait pas été sympathique. Mais, l'habitude aidant, cette impression s'était atténuée, quoique, parfois, il émettait des aphorismes plutôt effarants. Mais j'attribuais cela au besoin d'épater les gens. Et il y avait, je crois, beaucoup de cela. Ce fut lui qui me remplaça lorsque je fus arrêté.

Arrêté à son tour, ce ne fut qu'au procès des Trente que je le revis et que j'appris son vrai nom : Ledot, et qu'il avait subi une condamnation pour quelque indélicatesse dans un emploi qu'il tenait à la mairie de Bourges.

Tant qu'il fut avec moi, je n'eus jamais à m'en plaindre. Plus tard, paraît-il, il aurait été se vantant d'avoir écrit mon livre *La Grande Famille*. Rien de bien méchant.

Les attentats continuaient. Il y eut, entre autres, les vols de la bande Ortiz. Nous sentions, chaque jour, se resserrer le filet policier autour de nous.

Le 1er janvier 1894, Benoit me fit avertir que l'on était en train de perquisitionner chez lui, et que l'on allait monter chez moi. C'était Touny qui menait l'opération.

Ne gardant rien, selon mon habitude, brûlant les lettres au fur et à mesure qu'il y était répondu, j'eus vite fait de mettre au feu la demi-douzaine provenant du courrier du matin. Je n'avait qu'à attendre les roussins qui ne tardèrent pas d'arriver.

Après avoir fouillé un peu partout par acquit de conscience, Touny s'empara d'une boîte contenant les fiches

des derniers abonnés dont je n'avais pas encore fait imprimer les adresses.

Je lui fis observer que c'étaient des adresses d'abonnés,
qu'elles m'étaient indispensables, qu'il agissait contre tout
droit en les prenant.

« Vous n'aurez qu'à aller les réclamer, dans la semaine,
au Palais de Justice », me dit-il. Et, tout en fouillant, il
consultait continuellement des notes qu'il tenait à la main.
Ça ne me disait rien qui vaille!

A la fin, il me demanda de le conduire à mon domicile
particulier.

Le bureau étant de plus en plus encombré de paperasses,
j'avais dû louer, rue Monge, une chambre où j'avais transféré mes meubles. Dans le vague espoir qu'elle échapperait
à la police, je l'avais louée sous le nom de mon parent,
Benoit. Mais, entre les pattes des limiers, cela devenait
la « précaution inutile »!

J'essayai de m'en tirer en disant que je n'avais pas de
domicile à moi, que je logeais chez une maîtresse.

— Alors, je suis forcé de vous arrêter.

Il n'y avait rien de compromettant rue Monge. Cela ne
voulait pas dire que ça ne se terminerait pas quand même
par une arrestation. Mais, tout considéré, arrêté pour
arrêté, j'essayai ma dernière chance. J'emmenai les argou-
sins rue Monge.

La visite ne dura pas longtemps. Ils ne trouvèrent rien,
et s'en allèrent, me laissant libre, à mon grand soulagement.

Dans la journée j'appris que des centaines d'anarchistes
avaient reçu, pour leurs étrennes, de semblables visites.

Pendant la perquisition faite chez elle, Mme Benoit
reconnut un de ceux qui avaient pratiqué la précédente.
C'était Fédé. De plus, après le départ des policiers, elle
constata la disparition d'un volume de la *Société mourante*
que j'avais dédicacé à son mari.

Le commissaire du quartier chez lequel je l'engageais
à aller réclamer, jura ses grands dieux qu'il était impossible qu'un officier de police s'emparât de ce qui ne lui
appartenait pas.

Le volume n'en avait pas moins disparu. Peut-être, lui
aussi, sera-t-il allé enrichir quelque vente.

A part cela, les policiers, même gradés, sont des honnêtes gens !

*
* *

Au commencement de la semaine, un employé de la poste me remit une liste de camarades dont la correspondance devait être saisie à la poste. Un coup de filet se préparait, évidemment. Il n'y avait qu'un moyen d'y échapper, prendre la fuite. Ç'aurait été prudent mais fort peu courageux. Il n'y avait qu'à voir venir.

Le samedi suivant, il n'était pas encore cinq heures du matin, on frappait à ma porte, rue Monge. Ayant demandé qui était là, ce fut la concierge qui me répondit. Elle avait quelque chose à me dire !

Quelque chose à me dire ! à cette heure de la nuit ! J'étais fixé. Cette fois j'étais pris. J'ouvris la porte et deux ou trois policiers se précipitèrent — c'est le mot — sur moi.

A la fin, ayant consenti à me laisser m'habiller, ils fouillèrent un peu partout, et finirent par découvrir un paquet de lettres. Toutes émanaient de littérateurs avec lesquels j'étais en correspondance pour le Supplément. Ça ne pouvait compromettre personne.

De la rue Monge, je fus mené au poste du Panthéon, où on me fit attendre le jour. Le commissaire me confia à deux acolytes pour me mener au Dépôt lorsqu'il serait une heure décente. En route, ces messieurs me proposèrent de prendre le tramway, mais je tenais à jouir du peu d'air libre qui me restait à respirer, je préférai marcher. Plus loin, ils m'offrirent d'aller prendre quelque chose, sur le zinc, me faisant remarquer avec quels égards ils me traitaient. Mais je déclinai leur nouvelle offre.

Arrivé au Dépôt, je fus bouclé. Comment cela se terminerait-il ?

LA BOURRASQUE

Je ne restai qu'une nuit au Dépôt. Le lendemain j'étais transféré à Mazas. Je fus mis à la première Division. Le gardien était jeune, tout frais émoulu du régiment. Il venait causer avec moi. Il me raconta qu'il avait demandé à rentrer au chemin de fer, que c'était contre son gré qu'on l'avait fourré gardien de prison, mais qu'il entendait ne pas le rester.

Puis ses visites cessèrent brusquement. Au bout de quelques jours, je fus enlevé de la première Division et transféré à la troisième.

Pendant des semaines, je fus sans recevoir ni lettres ni aucune nouvelle du dehors. De mon côté, je me gardais bien d'écrire à qui que ce soit, pensant bien que ça ne pourrait qu'amener des désagréments à mes correspondants. Je pensais, surtout, aux Benoît, mes parents de la rue Mouffetard qui, quoique ne s'occupant nullement de propagande, avaient subi déjà deux perquisitions, tout simplement parce qu'ils demeuraient dans la même maison que moi et avaient consenti à répondre pour moi aux visiteurs lorsque je m'absentais.

Au lendemain de mon arrestation, j'avais dû être mené à l'instruction, mais je n'ai gardé aucun souvenir de l'entrevue.

Il y avait quatre ou cinq semaines que je me morfondais lorsqu'on vint me chercher pour aller à l'instruction.

Arrivé dans le cabinet de M. Mayer, — le juge d'instruction — ce dernier s'empressa de m'annoncer que j'étais poursuivi pour *La Société mourante*. Et, en me disant cela, ses petits yeux pétillaient de malice. On voyait qu'il jubilait de me servir ce petit apéritif, en attendant le procès plus substantiel pour l' « Association des malfaiteurs ».

Je lui fis observer qu'il y avait près de six mois que le volume était paru, la prescription acquise, par conséquent.

Il y avait une nouvelle édition et c'était celle-ci que l'on poursuivait. C'était pur jésuitisme !

J'avais eu naguère une discussion avec Stock. Un compositeur travaillant à l'imprimerie où avait été tirée *La Société mourante*, m'avait affirmé avoir vu sortir les clichés pour faire un nouveau tirage. Je l'avais dit à Stock qui nia la chose.

Sur ces entrefaites, Retté était venu me trouver, me disant qu'un de ses amis, trouvant *La Société mourante* un bon livre de propagande, offrait de faire les frais d'une édition populaire.

Malgré mes démêlés avec Stock, je lui fit part de l'offre et lui proposai de s'en charger. Mais Stock était ennemi des éditions à bon marché. Il refusa de discuter l'affaire.

— Je la ferai sans vous.

— Je la ferai saisir.

— C'est ce que nous verrons.

Un camarade belge, Jean Tordeur, ouvrier typographe, me proposa de se charger de l'impression du volume, et réussit à faire une belle petite édition, à laquelle j'avais rajouté un chapitre : « La Méthode expérimentale », dont on se targua pour justifier les poursuites, quoique aucun passage ne figurât parmi ceux poursuivis.

Le gouvernement belge, pour ne pas être en reste avec le gouvernement français, lui emboîta le pas, et poursuivit le camarade Tordeur qui fut également condamné à deux ans de prison.

Le camarade auprès duquel m'avait introduit Retté était architecte. Il avait édifié une maison de rapport près des Invalides. En relation avec les camarades impressionnistes, il eut l'idée de faire exécuter par plusieurs d'entre eux des peintures pour orner la maison susdite. La presse en parla, mais ce ne fut pas un succès auprès du propriétaire qui, scandalisé, les fit badigeonner. Il y avait des Luce, des Signac et, je crois bien, des Pissaro !

Par la suite, ce camarade fut un de mes meilleurs amis.

*
* *

J'en reviens à mes moutons.

Poursuivi pour *La Société mourante*, je fus transféré à la Conciergerie; là on me mit dans une cellule où se trouvait déjà un jeune apache de dix-sept à dix-huit ans qui en était à sa seizième ou dix-septième condamnation. Ce dont il n'était pas peu fier, et ce qui lui donnait une certaine gloire auprès des gardiens.

De par la loi qui condamnait les anarchistes à l'isolement, on vint le chercher dans la soirée pour le transférer ailleurs, mais il eut le temps de me raconter une partie de son histoire.

Orphelin de bonne heure, abandonné à lui-même, il avait commencé par voler le pain et les boîtes de lait que les fournisseurs déposaient à la porte des clients encore endormis. Puis, il entreprit les étalages et, enfin, l'attaque nocturne.

Il parlait de cela comme il aurait parlé d'un métier quelconque. Ses condamnations, c'étaient ses galons et décorations. Passible de la relégation, il en anticipait de grandes joies.

Les jours suivants, je l'entendis — les promenoirs étaient près de ma cellule — pérorer au milieu d'un cercle de gardiens qui riaient à ses histoires, dont plusieurs n'étaient peut-être que des vantardises.

Le 28 février, je passai en jugement. Bulot assurait, dans les couloirs, qu'il se faisait fort de me faire « obtenir » cinq ans, le maximum.

Comme je l'ai noté, Bulot ne manqua pas, dans son réquisitoire, de lire mon entrefilet de la *Révolte* sur la magistrature, qu'il n'avait pu digérer. Malgré tout, il n'obtint que deux ans. Il est vrai que c'était moi qui devais les faire.

Le président, dont j'ai oublié le nom, dirigea l'interrogatoire de façon que je ne trouvai pas à placer un mot. Cela fut mené de main de maître, et terminé avant que j'eusse eu le temps de dire: Ouf!

Emile de Saint-Auban fit une brillante plaidoirie ; ce fut moi qui ne fus pas brillant. Arrêté par cette idée qu'il était défendu de lire quoi que ce soit dans un procès, je n'avais préparé aucune déclaration. Quant à improviser, j'aurais bafouillé. Je ne pouvais cependant accepter de me retirer sans rien dire. J'eus recours à la déclaration de mon premier procès :

— J'accepte la responsabilité de ce que j'ai écrit. Je ne reconnais à personne le droit de m'empêcher de dire ou écrire ce que je pense. Vous êtes les plus forts, faites ce que vous voudrez. Ça ne m'empêchera pas d'avoir raison.

C'était monotone comme thème, mais je ne pouvais m'embarquer dans de longues considérations. Et, après tout, ce n'était pas le même public.

Mais, la représentation finie, qu'est-ce que je vois? Mon défenseur traverser le prétoire, aller au-devant de mon Bulot qui s'avançait la main tendue : M° de Saint-Auban félicitant Bulot de son réquisitoire, et Bulot félicitant de Saint-Auban de sa plaidoirie. Tous deux se serraient la cuiller, comme deux vieux copains!

Ajalbert nous avait déjà donné ce spectacle dans sa pièce: *La Fille Elisa*. Cela ne m'empêcha pas d'être choqué sur le moment. Mais ne faut-il pas faire la part du milieu, de l'accoutumance, et d'un tas de petites choses à côté. Saint-Auban, j'en suis certain, me défendit avec conviction, et s'y employa de son mieux.

N'empêche que ce que l'on appelle la justice est une fameuse comédie!

*

* *

C'est à Ajalbert que je m'étais adressé pour ma défense. Mais il était en délicatesse avec le parquet. Chargé, au dernier moment, de plaider pour Vaillant qui avait jeté une bombe en pleine Chambre des députés, trouvant qu'il n'avait pas le temps d'étudier le dossier, il demanda le renvoi de l'affaire qui lui fut refusé. Considérant que se charger de la défense dans ces conditions serait participer à un assassinat, Ajalbert rendit le dossier.

Ce qui, du reste, n'arrêta pas le parquet, Labori ayant accepté.

N'ayant pu avoir Ravachol, il ne voulait pas manquer Vaillant!

A la demande que je lui avais faite, voici ce que me répondit Ajalbert :

Mon cher Grave,

Il serait impossible de vous assister, pour des raisons que je ne puis vous indiquer tout au long ici, dans le cas où vous· seriez poursuivi pour votre livre.

Ces raisons, je suis sûr que vous les approuveriez et je suis sûr aussi, que vous ne considéreriez pas mon refus comme une défection de ma sympathie pour votre personne et votre talent. Là, n'est pas la question, n'est-ce pas ? Deux jours avant votre lettre, j'ai publié encore un article sur vous et votre livre.

Mon avis est que vous vous fassiez défendre, en l'occasion, au point de vue du droit strict, par un jurisconsulte.

Ce n'est pas le procès de l'anarchie que l'on instruit, mais celui de la pensée humaine tout entière, et dans des conditions particulières, avec des lois spéciales, toutes chaudes. Il faudrait au point de vue de la loi, démontrer ce qu'elles valent, ces lois-là, surtout dans le cas de votre livre. Si vous voulez que je vous trouve un défenseur dans ce sens, je suis tout à votre disposition.

Toujours bien cordialement vôtre.

19 novembre 1893.

J. AJALBERT.

Je répondis à Ajalbert que je serais heureux qu'il trouvât quelqu'un pour le remplacer, ne connaissant, pour mon compte, personne à qui m'adresser.

Voici le pneu par lequel Ajalbert me recommandait Mᵉ de Saint-Auban :

Mon cher Grave,

Mon confrère et ami, Mᵉ de Saint-Auban accepte de vous défendre. Il viendra vous voir tout à l'heure. Il connaît votre livre, et se trouve donc déjà bien préparé. Ce n'est point Mᵉ Aubin dont vous m'aviez parlé, et que je ne connais. C'est, croyez-le bien, en connaissance de cause, que je vous conseille de remettre le soin de votre défense à Mᵉ de Saint-Auban. Vous serez défendu par un philosophe et un jurisconsulte du plus libre esprit.

Bien vôtre.

J. AJALBERT.

Ce fut de cette façon que je fis connaissance avec Mᵉ de Saint-Auban, ce dont je n'eus qu'à me féliciter.

*
* *

Ramené à Mazas, et écroué dans je ne sais plus quelle division, je n'avais pas encore eu le temps de m'installer que l'on vint me chercher pour me conduire dans une autre division, dans une cellule assez sale.

A la tombée de la nuit, on me fit quitter cette cellule pour me mener dans une pièce où se trouvaient deux gardiens qui m'intimèrent de me déshabiller et d'endosser un costume de prisonnier.

Je refusai, excipant de ma « qualité » de condamné politique, demandant à voir le directeur, que l'on alla chercher ou plutôt qu'on fit semblant d'aller chercher.

Le directeur était sorti. Je demandai à voir l'inspecteur. L'inspecteur était sorti ! Je demandai à voir l'instituteur qui, me dit-on, le remplaçait. Même comédie que pour le directeur et l'inspecteur. C'était l'administration Benoîton. Tout le monde était sorti !

Je discutaillai quelque temps, refusant d'endosser le costume qu'on me présentait. Mais quoi ? Je n'étais pas de taille à résister à deux gardiens. Au surplus, cela en valait-il la peine? Je m'exécutai.

Mais ce n'était qu'un prélude. Le lendemain on m'apporta un billot, une vieille râpe et, avec cela, je devais décortiquer des noix de corrozo dont on me laissa plein un sac.

Je me mis au travail. Après tout, c'était un dérivatif. Je tapais comme un sourd sur les noix. Mais, parfois, je tapais à faux, le coup n'était pas perdu pour mes doigts.

Malgré tout, ne pouvant supporter le costume de prisonnier, j'écrivis à Saint-Auban pour l'informer du fait.

Le lendemain ou surlendemain, en tout cas c'était un dimanche, je fus appelé au parloir des avocats. Saint-Auban m'attendait.

Je lui racontai — il était à même de le voir, du reste — que l'on m'avait forcé à prendre le costume de prisonnier.

Mais est-ce la rage de n'avoir pas été capable de dire tout ce que j'aurais eu à dire, la solitude, l'énervement ? Je me mis à fondre en larmes comme une Madeleine en lui racontant mes désagréments, l'adjurant de n'y point faire attention, que c'était tout simplement nerveux.

La crise calmée, je pus finir tranquillement de raconter mon affaire. Mais les coups que je m'étais donnés sur les doigts avaient occasionné de gros pinçons que j'étais en train de percer lorsqu'on m'avait appelé au parloir. Mes mains saignaient et, tout en racontant mon histoire, j'étanchais le sang avec mon mouchoir. J'eus à expliquer d'où ça venait.

Le lendemain, dans la *Libre Parole*, à laquelle il collaborait, Saint-Auban fit un article émouvant, protestant contre ma mise au droit commun, dramatisant les blessures de mes doigts. C'était tout à fait pathétique, mais, j'en ai peur, fort exagéré.

Pauvre Saint-Auban, j'espère que le Dieu en lequel il croit lui pardonnera cette exagération, en faveur de l'intention !

Mais la fin justifie les moyens. Il n'y avait pas quarante-huit heures que l'article était paru, qui vis-je entrer dans ma cellule ? le directeur en personne qui venait s'informer de ma santé, et qui après quelques bafouillages insignifiants, me dit :

— On vous a mis le costume de la prison. Vous ne devez pas être très riche, n'est-ce pas ? Ça ménagera vos propres vêtements. On vous les rendra, du reste, quand vous irez à l'instruction. Vous serez content de retrouver les vôtres quand vous aurez fini votre temps.

Puis, en sortant, voyant sur ma table le livre de Flaubert, *Mme Bovary*, — depuis quelques jours on avait permis la rentrée de volumes, deux à la fois — « Comment! on a permis de rentrer « Mme Bovary » ! Il s'en alla en secouant la tête, comme s'il ne comprenait rien à ce relâchement.

Le même jour, on m'enlevait le corrozo, on me donnait des agrafes à coudre sur des cartes. En travaillant énergiquement, j'aurais bien gagné deux sous par jour.

Le lendemain, on m'appelait pour la visite du médecin.

— Mais je n'ai pas demandé à aller à la visite, fis-je au gardien.

— Ça ne fait rien. Vous êtes inscrit pour y aller.

J'allai voir le docteur. Il me demanda ce que j'avais.

— Moi, je n'ai rien.

— Ça ne fait rien. Je vais vous faire une ordonnance.

J'ai oublié ses prescriptions. Puis, au moment où j'allais le quitter :

— Vous aimeriez peut-être du lait? Je vais vous ordonner du lait.

Moi qui, tous les matins, buvais mon litre de lait au bureau, ça ne pouvait mieux tomber. Va pour le lait.

Pendant une quinzaine, au moins, j'eus ma bouteille de lait tous les matins.

Je me doutais bien que ce revirement était dû à la visite de Saint-Auban, mais ce ne fut que beaucoup plus tard que j'eus connaissance de son article.

*
* *

Pendant ce temps, les attentats s'étaient succédé dans Paris. Des explosions avaient eu lieu dans des hôtels meublés, lors de la visite du commissaire de police, appelé par une lettre de quelqu'un prétendant vouloir se suicider dans ledit hôtel. Puis, l'attentat du Terminus, avec l'arrestation d'Emile Henry et, enfin, la bombe de la Madeleine où périt Pauwels. L'exécution de Vaillant ensuite.

Saint-Auban m'avait passé les numéros du *Figaro* relatant le procès, ainsi que les déclarations de Vaillant à l'instruction. Je ne voudrais pas médire de quelqu'un qui sacrifia sa vie à ses idées; mais je ne pus m'empêcher de trouver, à la lecture, que ses déclarations concernant ses relations avec Paul Reclus venaient là comme des cheveux sur la soupe. J'ignorais, certes, le degré d'intimité de ces relations, très peu étroites, je pense. En se vantant au juge d'instruction de ses relations avec les Reclus, Vaillant n'avait-il pas obéi à un sentiment de vanité? Ce n'était pas anodin, puisque, pour Paul Reclus, cela lui valut d'être prévenu au procès des Trente, avec vingt ans de bagne en perspective.

Vaillant, du reste, n'était pas le premier venu : il avait été une des victimes de la réclame sans scrupules faite au nom de l'Argentine pour y attirer les émigrants, promettant terres, outillages, semences et bestiaux. Une fois arrivés, on les envoyait à des centaines de kilomètres de tout pays civilisés, sans moyen de communication, pour les y laisser périr de faim et de privations.

L'ami Sadier m'a raconté l'odyssée de Vaillant. Il habitait l'Argentine lorsque ce dernier y arriva.

C'était après la révolution qui renversa le président Juarez Colman, dans une période de spéculations effrénées.

Vaillant, avec un groupe d'émigrants, arrivait plein de projets et d'enthousiasme. Il rêvait la vie libre dans le travail des champs, libéré de l'emprise du capitalisme !

Sadler avait réuni quelques amis pour lui souhaiter la bienvenue et le mettre en garde contre les désillusions et déceptions.

Loin de toutes communications, ils seraient livrés au bon plaisir des estancieros (gros fermiers) et de la police. Déjà des milliers d'infortunés avaient payé cher la faute d'avoir cru aux mensonges des agents d'émigration, et succombé aux fatigues et aux privations.

Mais Vaillant, plein de ses rêves, ne voulut pas se laisser convaincre. Lui et ses compagnons furent expédiés à Azul, petite ville de 50.000 habitants, mais à 350 kilomètres de la capitale.

Et là, au lieu de trouver les moyens promis pour coloniser, ils furent abandonnés à eux-mêmes. Tant et si bien qu'ils furent obligés de se louer pour un salaire de famine. L'agent d'émigration qui les avait conduits avait disparu.

Un certain comte de Weechy, venu, *comme par hasard*, à Azul, les embaucha pour cultiver des terres qu'il possédait au Grand Chaco, leur faisant les plus alléchantes promesses.

Mais, arrivés au lieu de destination, là, encore une fois, les promesses furent tout aussitôt oubliées.

Le comte vendit ses terres et les colons par dessus le marché, à une compagnie anglaise. La société commença par vendre aux colons les vivres à des prix exorbitants. Comme ceux-ci n'étaient pas riches, c'était la misère et les privations.

Il existait une loi, — peut-être existe-t-elle encore — qui faisait le colon esclave des estancieros, ou des usines où ils étaient embauchés.

Ne voulant pas crever de faim, Vaillant et un de ses compagnons, nommé Gérard, réunirent les colons, et, se mettant à leur tête, s'en furent à l'administration sommer le directeur d'avoir à tenir ses engagements et à distribuer des vivres.

Ce dernier leur répliqua qu'il n'avait d'ordre à recevoir de personne et n'en ferait qu'à sa tête. Là-dessus, Vaillant harangua la foule, l'engageant à ne pas se laisser berner, et l'entraîna vers la boulangerie où il se mit à lui distribuer du pain.

Vaillant et Gérard furent appréhendés, mais on craignit d'envenimer les choses. Bien qu'averti que « cela lui coûterait cher », Vaillant fut relâché. Gérard aussi, mais repris quelques jours après, il fut condamné à un mois.

Vaillant proposa aux colons de se rendre en masse chez le juge. Mais, déjà, ceux-ci s'étaient laissé endormir par les boniments des « conciliateurs » que leur avait envoyés la compagnie. Quelques-uns seulement acceptèrent de le suivre. Mais ils ne purent rien obtenir.

Vaillant, tant qu'il put, lutta pour lui et pour ses camarades d'infortune, mais l'inertie de ceux-ci rendit ses efforts inutiles.

Le travail se faisait dans des conditions déplorables, au milieu des tracasseries, des privations. Ebranlé par la fièvre, Vaillant, avec quelques-uns de ses compagnons, résolut de s'évader.

S'évader, c'est le mot, car leurs employeurs avaient tous les droits sur eux, même lorsqu'ils ne tenaient pas leurs promesses.

Ils s'embarquèrent sur des radeaux qu'ils avaient construits, et eurent la chance d'échapper aux postes de troupes échelonnées sur le territoire en vue, justement, d'arrêter les colons qui préféraient la fuite à la mort par misère.

Après huit jours de navigation, dont un passé sans manger, ils débarquèrent à San Carlo, où ils retrouvèrent les camarades partis avant eux.

Là, ils s'embarquèrent sur un bateau à vapeur qui les mena à Corrientes où Vaillant retomba malade.

Guéri, il tenta de travailler, mais sans profit. Il partit pour Buenos-Ayres où la vie lui fut tout aussi difficile. Découragé, ayant perdu ses illusions, il repartit pour la France. On sait le reste.

*
* *

Après le directeur, ce fut le gardien-chef qui vint me rendre visite. Sa première parole en me voyant écrire fut de me dire :

— Vous savez que vous ne pouvez rien sortir sans autorisation ?

Je le remerciai — intérieurement — de l'avis. Je prendrais mes précautions.

Pour passer le temps, j'avais écrit des projets de nouvelles, de romans, et établi tout le brouillon des *Aventures de Nono*. Je fis filer cela sans déranger l'administration, sans m'attarder à une autorisation aléatoire.

Etre enfermé des semaines, des mois, entre quatre murs, surtout lorsque vous savez que l'on arrête continuellement; que parents, amis le sont peut-être déjà, c'est tout de même de sacrés moments à passer.

Il y avait bien Saint-Auban, mais il n'avait pas à s'occuper que de moi. C'était une bouffée d'air frais qui me venait lorsqu'il me rendait visite. Mais, pour ma satisfaction, ses visites étaient trop rares.

Un jour, je fus appelé au parloir. C'était Mᵐᵉ Benoit qui, enfin, avait obtenu l'autorisation de me voir.

Ce que je craignais s'était bien produit. La police, à l'occasion d'une nouvelle rafle, les avait visités. C'était le commissaire de police du quartier qui menait l'opération. Ce n'était pas un mauvais diable. « Je sais que vous ne vous occupez de rien, dit-il à Benoit, je vais vous garder à mon bureau et demander des instructions ».

Mais, malgré ses bonnes intentions, ordre lui fut donné de conduire son prisonnier au Dépôt.

Le troisième ou quatrième jour, il fut interrogé par Cochefert, qui lui demanda :

— Pourquoi vous a-t-on arrêté?

— Je n'en sais rien. Parce que je suis le parent de Grave, je suppose.

— Ça doit être cela, en effet, fit l'autre.

Le soir même il fut relâché.

Par ma visiteuse j'avais enfin des nouvelles de ceux que nous connaissions. Ceux qui étaient arrêtés. Ceux qui étaient encore en liberté. La pauvre *Révolte* avait vécu. Mercier, aidé de Gauche, avait essayé de continuer après mon arrestation, mais dut lâcher après neuf numéros. Toute la correspondance était saisie à la poste, le journal ne servait que de traquenard.

Un autre jour, je reçus la visite de Bernard Lazare. C'était assez courageux de sa part d'affirmer ainsi ses sympathies, car, au cours de notre conversation il m'apprit que, dans les sphères gouvernementales, on envisageait, si nous étions condamnés, de nous expédier dans un des endroits les plus malsains de l'Afrique et de procéder à d'autres fournées dont bénéficieraient les littérateurs et journalistes coupables d'avoir montré leurs sympathies à l'idée anarchiste.

Outre cela, il me donna quelques nouvelles du dehors, et me promit de revenir. Mais, sans doute, il ne put obtenir l'autorisation, car je ne le revis pas.

Un autre jour, j'aperçus une partie de visage se dessiner au judas de la porte de ma cellule, et une voix me demanda si j'étais bien Jean Grave. Sur mon affirmation, la voix me demanda comment je me trouvais. « Pas mal, fis-je ». — « Je vois, continua la voix, que vous prenez votre situation philosophiquement. Mais on s'occupe de vous au ministère de la Justice. Prenez patience ».

Que l'on s'occupât de moi au ministère de la Justice! J'étais bien trop payé pour ne pas m'en apercevoir. Appelé à exprimer mon opinion, j'aurais même dit que l'on s'en occupait un peu trop.

Qui était-ce? De quelle façon s'occupait-on de moi? Je ne l'ai jamais su.

Par ma parente, j'avais aussi appris que Méreaux, l'ex-gérant du *Révolté*, avait été arrêté. Qu'il avait eu une crise de folie furieuse, que l'on avait dû le mettre dans une cellule capitonnée.

*
* *

Pendant les huit mois qui s'écoulèrent depuis mon arrestation jusqu'au procès des Trente, je n'allai, pour les deux procès, pas plus de quatre à cinq fois à l'instruction.

J'y fus une fois appelé pendant que j'étais à la Conciergerie pour *La Société mourante*. On me fit passer par le boulevard du Palais. Comme on m'avait enlevé ma ceinture et que mon pantalon, un peu trop large, me tombait sur les talons, j'étais forcé de le tenir d'une main, pendant que le garde municipal me tenait l'autre poignet par les menottes. J'avais l'air d'un véritable apache. Je vois encore le regard d'horreur que me lancèrent deux vieilles dames que nous croisâmes.

Un autre jour — j'étais retourné à Mazas — je fus à nouveau conduit devant l'ineffable « Mayer ». Dans son cabinet se trouvait déjà Gauche. Se précipiter l'un au-devant de l'autre, se serrer la main, ça fut fait en un clin d'œil. C'était si bon, enfin, de voir la figure d'un honnête homme. Paterne, — oh! la sale bête! — Mayer nous regardait.

Il nous avait confrontés parce que Gauche m'avait versé quelques centaines de francs. Il fallait savoir si ça n'avait pas été pour acheter de la dynamite!

Je rassurai le monsieur, en confirmant que cela m'avait été donné pour payer une réédition de *Dieu et l'Etat*, de Bakounine.

Au cours de la conversation, — dernier salon où l'on cause — Mayer m'apprit que Gauche avait fait son testament en ma faveur.

Je remarquai que, à moins de donner un coup de pouce, je n'avais pas grand chance de profiter des bonnes dispositions de Gauche, ce dernier étant beaucoup plus jeune que moi.

Enfin, au moment de me rembarquer pour Mazas, Mayer me dit :

— Je vous demande pardon — ou vous présente mes excuses — de vous avoir fait attendre si longtemps, mais j'avais tant de vos camarades à interroger, que cela a pris beaucoup de temps. Mais ça touche à sa fin. Vous aurez bientôt une solution.

A je ne sais quoi dans le ton de ce Maître Pathelin, il me sembla comprendre qu'il jetait sa langue aux chiens — pourvu qu'ils n'en crevassent pas! — et que c'était un non-lieu qu'il fallait espérer.

Oui, mais va te faire fiche! Un matin que j'étais à la promenade, mes gardiens m'apprirent que Carnot avait été tué à Lyon par un nommé Caserio!

Ma première réflexion ne fut pas sur Carnot, dont la disparition ne m'intéressait pas le moins du monde, mais sur l'influence que cela pourrait avoir sur les décisions de M. Mayer, qui ne tarda pas à me faire rappeler.

Après un insignifiant bavardage, il me renouvela ses regrets d'avoir eu à faire attendre si longtemps sa décision, mais que, cette fois, je serais bientôt fixé.

Au ton dont il me débita cela, fixé, je l'étais. C'était l'envoi en cour d'assises.

Peu de temps après, je recevais l'arrêt de la chambre des mises en accusation nous renvoyant devant les assises, suivi de la liste des jurés de la session.

*
* *

Pour nous conduire à la cour d'assises, on nous fit traverser les souterrains de la Conciergerie.

Inutile de décrire les poignées de main et les congratulations que l'on échangea, lorsque nous nous trouvâmes réunis. Faure avait été amené du Dépôt, où, par grâce spéciale, il était resté tout le temps de sa prévention.

Tous envisageaient le procès sans crainte, ne pensant qu'à affirmer leurs idées.

C'est en parlant avec les camarades que j'appris que nous encourions vingt ans de bagne. Jusqu'alors, je ne sais pourquoi, je m'étais imaginé que le maximum était de cinq ans.

Dire que je fus réjoui de la nouvelle, ça serait peut-être exagéré. Mais, vingt ans ou cinq ans, cela, après tout, ne faisait pas grande différence.

On avait, paraît-il, déjà choisi un des coins les plus malsains du Gabon comme lieu de transportation. Dans ces conditions-là, il n'y avait qu'un seul parti à prendre. Une fois arrivé, tâcher de s'enfuir le plus vite possible. Crever pour crever, tâcher au moins de recouvrer sa liberté.

Avant l'ouverture des débats, Saint-Auban m'avait prévenu que le parquet faisait grand état d'une brochure que j'avais publiée en 1882 ou 83, sous le pseudonyme de Jehan le Vagre, — une réminiscence de mes lectures de « cape et d'épée », — que quelque « ami » inconnu lui avait fait parvenir. Le même, peut-être, qui, plus tard, devait documenter Gohier à sa façon.

C'était l' « Organisation de la Propagande Révolutionnaire », dans laquelle j'avais, en effet, construit un roman conspirateur, où je démontrais que, à l'abri de la propagande ouverte, pouvait fort bien se mener la « propagande par le fait ! » A cette époque, nous étions, tous, hantés par cette formule de Brousse, et comprenions la propagande par le fait, simplement au point de vue terroriste.

Théoriquement, mon petit roman tenait debout, et pouvait être, en effet, une arme solide contre nous. Aurait-il été possible de le mettre en pratique? C'est ce qui restait à démontrer. Mais tel quel, cela pouvait influencer le jury.

10

— En tout cas, me dit Saint-Auban, vous ne pouvez désavouer votre brochure.

— Je n'en ai nullement l'intention. Je tâcherai de m'en tirer du mieux que je pourrai.

Heureusement, Bulot fut assez naïf pour ne pas savoir utiliser le document, trompant, ainsi, l'espoir de l'envoyeur anonyme de la brochure.

J'ai complètement oublié ce qui, au cours des débats, fut dit de la brochure. Je croyais même qu'il en avait été très peu question. Mais, en relisant le compte rendu du procès dans les journaux de l'époque, je vois que Bulot en fit état dans son réquisitoire, et que Saint-Auban y répondit assez longuement.

*
* *

Lorsqu'on en vint à l'interrogatoire — j'étais le premier à être interrogé — Bulot réclama le huis clos, pour moi et Faure. Il s'engagea un débat. Saint-Auban, aidé de Desplats, le défenseur de Faure, réclamant, si on prononçait le huis clos, qu'il en fût ainsi pour tous. Mesure dont je n'ai compris l'utilité. Mais les avocats avaient, sans doute, leur idée.

Ce fut Bulot qui triompha. Le huis clos fut prononcé pour nous deux seuls, Faure et moi.

Ce coup du « Père François » souleva l'écœurement de presque toute la presse. Rochefort intitula son article du lendemain: « Obéissance à la loi ». Il n'était composé que de mains faisant les signes du langage de sourds-muets.

Le président Dayras ne me semblait pas un mauvais gars. Il se mit à m'interroger. Comme à chaque question il s'attardait à y ajouter des réflexions, je crus qu'il voulait me jouer le même tour que celui du procès de *La Société Mourante*, et, à un moment où il s'attardait sur une question, je l'interrompis en lui disant que s'il parlait tout le temps, je n'aurais aucune chance de placer un mot, au grand scandale des avocats qui me firent signe de me taire. Mais j'avais réussi à lui couper le sifflet. Dayras, par la suite, fut sobre de réflexions. Je pus répondre à mon aise.

Quand il était remis à sa place par un accusé: « Ça n'a pas d'importance », disait-il. — Cela fut relevé par la presse.

Ses questions? je les ai complètement oubliées. Très

banales en vérité. Comme elles le furent presque toujours dans toutes les procédures à travers lesquelles j'ai eu à passer.

A un moment, alors qu'il représentait le bureau de la *Révolte* comme un nid de conspirateurs, je l'interrompis en objectant que, le moindre mouvement ne pouvant se produire dans Paris sans que, de suite, j'eusse une demi-douzaine de perquisitions à subir, il aurait fallu que je fusse le dernier des idiots pour tenter d'y faire de la conspiration.

A un autre moment, il lut un article que, sans aucune preuve — puisque les articles dans la *Révolte* n'étaient pas signés — il m'attribuait. Pas plus, du reste, que n'était signé l'entrefilet que m'attribuait Bulot et qui lui pesait si fort sur la conscience. Mais tout est bon contre son chien lorsqu'on veut s'en défaire. Du reste l'un et l'autre étaient bien de moi.

Quand je dis qu'il lut l'article, c'était, naturellement, des extraits habilement choisis et isolés du contexte. Aussi, lorsqu'il eut terminé sa lecture, je lui demandai de bien vouloir lire la suite. Car je me rappelais très bien l'article.

Il fit signe qu'il ne possédait pas cette suite.

— Maître Saint-Auban va vous la lire, fis-je.

Mais Saint-Auban n'avait pas cru devoir apporter la collection de la *Révolte* que je lui avais fait passer. Je dus y suppléer de mémoire.

Je n'ai pas à refaire ici le compte rendu du procès. Tout le monde connaît les spirituelles reparties de Fénéon. Il n'y eut pas un seul défaillant. Tout le monde fut digne.

Dans sa plaidoirie, Saint-Auban fut éloquent (¹).

*
* *

Parmi les témoins, défilèrent les notables de Ficquefleur, où Emile Henry et ses complices avaient fait une si belle rafle. C'étaient, le maire surtout, des spécimens de bourgeois bavards, vaniteux et prétentieux. Bulot, du reste, se paya leur tête d'une belle façon.

----

(1) Les deux plaidoiries de Saint-Auban ont paru dans le volume *L'Histoire sociale au Palais de Justice*, chez Pédone.

Dans sa plaidoirie, Saint-Auban parlant de mon honnêteté, s'écria, se tournant vers moi et me désignant d'un
geste un peu théâtral — il faut bien l'avouer : Regardez
son visage!

Mais, juste au même moment, je ne sais plus à propos
de quoi, mon regard fut attiré à mes pieds: je baissai la
tête, faisant ainsi, sans le faire exprès, rater l'effet de Saint-
Auban, qui me l'aura pardonné, je l'espère.

Pendant un entr'acte, Lagasse qui défendait un camarade me confia qu'il avait un message pour moi dont l'avait
chargé Ravachol, qu'il s'en acquitterait plus tard, à un
autre moment. Mais je n'eus pas l'occasion de le revoir, et
j'ignore quel était le message de Ravachol. Après les plaidoiries, Bulot expectora sa bile. A cause de mon entrefilet
sur la magistrature, il en avait fait une question personnelle entre lui et moi. Il n'oublia pas de l'intercaler dans
sa diatribe.

Le procès traînait — il dura huit jours — même Bulot
sentait la fatigue. Il fit dire aux avocats que, s'ils s'abstenaient de lui répliquer, lui, s'abstiendrait de reprendre
la parole.

Notre tour vint de présenter nous-mêmes notre défense.

Toujours persuadé que l'on ne pouvait pas lire à l'audience, je n'avais donc rien préparé. Saint-Auban me dit
qu'il fallait absolument que je dise quelque chose. Il
m'apporta un papier que je devais lire.

Ayant jeté un coup d'œil dessus, je lui avouais que je ne
pouvais pas le lire. Il y avait un désaveu formel des cambrioleurs que l'on avait adjoints au procès. Je voulais bien
les jeter par-dessus bord dans le journal, mais pas devant
un tribunal. Enfin, réfléchissant qu'à la lecture je pourrais
corriger le passage relatif aux cambrioleurs, quoique les
raisons données dans cette déclaration eussent été tout
autres si ç'avait été moi qui les eusse rédigées, je me
décidai à la prendre et à la lire.

Mais ce fut encore plus difficile que je ne m'y attendais.
L'appareil de la justice me laissait absolument froid. Je
n'avais pas bégayé pour répondre au président. Mais lorsque je dus lire cette déclaration, ce fut plus fort que
moi. Ma voix tremblait tellement que je dus m'arrêter pour
dire aux jurés de ne pas faire attention. Que je n'étais pas
habitué à parler en public. Saint-Auban, Desplats et des

camarades s'offrirent de lire pour moi. Mais plutôt la mort
que d'avoir l'air de « caner » ! Il y avait, surtout, le passage
concernant les cambrioleurs à changer. Je me raidis et
pus continuer.

Je déclarai qu'en anarchie chacun agissait comme bon
lui semblait. Que je n'étais là que pour répondre de ce que
j'avais fais; les cambrioleurs, eux aussi, étaient là pour
répondre de leurs actes. Je terminai en relevant les insultes
de Bulot, le regardant fixement, lui disant qu'il lui était
facile d'être insolent, défendu qu'il était par l'ordre exis-
tant.

Et je m'assis, soulagé d'avoir, après tout, assez bien traversé l'épreuve.

Saint-Auban me redemanda le papier pour le commu-
niquer à la presse. En le lui remettant, je lui fis observer
qu'il fallait changer le passage dans le sens que je lui indiquai. Il me promit de le faire. Mais, plus tard, en lisant
les comptes rendus, j'eus la mortification de constater que,
dans sa hâte, sans doute, il avait oublié de le faire. Il était
trop tard pour revenir là-dessus.

*

* *

Après le réquisitoire, une suspension d'audience avait
eu lieu. Quand revint la cour, ça ressemblait à une véritable débandade.

Pour attendre le verdict, on nous avait emmenés dans
une autre salle. Les accusés restèrent gais, échangeant des
plaisanteries. On n'aurait pas dit que, en somme, il s'agissait de vingt ans de bagne en perspective pour chacun.
Les avocats semblaient beaucoup plus émotionnés que
nous. Saint-Auban marchait appuyé au bras de Desplats,
se traînant comme si ses jambes le supportaient difficilement.

Enfin, nous arriva la rumeur que nous étions acquittés.
Les jurés avaient été longtemps à se mettre d'accord. La
nouvelle se confirma. Nous étions acquittés, sauf, bien
entendu, les cambrioleurs. Pour avoir voulu être trop
roublard, en mêlant les théoriciens avec les cambrioleurs,
le gouvernement avait aidé à notre acquittement. Le lieutenant qui commandait les gardes municipaux qui nous
escortaient, vint nous féliciter et nous serrer la main. Des-

plats et Saint-Auban nous recommandèrent d'être calmes.

Ramenés devant le tribunal, le vote du jury nous fut lu. Nous allions être libérés sitôt les formalités de la levée d'écrou opérées.

Nous allions être libérés! Ceux qui n'avaient pas d'autre condamnation. Les récidivistes comme moi auraient à réintégrer Mazas. Matha était dans le même cas que moi.

On nous fit ressortir pour introduire les cambrioleurs et leur lire leur sentence.

Saint-Auban me dit que le jury n'avait statué que sur mon cas, mon acquittement ayant entraîné celui de mes coaccusés. Mais je n'avais été acquitté qu'à une voix, celle du président du jury. Il me parla aussi de je ne sais plus quelle irrégularité : Bulot ou le président du tribunal s'étant présenté pendant que délibérait le jury. Du reste cela n'avait plus aucune importance puisque nous étions acquittés. Le verdict fut accueilli par un soupir de soulagement dans toute la presse. C'était la ruine de la tentative de réaction que préméditaient les sphères gouvernementales.

Les formalités pour libérer les veinards furent assez longues. Dire que je n'avais pas le cœur un peu gros en voyant les autres partir, serait mentir. Mais le soulagement d'échapper à vingt ans de bagne atténuait un peu mon désappointement. Je réintégrai la Conciergerie et ensuite Mazas.

Sans que je m'en fusse aperçu pendant les huit jours du procès, la tension avait dû être assez forte, car le lendemain, je me réveillai avec un mal de gorge atroce. Cela me dura deux ou trois jours.

Je restai à Mazas toute la fin d'août, attendant mon transfert à Clairvaux.

Un jour je demandai à mon gardien d'aller prendre un bain. Il fallut la croix et la bannière pour l'obtenir. Mais, lorsque je demandai des ciseaux pour tailler les ongles de mes orteils, les gardiens se mirent à rire comme des petites folles. Je suppose que c'était un luxe qu'ils ignoraient pour eux-mêmes, tant cela leur paraissait comique. Je n'eus pas mes ciseaux.

Enfin, dans les premiers jours de septembre, un soir, il faisait déjà nuit, on vint me chercher pour être transféré à Clairvaux.

X

CLAIRVAUX

Je fus mené directement à la gare de l'Est. C'était, paraît-il, une faveur, je l'appris plus tard. Tous les camarades qui « visitaient » Clairvaux passaient d'ordinaire par la Roquette, où ils avaient à attendre le convoi qui devait les emmener.

L'administration avait fait les frais d'un fiacre pour me conduire à la gare. En descendant dans la cour presque déserte, je me demandai si je ne tenterais pas de m'enfuir. Les gardiens m'avaient laissé libre. Mais la chance était trop maigre. Je me laissai mener au wagon cellulaire frété à mon intention, et où m'installèrent mes deux gardiens, me plaçant en face de la portière, s'enquérant s'il devaient la laisser ouverte, tout en me faisant remarquer qu'ils ne me mettaient pas les fers habituels.

Bon dieu! que de prévenance! Dans le courant de la nuit, nous fûmes garés dans je ne sais quelle gare. Nous fûmes accrochés à un train du matin et reprîmes la route. Notre personnel s'était, au cours de la nuit, enrichi de trois ou quatre expulsés que l'on dirigeait sur la frontière.

Nous arrivâmes tard l'après-midi en gare de Clairvaux. Deux gardiens m'y attendaient. Ils prirent livraison de moi et nous partîmes pour la prison qui, il me semble, est assez loin de la gare. Mais cela était bon de se promener dans la campagne, à l'air libre, après neuf mois d'incarcération.

Conduit devant le directeur, sur je ne sais plus quelle observation qu'il me fit, je lui fis remarquer que j'étais détenu politique.

— Je le sais bien, mais vos papiers ne sont pas en règle. Réglementairement, je ne devrais pas vous recevoir.

— Qu'à cela ne tienne. Vous savez, je ne suis pas fier. Vous n'avez qu'à me mettre à la porte.

— Cela ne se fait pas comme cela.

— Je vous donne ma solution.

En fin de compte, le gardien-chef m'emmena dans une cellule où je restai confiné une huitaine de jours.

J'avais remarqué que le gardien-chef avait la tête bandée. J'appris qu'une révolte des détenus avait eu lieu quelque temps auparavant. Il en gardait les traces.

Le lendemain matin, en m'apportant à manger, un des détenus de corvée me remit en cachette un billet par lequel Fortuné Henry et Breton — le futur ministre des Recherches et Inventions— qui m'avaient précédé dans l'hospitalité gouvernementale, me souhaitaient la bienvenüe, et m'attendaient bientôt au quartier des politiques.

Comme j'ai dit, au bout d'une huitaine de jours je fus extrait de ma cellule, conduit devant le directeur qui me dit qu'il avait enfin des instructions du ministère, qu'il avait l'ordre de me transférer aux politiques.

*
* *

Le quartier politique à Clairvaux était un bâtiment qui, autrefois, avait servi d'infirmerie, puis de lieu de détention pour des condamnés militaires. Entouré de murs avec des bâtiments sur un côté, il y avait une cour plantée de tilleuls.

Au rez-de-chaussée étaient installés des bureaux de comptabilité où travaillaient des détenus. L'entrée desdits bureaux était en dehors de la cour, mais les fenêtres y prenaient jour. Parfois, on faisait la causette avec les « bureaucrates », leur passant du tabac de temps à autre.

Le reste du bâtiment, un étage et des greniers, était à notre disposition. Trois grandes pièces tenaient tout le premier étage.

La première, la plus grande, avait été abandonnée par Fortuné et Breton. Ils avaient fait leur salle à manger de la deuxième, et leur dortoir de la troisième, de beaucoup la plus petite. Un troisième lit fut mis dans la chambre à coucher, et rien ne fut changé à la disposition du local.

Il y avait une petite pièce que Breton avait choisie pour en faire un petit atelier. Il avait même fait venir un tour. Mais je ne l'y ai jamais vu travailler.

Nous fîmes connaissance, car c'était la première fois que je me rencontrais avec eux. Ils me mirent au courant des petits potins de la maison.

Ils m'apprirent que j'étais un privilégié. Tous ceux qui étaient passés avant moi à Clairvaux avaient dû faire un stage d'un mois au quartier des détenus de droit commun, avant de passer aux politiques.

Fortuné était le frère d'Émile Henry. Il était un peu hâbleur. Pour passer le temps, il barbouilla un tableau ou deux, se taillant des toiles dans les torchons de l'administration.

Il était fils du colonel Henry, de la Commune. Lui et son frère avaient été élevés en Espagne où leur père s'était réfugié, et où il était mort.

Il nous raconta que lui et son frère avaient été spirites avant de devenir anarchistes. En était-il complètement guéri?

Il nous raconta également que les derniers actes de son frère n'avaient été qu'une forme de suicide. Amoureux d'une femme mariée, c'était pour en finir avec la vie qu'il s'était lancé dans la propagande par le fait.

Je n'ai jamais connu Émile Henry; mais quand je lus sa déclaration à son procès, je fus frappé du ton sec, froid, sans pitié qui s'en dégageait. Ça coupait comme une lame de couteau. C'était courageux, mais on ne pouvait accuser l'homme de sentimentalité.

Breton, lui, était un bon vivant, d'une famille riche, du Nord. Sa femme était venue habiter l'auberge du pays, afin de pouvoir le voir tous les jours. Comme il était fort mangeur et que nous faisions popote ensemble, nous ne manquâmes jamais de provisions. Il en fut toujours abondamment pourvu.

*
* *

Une fois installé, j'écrivis aux amis pour demander des livres. Méreaux qui avait été relâché après une détention plus ou moins longue avait fait connaissance d'un chanteur de l'Opéra qui mettait sa bibliothèque à ma disposition. Je m'empressai d'accepter.

Avec Stock nous avions échangé quelques lettres aigres-douces, mais nous avions fini par nous raccommoder. Il m'écrivit qu'il m'envoyait une caisse de livres. Gauche, relâché, lui aussi, me promit de m'envoyer ce que je voudrais.

Si bien qu'un jour je fus appelé chez le directeur. L'ami de Méreaux m'envoyait une caisse de livres. Celle de Stock était également arrivée. Le directeur s'était mis en devoir d'en vérifier le contenu, afin de s'assurer que cela ne contenait aucune littérature qui ne serait pas convenable pour un enfant de mon âge.

Et ne voilà-t-il pas que, de la caisse de Ragneau — l'ami de Méreaux — le directeur sort un volume de Kraft-Ebbing, sur les invertis!

— Impossible de laisser passer cela. Et il le mit de côté. Puis un autre, encore un autre.

Mais les deux caisses effrayèrent le courage du directeur. Après avoir vidé la moitié d'une d'elles, il y replongea les volumes sortis, même ceux qu'il n'avait pas jugés dignes de ma lecture.

— Tenez! emportez tout cela. Et il fit venir un gardien auquel il commanda de prendre un panier assez grand pour m'aider à les emporter.

Comme nourriture, à midi nous avions un plat de viande, beefsteak généralement, un plat de légumes et un demi-litre de vin. Le vin devait faire la journée. C'était plutôt maigre. Mais, comme je l'ai dit, Breton nous sauvait par les vivres qu'il recevait du dehors.

Pour mon compte, il m'aurait été difficile d'ajouter au menu. Je n'aurais pas eu un sou si moi si Reclus ne m'avait envoyé dix francs par mois. Gauche avait bien mis sa bourse, ainsi que sa bibliothèque à ma disposition, mais, avec les dix francs de Reclus je pouvais parer aux petites dépenses. J'acceptai le prêt de la bibliothèque, je remerciai pour l'argent.

Nous étions absolument libres dans notre quartier, les gardiens ne venant que pour porter nos repas ou quelque autre commission.

Les journaux n'étaient pas encore permis lorsque j'arrival, mais l'autorisation de les recevoir nous fut donnée presque aussitôt. Je pus lire le récit de la dégradation de Dreyfus.

En lisant le compte rendu de sa dégradation, sa protestation d'innocence me frappa par l'accent de vérité qui s'en dégageait.

Mais ce n'était qu'une sensation. J'oubliai Dreyfus.

Comme je l'ai déjà dit, les hivers sont rigoureux à Clairvaux. Mais l'administration était généreuse. Nous avions autant de bois qu'il était nécessaire pour nous chauffer. Nous avions une immense cloche que nous bourrions et chauffions à force. Nous consommions trois énormes sacs de bois par jour.

Le directeur et l'inspecteur nous rendant visite un jour, constatèrent qu'alors que la cloche était chauffée à blanc, les fenêtres étaient toutes grandes ouvertes Ils parlèrent aussitôt de diminuer la ration de bois, puisque nous étions forcés d'ouvrir les fenêtres. Mais nous leur fîmes remarquer que c'était par hygiène, et qu'il fallait forcer le feu pour combattre le froid glacial. La menace ne fut pas mise à exécution.

Nous avions droit à un bain par mois. Mais encore fallait-il en faire la demande au médecin de la prison.

*
* *

Fortuné Henry ayant fini son temps, nous quitta quelques mois après mon arrivée.

Puisque le gouvernement me donnait des vacances, j'entendais en profiter pour remanier *La Société au lendemain de la Révolution*. Il en sortit *La Société future*.

Au journal il m'était impossible d'entreprendre un travail suivi, de longue haleine. En prison le temps ne manquait pas et ça faisait oublier la claustration.

Un jour, je fus appelé au greffe. Il s'agissait de Liard-Courtois. Mais j'ai oublié complètement quelles furent les questions qui me furent posées. Ce que je sais, c'est qu'il venait d'être condamné à Bordeaux, pour faux.

Or, le faux en question se bornait à ceci : Condamné pour délit de parole, il avait fait faux bond à la police et continué de donner des conférences sous le nom de Liard. Arrêté, cette fois, pour un nouveau délit de parole,

Il se laissa condamner sous son nouveau nom et, son temps fini, signa de ce pseudonyme sa levée d'écrou. Ce fut pour cela qu'il fut envoyé au bagne. Alors qu'à la même audience où il fut condamné, on avait acquitté devant lui un individu qui, réellement, avait fait des faux, était poursuivi pour cela.

Courtois ne fut arraché du bagne qu'à la suite de l'affaire Dreyfus.

Le temps passait, ainsi, insensiblement lorsque, un jour, je lus que, dans le journal la *Cocarde*, un des rédacteurs, nommé Max Buhr, avait commencé une campagne en vue de me faire obtenir ma libération conditionnelle.

Sous le pseudonyme de Max Buhr, je reconnus tout de suite André Girard dont j'avais fait la connaissance du temps du *Révolté*.

Cela a toujours été ma pratique de relever les adresses que je trouvais dans les journaux, et d'envoyer, à ces adresses, des spécimens de notre propre journal. La plupart du temps ça ne produisait rien, mais, quelquefois, celui qui les recevait était intéressé et devenait un lecteur.

Girard avait écrit à je ne sais plus quel journal, je ne me rappelle plus à quel propos. Je lui avais envoyé quelques numéros du *Révolté*. Il m'avait écrit que le journal représentait les idées qu'il s'était formulées depuis longtemps. Nous avions continué nos relations.

Mais il était employé dans les bureaux de la Préfecture de Police. De là son pseudonyme. Ce fut à ce nom que je lui écrivis à la *Cocarde* pour le remercier de la campagne entreprise, mais que si j'étais détenu malgré moi, j'entendais bien ne demander aucune grâce.

Max Buhr publia ma lettre, se désistant de sa campagne devant ma désapprobation.

*
* *

Nos lettres, comme celles des détenus de droit commun, étaient expédiées ouvertes, lues par l'administration, ainsi que celles que nous recevions. Le directeur me fit appeler. Il avait ma lettre à Max Buhr en main, lorsque je me présentai.

— Est-ce que vous pensez que le gouvernement va vous

apporter votre libération à genoux, sur un plateau d'argent?

— Je n'espère pas tant. Mais la libération conditionnelle impliquant repentir et promesse de ne pas recommencer, ce n'est pas mon cas. J'ai été condamné pour anarchisme, anarchiste je reste.

— Comme vous voudrez, fit-il, mais je crois bien que, dans sa pensée, je devais être un peu toqué.

Séverine publia un article au sujet de ma 'ettre. Cela m'en rappelle un autre qu'elle publia en 96. Je venais d'arriver au bureau, lorsque se présenta un camarade.

— Hein! vous buvez du lait, ce matin!

Croyant qu'il faisait allusion au pot plein de lait qui était sur la table, je répondis :

— Oui, j'en bois un litre tous les matins.

Ce n'est qu'en déployant le *Journal*, que je n'avais pas encore lu, que je compris ce qu'il voulait dire par « Vous buvez du lait! »

Quant au pauvre Girard, sa campagne avait attiré l'attention sur lui. Le pot-aux-roses fut découvert. Son domicile fut envahi un matin par les policiers, chef de la Sûreté en tête. Son logement fouillé de fond en comble. Lui-même gardé prisonnier pendant vingt-quatre heures. La découverte que « la maison » abritait un anarchiste avait, paraît-il, fait l'effet d'une bombe explosant au milieu d'eux. Mais comme il ne fut rien trouvé, on dut le relâcher. Inutile de dire que l'on s'empressa de le révoquer.

*
* *

Pendant que nous étions bien tranquilles, « à l'ombre », il se menait, dans le pays, une violente campagne contre Casimir-Perier qui avait remplacé Carnot et s'était montré par trop cassant, au gré des politiciens, à leur égard.

Ce fut cette campagne qui déclencha la fortune de Gérault-Richard.

Tant et si bien que Casimir-Perier dut donner sa démission. Il était surveillé par sa propre police.

Félix Faure fut nommé président de la République. Comme il est de tradition qu'à l'avènement de chaque nouveau monarque il soit promulgué une amnistie, une demande fut déposée sur le bureau de la Chambre, puis discutée et votée. Mais il y eut à batailler pour que les anarchistes fussent admis à en profiter.

Lorsqu'il fut à peu près certain que nous serions compris parmi les « amnistiables », Breton et moi fîmes nos paquets, nous tenant prêts à nous envoler sitôt que les portes de la cage nous seraient ouvertes.

Ce ne fut qu'au bout de trois ou quatre jours qu'arriva l'ordre de notre libération. C'était tard dans la soirée. Le gaz était gelé dans les tuyaux.

Comme il était tard, on nous offrit de nous continuer l'hospitalité jusqu'au lendemain matin. Mais Breton brûlait de rejoindre sa femme à l'auberge. Et quoiqu'une nuit de plus ou de moins à la prison ne fût pas de grande importance, je me décidai à le suivre.

Pour nous conduire au greffe, pour la levée d'écrou, on nous fit passer par une partie de la prison que je ne connaissais pas. Ce devait être les ruines d'un ancien cloître. Il faisait un clair de lune superbe. C'était tout à fait romantique. Ça me rappelait le décor d'un vieux mélodrame que j'avais vu jouer au théâtre Saint-Marcel : *Le Monstre et le Magicien.*

Pendant que nous attendions l'arrivée de l'ordre de libération, le directeur et l'inspecteur étaient venus nous féliciter. L'inspecteur qui, sans doute, par le greffe, connaissait ma situation de fortune me fit l'offre de me prêter la somme dont je pourrais avoir besoin. C'était très gentil de sa part, mais, évidemment, tout gentil qu'il était, il était le dernier duquel j'aurais accepté ce service.

Je le remerciai donc de son offre. J'avais écrit à Gauche pour lui demander 40 francs pour payer mon voyage. Arrivé à Paris, je pouvais vivre chez les Benoît en attendant de me retourner.

Les formalités accomplies, nous nous rendîmes à l'auberge. Nous y trouvâmes Cardanne envoyé par le *Figaro.* Après quelques mots, Breton nous quitta pour aller rejoindre sa femme. Il devait venir nous rejoindre après le souper.

Cardanne me raconta que c'était Emile Gautier qui avait demandé l'envoi d'un rédacteur du *Figaro* à Clairvaux.

Le lendemain, je pris le train avec Cardanne. J'avais télégraphié aux Benoît qui vinrent m'attendre à la gare. Nous rentrâmes au 140, de la rue Mouffetard, puisque mes meubles y avaient déjà fait retour.

Quelles possibilités de reprendre la propagande restait-il? C'est ce qui était à voir.

XI

" LES TEMPS NOUVEAUX "

Le lendemain de mon arrivée à Paris, j'allai rendre visite à Stock. Je voulais lui proposer mon volume sur l'armée, dont j'avais écrit le brouillon à Sainte-Pélagie et que j'avais terminé à Clairvaux. J'avais choisi comme titre: *Sous l'Uniforme*, mais un vague littérateur réclama ce titre. Ce fut Stock qui trouva *La Grande Famille*.

*

* *

Avant de me remettre au travail, j'avais cru devoir — c'était le moins que je pouvais faire — aller remercier ceux qui, parmi les écrivains, avaient spécialement pris ma défense.

Bauër était absent. De tous les autres, je ne me rappelle que Drumont, à la *Libre Parole*.

De notre conversation, je ne me souviens aussi que du ton goguenard dont il me dit, tout en clignant de l'œil : « N'empêche que nous pouvons nous vanter, chacun de notre côté, d'ennuyer pas mal de gens » !

Je me demandais en moi-même si Drumont était bien convaincu de son antisémitisme? Non pas de ce qu'il me disait. C'était le ton et le geste, quoique je n'aime pas ceux qui pontifient, surtout en parlant d'eux-mêmes.

Ma première et unique idée, une fois remis en liberté, c'était de reprendre la propagande où nous l'avions laissée, de refaire le journal, puisque c'était la seule chose dont je fusse capable de m'acquitter.

La première chose à faire était de renouer avec les camarades.

Pendant ma captivité était arrivé un chèque de 300 fr. envoyé par Sadier, de Buenos-Ayres.

Un répétiteur de lycée avait, sous le nom de Charles-Albert, ses prénoms, collaboré au Supplément. Il avait été, lui aussi, tracassé, et avait dû quitter l'enseignement. Il était à Lyon comme correcteur d'imprimerie. Il récolta, pour sa part, quelques centaines de francs. J'arrivai, je crois, à réunir 800 francs environ.

Bien entendu, j'avais écrit à Reclus et à Kropotkine pour savoir si on pouvait toujours compter sur leur concours.

Reclus me répondit que les temps étaient changés. Peut-être avais-je d'autres intentions?

— Je ne vois rien de changé, lui écrivis-je. Nous sommes quinze mois plus vieux, et c'est tout.

Il m'écrivit d'aller le voir à Bruxelles. Je pris un billet d'aller et retour, valable pour cinq jours, et me voilà à Bruxelles. Reclus me dit :

— Vous êtes-vous entendu avec Pierre (Kropotkine)?

— Je lui ai écrit comme à vous. C'est entendu. On peut compter sur lui.

— Ça n'est pas suffisant. Il peut-être de bon conseil. Il faut le voir.

— S'il n'y a que cela. Demain je m'embarquerai pour Londres.

Comme Reclus n'avait pas de lit disponible, il me conduisit à l'hôtel. Le lendemain il m'accompagna à la gare. Arrivé à Ostende, je m'embarquai pour Londres où je pris un cab qui me mena chez Kropotkine. Nos affaires furent vite réglées. Kropotkine était enchanté que le journal reparaisse. On pouvait absolument compter sur lui. Il enverrait des articles autant qu'il serait nécessaire.

Mon billet de retour n'étant que de cinq jours et n'ayant pas le gousset assez garni pour risquer d'en perdre le bénéfice, je repartis le lendemain pour Bruxelles.

Reclus n'était plus en situation de nous continuer la subvention mensuelle de 100 francs qu'il avait faite jusqu'à la fin de la *Révolte*, mais il nous aiderait dans la mesure du possible.

Son frère, Elie, qui dîna le soir avec nous, me raconta le

11

soupir de soulagement qu'ils avaient poussé lorsqu'ils apprirent les acquittements au procès des Trente. Il me confirma ce que m'avait dit Bernard Lazare. C'est-à-dire que, si nous avions été condamnés, le gouvernement préparait d'autres rafles. Quant à nous, nous aurions été dirigés sur l'endroit le plus malsain du Gabon.

Les républicains se souvenaient de Sinnamarie!

De retour à Paris, je me mis à la recherche d'un imprimeur, et fis tirer un appel avec liste de souscription en faveur des *Temps Nouveaux*. C'était le titre choisi à la suggestion de Reclus.

Plusieurs littérateurs annoncèrent l'apparition du nouveau journal.

En faisant la déclaration de dépôt du titre j'avais, n'ayant pas encore d'imprimeur, donné le nom d'Allemane, ce qui lui valut une interview.

Pour moi, je reçus la visite d'une Mᵐᵉ Cécile Renooz, une féministe qui venait réclamer la priorité du titre : *Les Temps Nouveaux*, dont elle avait fait le dépôt.

Je lui promis de réfléchir à cela. Il était bien désagréable de changer de titre, alors qu'il avait été si bien annoncé. Au surplus, le titre nous appartenait bien avant Mᵐᵉ Renooz. C'était celui d'une brochure de Kropotkine publiée en 89. Le Substitut préposé aux dépôts m'ayant dit que Mᵐᵉ Renooz avait déposé son titre depuis plus d'un an et le journal n'ayant pas paru, cela me décida à garder le titre que nous avions choisi.

*
* *

J'avais fini par trouver un imprimeur, M. Noizette, rue Campagne-Première. Mais, dès le deuxième numéro, celui-ci m'avertit que le fait d'imprimer notre journal était susceptible de lui faire perdre de vieux clients qui avaient déjà protesté; il me serait donc très reconnaissant si je voulais aller me faire... imprimer ailleurs. Du reste il fut assez gentil de me dire qu'il me donnait tout le temps de chercher. Mais, évidemment, plus vite j'aurais trouvé, plus satisfait il serait. J'échouai chez Blot où nous restâmes jusqu'en 1908.

Pendant que je m'occupais de mettre sur pied l'apparition du journal, un jour que je me rendais chez l'imprimeur porter la copie de circulaires, la concierge me remit, me voyant passer, une lettre, à peu près ainsi conçue, — j'en ai oublié les termes exacts — « M°° Dembourg serait désireuse de vous voir. Elle est convaincue que, de cette entrevue, il en sortira un grand bénéfice pour la propagande des idées que vous défendez ».

Sans espérer la « forte somme », il me sembla que le libellé de cette lettre fleurait quelques billets de mille. Pour ne pas perdre de temps, sans prendre la peine de réfléchir et pour ne pas remonter mon cinquième, je courus au bureau de poste, achetai une carte-lettre, — ce qui, paraît-il, est contre toute étiquette — et répondis à la dame que j'étais à sa disposition, lui indiquant les heures où elle pouvait me trouver. Elle n'avait pas mentionné que c'était moi qui devait me rendre chez elle.

Mais je déchantai quand, par retour du courrier, je reçus le poulet suivant, que je reconstitue de mémoire :

Monsieur,

M°° Dembourg est une personne âgée et estimable qui mérite quelque considération. D'autant plus qu'elle ne peut se déplacer que très difficilement. Ce n'est donc pas elle qui ira vous voir, mais vous qui devez vous rendre chez elle.

Suivaient des phrases d'un ton patronisant, que j'ai oubliées, mais qui me grattèrent les nerfs. La lettre évidemment, était d'un — c'était une, paraît-il — secrétaire, mais M°° Dembourg devait en avoir approuvé le texte. Illico, je répondis :

Je suis bien forcé de débuter ainsi, puisque je ne sais si c'est un homme, une femme ou un Auvergnat qui m'écrit.

Dans votre première lettre vous m'auriez prévenu que M°° Dembourg attendait ma visite, je me serais rendu chez elle volontiers. Mais, devant le ton protecteur de votre lettre, il est inutile qu'elle m'attende. Je n'ai rien demandé à M°° Dembourg.

Je n'ai rien à lui dire.

Une semaine ou deux plus tard, à grands coups de tam-tam, Rochefort annonçait dans l'*Intransigeant* que, appelé par M°° Dembourg, une excellente et charmante vieille dame qui était pleine de sympathie pour lui, il en était revenu emportant dans une valise — car la somme était en menue monnaie — cent mille francs qu'elle le chargeait d'employer à une bonne œuvre à son choix.

A ce moment, les verriers de Carmaux étaient encore une fois en grève, poussés par la rosserie de leurs employeurs. Rochefort décida que les cent mille francs seraient remis aux grévistes pour créer une verrerie dont ils seraient les maîtres. Cela fut l'origine de la Verrerie Ouvrière qui fit tant parler d'elle par la suite.

Robin que je vis par la suite, et à qui je racontai ma mésaventure avec Mme Dembourg, me dit que, lui aussi, avait été appelé par elle, mais qu'ils n'avaient pu s'entendre, vu son mauvais caractère.

En fait de caractère, celui de Robin n'était pas des meilleurs. Il l'avait assez pointu. Plus tard, je ne sais plus à propos de quoi, — du néo-malthusianisme, sans doute — je me disputai à mon tour avec lui. Nos relations cessèrent après l'échange de quelques lettres plus ou moins aigres-douces. Plus aigres que douces.

Aussi, je ne fus pas peu stupéfait, un jour, en ouvrant ma correspondance, de lire une lettre de lui, où il disait que, se sentant vieux, il aimerait à trouver quelqu'un de plus jeune qui le remplaçât. Que si je voulais aller le trouver, nous causerions, il pourrait me remettre des documents. Tout étrange que cela me semblât, je n'eus pas l'idée de reprendre l'enveloppe pour m'assurer qu'elle m'était bien adressée.

Je lui répondis donc que j'irais le voir. Mais une réponse m'arriva. Il ne désirait pas du tout me voir. Il ne comprenait pas qu'après notre dispute j'osasse lui écrire. Que sa lettre était adressée à un de mes collaborateurs, Charles-Albert.

Je répondis à Robin que, n'ayant pas fait attention à la suscription de l'enveloppe, croyant que la lettre m'était destinée, j'avais bien été surpris de son contenu, mais qu'il ne m'était pas venu à l'idée qu'elle fut destinée à un autre. J'en avais conclu qu'il en était arrivé à pratiquer le pardon des injures... qu'il pouvait avoir formulées contre les autres.

Pour en revenir à Mme Dembourg, le récit de Robin me confirma que, après tout, je n'avais pas perdu grand'-

chose en ne voyant pas M™° Dembourg. Elle devait aimer
à être traitée avec « trop » de considération. Nous avions
peu de chances de nous entendre.

*
* *

Dès mon retour à Paris, j'étais aussi allé voir Saint-
Auban pour le remercier. Il me dit qu'un M. Michelot
désirant me voir, s'était adressé à lui pour le mettre en
relation avec moi. Qu'il avait une proposition à me faire.

Il s'agissait de créer un journal dont on me confierait
la direction aux appointements de 500 francs par mois.
On comptait sur la collaboration de Kropotkine, Reclus,
Séverine, et d'autres que je devais voir à ce sujet.

Je ne sais trop sur quoi je me basai, mais il me sembla
que ce M. Michelot était un agent royaliste. Pourtant il
fallait voir. J'écrivis à Kropotkine, en lui faisant part de
mes suspicions. Comme moi, Kropotkine pensa que l'on
pouvait voir venir l'homme.

Et quand je revis Michelot, je lui dis que Kropotkine
acceptait de faire partie du journal, à condition que nous
resterions maîtres de la rédaction, les bailleurs de fonds
restant, eux, maîtres de l'administration. Mon bonhomme
accepta la combinaison, mais se défila peu à peu, ne se
donnat même plus la peine de répondre à mes dernières
lettres.

Je vis aussi Paul Adam. Il m'avait écrit pour m'assurer
de sa collaboration aux *Temps Nouveaux*, promettant, en
outre, de ramasser au moins un millier de francs dans son
entourage. Il me donna rendez-vous dans un bar près de
l'Opéra.

A la dernière entrevue, il accoucha de la proposition
suivante: Il était en relation avec un nommé Parsons, qui
publiait à Marseille, un journal dans le genre du *Supplément de la « Révolte »*. Je n'avais qu'à lui écrire, nul doute
que Parsons me céderait son journal!

Cette proposition me stupéfia.

— Il n'y a pas de raison que Parsons me cède son journal, fis-je timidement remarquer. Au surplus, c'était un
journal à nous que je voulais créer, et non continuer celui
de Parsons.

Ce fut tout ce que Paul Adam trouva pour aider l'apparition des *Temps Nouveaux*. Quant à sa collaboration, la promesse en resta tout aussi vaine que les autres.

Ce fut lui qui, plus tard, tomba sur cette idée originale de « régénérer le bagne par l'armée », en enrégimentant les condamnés.

Nous en causions avec Descaves: celui-ci me suggéra d'en parler, en intervertissant le titre, et en l'intitulant: « Régénération de l'armée par le bagne ».

Paul Adam, froissé, m'écrivit pour défendre son projet, mais nos relations se terminèrent sur cette discussion.

*
* *

Du reste, Paul Adam ne fut pas le seul à promettre sa collaboration. Voici la liste de collaborateurs que je copie dans le premier numéro. Tous avaient formellement promis, sauf Nadar, qui m'avait écrit qu'il tenait à ce que je l'inscrive comme collaborateur pour nous montrer sa sympathie, mais qu'il n'était guère probable qu'il pût trouver le temps de nous envoyer quelque chose.

Paul Adam, Jean Ajalbert, Barrucand, L. Descaves, Eekhoud, A. Hamon, A.-F. Hérold, Théodore Jean, Bernard Lazare, Georges Lecomte, Octave Mirbeau, F. Nadar, A. Retté, Marc Stéphane.

Théodore Jean tint parole. Pendant un certain temps, il nous envoya des vers qui furent publiés dans le supplément. Hamon envoya aussi quelques articles. Quant à Descaves, ce fut plusieurs années après l'apparition du journal qu'il nous envoya, pendant un certain temps, une série d'articles.

A plusieurs reprises, j'avais écrit à chacun pour lui rappeler sa promesse de collaboration, mais inutilement. Ils étaient, je veux bien le croire, théoriquement pleins de bonne volonté pour le journal, mais, pratiquement, cela laissait à désirer.

Il est hors de doute que, en dehors de l'annonce que d'aucuns en firent dans les journaux où ils écrivaient, que l'annonce de leur collaboration aida au succès de début du journal. Nous tirâmes à 18.000 le premier numéro. Mais ce qui aida au succès fut la cause, aussi, la promesse n'étant pas remplie, que ce succès ne dura pas.

La baisse se fit insensiblement. En fin de compte, nous retournâmes à notre tirage de 8.000 (¹).

Pas un ne se donna la peine de motiver son abstention. Si ce n'est Bernard Lazare que Girard rencontra un jour chez Stock. Il lui demanda pourquoi il n'avait pas encore envoyé d'articles. — « Il faut que mes articles soient payés », fut la réponse.

Ç'aurait été tout autre que Girard qui m'aurait rapporté le propos, je ne l'aurais pas cru. Mais Girard n'était pas homme à cancaner.

Les littérateurs vivant de leur plume, je comprends qu'ils ne puissent fournir gratuitement de la copie à qui leur en demande. Mais, en ce cas, qu'il ne promettent pas.

D'autre part, se piquant d'indépendance, — et comme il ne leur est pas toujours possible d'écrire tout ce qu'ils ont à dire là où on les paye, — j'aurais cru qu'ils auraient été heureux de trouver un journal où ils auraient pu le faire de temps à autre.

Je dois reconnaître que, lorsque je décidai, plus tard, de donner des dessins dans le journal, les artistes furent plus larges, et ne se firent pas tirer l'oreille.

Cependant, parmi les littérateurs, il y en eut de généreux. J'ai cité Richepin. En relisant quelques-unes des lettres qui me furent adressées, j'en retrouve de Stuart-Merrill, que j'avais complètement oubliées.

J'en donne une ici. Les autres sont sur le même sujet. Il faut croire que Stuart-Merrill m'avait autorisé à m'adresser à lui en cas de nécessité.

Langrune-sur-Mer, octobre 96.

Mon cher Grave,

De retour d'un court voyage, je trouve votre lettre à laquelle je me hâte de répondre en vous envoyant le fond de ma bourse,

---

(1) Par hasard, me tombent sous la main quelques-unes des factures: Le N° 5 fut tiré encore à 18.000; au N° 29, on tirait à 12.000. Les autres factures manquent.

soit 75 francs. J'ai à m'excuser de ne vous avoir pas encore envoyé de fonds depuis mon premier versement. Mais une suite d'événements imprévus m'a raflé tout mon argent superflu. Veuillez cependant croire à mon dévouement et n'hésitez jamais à faire appel à ma bonne volonté. Je ferai toujours le possible pour les *Temps Nouveaux* qui, malgré que je ne sois pas toujours de votre avis, sont d'une haute importance révolutionnaire.

Ne pourriez-vous pas grouper un certain nombre d'adhérents qui s'engageraient à verser, chacun selon ses moyens, tant par mois? Vous auriez ainsi une somme assurée et vous pourriez faire patienter l'imprimeur.

Quoi qu'il en soit, je suis à votre disposition pour faire insérer un appel de votre part dans l'*Ermitage* et, sans doute, dans le *Mercure*, sans oser espérer, hélas! une réponse bien décidée. Retté pourrait organiser une souscription à *La Plume*.

Cordialement,

STUART-MERRILL.

La bonne volonté de Stuart-Merrill était d'autant plus désintéressée que, n'écrivant que des vers purement littéraires, les *Temps Nouveaux* ne reproduisirent jamais rien de lui, ne lui firent jamais la moindre réclame.

*
* *

Je n'ai pas, ici, à raconter la série d'attentats qui se déroulèrent en Espagne depuis 1892. Attentats motivés par la férocité du général gouverneur de Montjuich. Je n'ai plus les détails présents à la mémoire. D'autre part, je n'ai pas la prétention d'écrire l'histoire de cette période, mais seulement les quelques événements auxquels j'ai été plus ou moins mêlés. Il m'était arrivé, pendant ma détention, une énorme correspondance d'Espagne que mon ignorance de l'espagnol m'avait empêché d'apprécier sur le moment, et qui était restée enfouie quelque temps dans un tiroir de la table qui me servait de bureau.

Ayant fini par trouver un camarade qui voulût bien se charger de la traduction, il se trouva que c'étaient des lettres de camarades espagnols arrêtés à la suite des événements du Liceo, enfermés à Montjuich, et que l'on avait torturés pour leur arracher l'aveu d'une participation audit attentat, participation qui n'existait que dans la volonté des juges de trouver des victimes à frapper.

Compression du crâne à l'aide de cordes mouillées, torsion des testicules, régime de poissons salés, sans rien à boire. Après quelque temps de cette alimentation, on les amenait devant le juge d'intruction qui leur faisait miroiter des carafes d'eau fraîche et limpide s'ils voulaient avouer. D'autres fois on en menait en pleine mer où on les plongeait jusqu'à suffocation. Enfin toutes les horreurs que pouvait inventer l'esprit le plus sadique, digne de ce pays d'inquisition.

J'en commençai aussitôt la publication. Cela prit pas mal de numéros. Séverine fit des articles là-dessus. Peu à peu la presse bourgeoise s'en occupa. Rochefort mena une véritable campagne. La plupart, sauf Séverine, se gardèrent bien de citer les *Temps Nouveaux* qui avaient été les premiers à s'occuper de l'affaire, où ils avaient puisé leurs renseignements.

Il est vrai que cela avait peu d'importance. L'essentiel était que la campagne fût menée. Elle le fut si bien que le gouvernement espagnol se vit forcé de relâcher ses prisonniers dont quelques-uns restèrent estropiés par suite des tortures subies.

*
* *

J'avais pris Girard pour m'aider. A nous deux nous faisions ce que nous pouvions.

Malgré la défection des littérateurs, les articles intéressants ne nous manquèrent pas. Il en venait de tous les côtés. Nous eûmes les collaborateurs les plus inattendus. Quelques-uns ont fait leur chemin depuis. Tel Métin qui devint ministre du travail. Un autre chef de cabinet d'un ministre de la guerre, et d'autres de moindre importance.

Dans une discussion que j'eus, plus tard, avec Georges Valois, celui-ci m'écrivit qu'il avait, autrefois, collaboré aux *Temps Nouveaux*. Sous quel nom? c'est ce qu'il n'indiquait pas, Valois ne me disait rien. Depuis j'ai appris son vrai nom, mais s'il fut anarchiste, il n'a certainement pas collaboré aux *Temps Nouveaux*.

Un jour, ce fut un capitaine d'infanterie qui vint au bureau. Il était le seul lecteur des *Temps Nouveaux* dans la petite ville de province où il était en garnison. Fils d'un colonel, son éducation avait été dirigée pour en faire un soldat. Il s'était laissé embarquer dans la galère. Mais le dégoût du métier lui étant venu, il avait demandé un congé illimité pour tâcher de se faire une situation dans le civil, sans y réussir. Ayant une famille à soutenir, — il ne pouvait se marier avec la femme avec laquelle il vivait faute de pouvoir produire la dot exigée par les règlements — il avait dû, bien à contre-cœur, réendosser le harnais. Il se rendait à la Présidence où il connaissait le chef de la maison militaire.

Il nous envoya une série d'articles sur l'armée sous le nom de Marcel Suzach. Puis je n'entendis plus parler de lui.

Un autre jour, ce fut un lieutenant de l'administration, lui aussi dégoûté du métier. Alléché par la promesse du galon, il avait fait la bêtise de rengager. Il n'avait plus qu'un désir, en sortir. Lui aussi, je le perdis de vue.

*
* *

Nous avions des lecteurs et abonnés un peu partout. Dans les coins les plus inattendus. Des gouvernements de l'Amérique du Sud et Centrale nous faisaient l'échange de leur « Journal Officiel ». Un ministre de l'instruction publique du Guatemala nous écrivit pour qu'on lui indiquât quelques bonnes brochures anticléricales.

Des brochures anticléricales! ça manquait dans notre rayon, mais je lui indiquai une foule d'ouvrages où il pourrait faire une ample moisson de textes capables de faire de bonnes brochures de propagande anticléricale. J'ignore ce qu'il en advint.

Il m'a été raconté que Malatesta, lorsqu'il visita la Terre de Feu, aperçut, dans la première cabane où il entra, un numéro du *Révolté*.

Mon rêve aurait été d'avoir dans chaque pays un correspondant capable de nous tenir au courant du mouvement social de sa région. Nous avions bien les journaux que nous recevions en échange, desquels on pouvait tirer des renseignements. Il en était usé chaque fois qu'il se trouvait quelque camarade pour se charger de la besogne. Mais, pour moi, cela ne valait pas les renseignements reçus directement de quelqu'un se trouvant sur place.

Ce rêve, jamais je ne pus le réaliser complètement: avoir des correspondants réguliers. Après un temps plus ou moins court, soit pour une raison, soit pour une autre, — abandon du pays par le camarade, le plus souvent — nous nous trouvions momentanément sans correspondants.

Malgré ces lacunes, la collection du *Révolté*, de la *Révolte*, et des *Temps Nouveaux* est riche en renseignements sur le mouvement social international. Car les bonnes volontés ne manquèrent jamais. Il se trouvait toujours, après quelque interruption, un camarade pour venir remplacer le défaillant. Cela durait ce que cela durait, mais les renseignements arrivaient.

D'autre part, chaque fois qu'il s'agissait de lutter contre quelque abus de pouvoir, les camarades des autres pays avaient appris à s'adresser à nous, en vue de mener la campagne. De sorte que, sans correspondants réguliers, nous réussissions quand même à être tenus au courant de ce qui se passait par le monde.

Un autre de mes rêves, hélas! encore bien moins réalisé, aurait été d'arriver à ce que le journal vive de sa vente et de ses abonnements. Cela ne fut jamais possible, hélas! Aux périodes les plus prospères, il s'en fallait toujours de trois ou quatre mille francs pour arriver à boucler le budget. Et ce, malgré les souscriptions.

Aux périodes de crise, il s'en fallait de beaucoup plus. Mais cela mérite un chapitre spécial que le lecteur trouvera à la fin du volume.

PENDANT L'AFFAIRE DREYFUS

Si nous avions eu quelqu'un parmi nous pour aller, dans les groupes, dans les réunions publiques, cela nous aurait été d'un grand appui. Car le grief le plus fréquent était: « que l'on ne nous voyait jamais nulle part ». D'aucuns en profitaient pour créer des légendes.

Je me rappelle qu'un jour que nous parlions des difficultés financières du journal, un camarade s'écria: « Ah! oui, c'est la rédaction qui coûte cher ».

Je le regardai. Certes, il était de bonne foi, ne pensant pas à mal.

— Que voulez-vous, répondis-je ironiquement, il y en a à qui il faut des danseuses.

J'avais pris la direction du journal, avec la résolution de ne pas en faire une chapelle, d'éviter toute camaraderie, en ce qui concerne le choix des articles. Mon impartialité me valut beaucoup d'ennemis et la réputation d'être autoritaire, sectaire. Que sais-je? « Le journal, c'était Grave »!

Une double erreur. Car, une fois que je savais qu'un camarade pouvait nous donner de bons articles, j'envoyais la copie à l'imprimeur sans la lire. Et même lorsque nous n'étions pas d'accord sur les conclusions, je ne me permis jamais de les corriger, comme quelques-uns firent des miens lorsqu'ils « piratèrent » le titre du journal.

Girard me quitta un moment, parce que Maurice Lachâtre voulant refondre son dictionnaire lui avait proposé d'en prendre la direction. Comme les offres qu'il lui faisait étaient meilleures que ce que j'avais la possibilité de lui donner, je l'engageai moi-même à accepter.

Delesalle me quitta sur un refus que je lui opposai de le

laisser continuer une polémique stupide, mais comme
depuis longtemps il éprouvait le besoin de tenter autre
chose que du journalisme, ce différend accéléra son départ
plus qu'il ne le suscita. Il avait, je ne sais plus à quel propos, attaqué les Juifs en tant que Juifs. J'avais laissé passer
l'attaque, pensant bien que nous arriveraient des protestations. Ce qui ne manqua pas.

Delesalle me dit qu'il s'en irait si je n'insérais pas sa
réponse. Je l'engageai à réfléchir, lui exposant mes raisons,
que je ne voulais pas faire des *Temps Nouveaux* une
succursale de la *Libre Parole*. Il persista dans sa résolution.

*
* *

Charles-Albert me proposa Dunois pour remplacer Delesalle. Ce Dunois, je l'avais connu très jeune, alors qu'il
était encore au lycée. Il venait souvent au journal acheter
des brochures. C'était un enthousiaste anarchiste. Il était
fils d'un juge de la Nièvre.

Je le perdis de vue, puis appris qu'il était devenu secrétaire d'un député. Quand Charles-Albert me le présenta, il
était employé au ministère de la justice et, redevenu
anarchiste, m'affirma son parrain.

Bon Dieu! ce que je me mordis souvent les doigts d'avoir
été chercher un collaborateur parmi les fonctionnaires!

Sans idées personnelles, il avait une facilité de plume
qui lui permettait d'écrire des articles sur n'importe quel
sujet, sans vues originales mais qui se lisaient avec facilité. Nous eûmes bien quelques discussions, mais il fut
toujours libre d'écrire ce qu'il voulait.

Il partit en vacances en Savoie, je crois. En s'en allant,
il m'énuméra tous les travaux qu'il allait entreprendre
pour le journal, tous les sujets d'articles qu'il avait en vue,
les notes pour le mouvement social qu'il allait ramasser,
la revue des périodiques dont il allait s'occuper. C'était
mirifique!

Quelle ne fut pas ma stupéfaction, lorsque, peu de temps
après, je lus dans le journal des jeunes bourgeois dont j'ai
parlé, plusieurs articles où les *Temps Nouveaux* prenaient
quelque chose pour leur rhume. « Un journal pour vieilles
dames sentimentales! » L'auteur n'était autre que M. Dunois.

Je n'ai jamais vu tirer dans le dos des anciens camarades avec autant de désinvolture et avec moins de raisons.

Le plus risible de l'affaire, ce fut une lettre que m'envoya le camarade Wintsch, de Lausanne, où il m'adjurait de cesser mes attaques contre Dunois! Or, il n'y avait eu, jusque-là, que celles de Dunois contre le groupe des *Temps Nouveaux*.

Je demandai à Wintsch s'il n'était pas un ironiste. Ma lettre resta sans réponse.

Avant de commencer sa campagne, Dunois m'avait écrit de ne plus compter sur lui. Il m'envoyait Desplanques pour le remplacer.

Que Desplanques pût accepter de venir aux *Temps Nouveaux*, cela m'étonna. Quelque temps auparavant, ayant une discussion d'opinions avec Girard, il avait dit à ce dernier que, sans doute, « il avait vu cela du haut de son observatoire de la rue Broca! »

Ce n'était méchant que d'intention, mais impliquait un profond dédain pour notre journal. Après tout, puisque Desplanques n'avait plus aucun ressentiment contre ce qu'il appelait l'observatoire, je n'en avais pas davantage. Au contraire, quelqu'un de la C. G. T. pouvait nous être très utile pour notre « Mouvement ouvrier ».

Desplanques resta un an ou deux avec moi. Mais le journal commençait à péricliter. Desplanques me dit qu'il voyait bien qu'il n'y avait plus de travail pour lui, que je pouvais faire seul ce qu'il y avait à faire et économiser ainsi ce que je le payais; qu'il continuerait à m'envoyer du « Mouvement ouvrier ».

Au lieu de le remplacer, je résolus de ne plus paraître que tous les quinze jours.

Mais j'ai anticipé. Revenons en arrière.

*
* *

Dès la première année, recommencèrent les difficultés financières. Pour faire des économies, je dus avoir recours à la suppression de numéros ou de suppléments.

Pour couvrir le déficit, je demandai à Reclus de venir faire une conférence au bénéfice du journal. Bien préparée, elle pouvait attirer un grand public et produire une somme

raisonnable. Reclus allégua son manque d'habitude de
parler en public. C'était une raison sans en être une. Il
avait fait d'autres conférences en plusieurs occasions.
L'idée d'apporter quelques milliers de francs à la caisse
du journal aurait pu lui faire surmonter ce manque d'habitude. Mais, de conversations que nous avions eues lorsqu'il
venait me voir, je devinai, ou crus deviner, la véritable
raison. Il avait une espèce de haine contre le public de
Paris. De là son refus.

Je me tournai alors du côté de Kropotkine qui fit bien
quelques objections, puis finit par accepter devant mon
insistance.

Nous organisâmes une série de conférences. Mais lorsque, en route pour Paris, Kropotkine débarqua à Dieppe,
il fut arrêté et réexpédié en Angleterre, avec arrêté
d'expulsion. Nous avions mal choisi notre moment. C'était
à l'époque où battait son plein cet énorme bluff, l'alliance
franco-russe, dont il sortit tant de mal. On préparait à
Paris la réception du Pendeur, ou de l'Amiral Avellane.
J'ai oublié lequel des deux c'était.

Cela nous valut la brochure *L'Etat, son rôle historique*,
qui devait faire le sujet de la conférence, mais j'étais fâché
pour Kropotkine qui, je le savais, serait navré de ne plus
pouvoir venir en France quand ça lui plairait. Si Kropotkine en fut affecté, il ne m'en garda pas rancune.

Rien de saillant à noter jusqu'à l'Affaire Dreyfus.

*
* *

Comme je l'ai noté, le cri de protestation de Dreyfus
m'avait frappé, mais cela avait été fugitif. Millionnaire,
fils de millionnaire, il ne pouvait avoir trahi pour de
l'argent. Mais on ne trahit pas que pour de l'argent. Peut-
être payait-il pour d'autres! Pourtant, on ne se débarrasse
pas de quelqu'un qui a des relations comme on se débarrasse d'un pauvre bougre. Il fallait bien qu'il eût tripoté
quelque part.

Plus tard, je rencontrai Bernard Lazare qui m'entretint
de l'innocence de Dreyfus, de la forfaiture des magistrats.

Ne me faisant aucune idée de l'étendue de l'antisémitisme dans l'armée, persuadé qu'un millionnaire a les

moyens de se défendre, je ne prêtai que peu d'attention aux arguments de B. Lazare. Cependant, la lecture de sa première brochure commença à me faire rééchir, sans tout à fait me convaincre.

Lorsque arriva le « J'accuse ! » de Zola, sans être encore convaincu de l'innocence de Dreyfus qui, en tant qu'officier, continuait à ne pas m'intéresser, j'en arrivai à penser qu'après tout il était fort possible que la loi eût été violée à son égard. Il y avait tout de même à protester, au point de vue principe. J'écrivis à Zola pour le féliciter de son initiative. Lettre qu'il jugea bon de publier dans l'*Aurore*.

Je n'ai pas à raconter cette affaire qui souleva, dans le pays, tous ceux qui avaient en eux le sentiment de la justice, et mit également sur pied toutes les forces de la réaction.

De ceux qui se lancèrent, tête baissée, dans la bataille, combien risquèrent leur tranquillité, leur gagne-pain, rien que par amour de la justice ! Cependant, il faut bien reconnaître que si la famille Dreyfus n'avait pas eu de l'argent pour amorcer cette agitation, Dreyfus serait tout probablement encore à l'Ile du Diable.

Pour arriver à émouvoir l'opinion publique, il fallut trouver un Bernard Lazare qui osât commencer la lutte, et pouvoir faire les frais de l'impression des deux brochures, par lesquelles il commença l'attaque.

Il fallut fonder un quotidien, l'*Aurore*, pour appuyer cette campagne. Puis l'intervention de Zola.

Cette campagne donna lieu à beaucoup d'abnégation et de dévouement. Peut-être, de la part de certains politiciens, y eut-il un peu d'âpreté à la curée lorsqu'on eut chassé les réactionnaires du pouvoir, mais cela fait partie du système.

Même chez les anarchistes qui apportèrent leur entier concours aux défenseurs de Dreyfus, d'aucuns ne le firent pas gratuitement. Il y eut, d'abord, toute la basse fripouille qui a pour habitude d'encombrer les réunions, offrant en vente tous les imprimés qu'ils ont pu glaner à peu de frais. Ils pullulaient aux abords des réunions dreyfusardes, distribuant leur butin, le fourrant de force dans les mains : « Donnez ce que vous voudrez, camarades, c'est pour la propagande ».

Et comme ils étaient nombreux ceux « qui ne savaient

IX

REPRODUCTION D'UNE LITHOGRAPHIE DE LEBASQUE

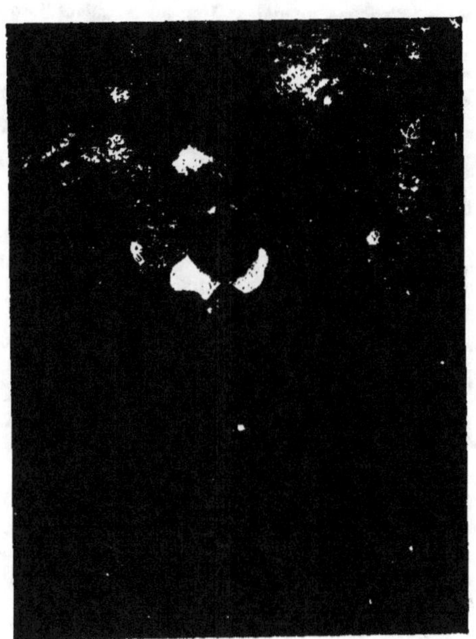

X

PORTRAIT DE JEAN GRAVE A L'ÉPOQUE DU PROCÈS DES TRENTE

pas », d'aucuns donnaient leur obole, allant jusqu'à la
pièce blanche, croyant encourager de zélés partisans. Ce
fut la période dorée pour les camelots et la fripouille individualiste.

Et parmi les orateurs anarchistes, n'y en eut-il pas de
soudoyés? Je n'ai que des suspicions, mais quelques-uns
« se retirèrent des affaires », une fois l'affaire finie.

Par parenthèse, le *Libertaire* qui n'était pas plus riche
que nous, trouva cependant les moyens de publier, à fort
tirage, un placard en faveur de Dreyfus, alors que la même
semaine, il n'avait pu faire paraître son numéro, faute
d'argent, paraît-il.

Quant au *Journal du Peuple*, fondé par Sébastien Faure,
tout le monde savait que les fonds avaient été fournis par
le monde juif qui avait participé à l'affaire Dreyfus.

Les Dreyfusards avaient-ils voulu, par là, montrer leur
reconnaissance à Faure du concours qu'il leur avait
apporté et de l'énergie qu'il avait déployée? C'est possible.
Mais la femme de César devrait éviter tout ce qui peut la
faire soupçonner.

De plus, il y eut une bagarre où Faure fut mêlé — dans
une rue ou devant une église Saint-Joseph — qui me parut,
à l'époque, bien proche parente du Fort Chabrol.

*
* *

A une de mes visites à l'*Aurore*, — nous avions eu déjà,
je crois, quelques « attrapages » avec Gohier — Vaughan,
me montrant son bureau, me disait: « Les anarchistes! Il
ne faudrait pas qu'ils crient trop haut. J'ai, là, de quoi les
faire taire », ou « d'en faire taire », j'ai oublié l'exacte
expression.

— Donnez des noms, que nous connaissions les brebis
galeuses.

Mais Vaughan ne répondit rien. J'aurais bien donné
quelque chose pour mettre le nez dans ledit bureau.

Ce fut pendant l' « Affaire » que je fis connaissance de
Leyret. Il avait pris l'habitude de venir quelquefois, au
bureau.

Un jour, il arriva avec la proposition suivante : Zola
devait se rendre au tribunal de Versailles. Ses amis proje-

talent de l'y accompagner, en nombre, revolver au poing.
Leyret me demanda s'il serait possible de recruter, parmi
les anarchistes, une centaine de camarades désireux de se
joindre à l'entreprise.

Il y avait là, une attitude qui, quoique un peu théâtrale,
me plut par son audace, je promis de faire mon possible
pour recruter des volontaires. Mais quelque temps après
Leyret vint me dire que l'idée était abandonnée. C'était
dommage.

Pour les courses de Longchamp, où devait présider Loubet, on craignait des désordres de la part des militaristes.
On fit appel à toutes les bonnes volontés pour aller défendre le Président. Un appel spécial fut même lancé aux
anarchistes. Clemenceau, dans l'*Aurore*, publia un article
où il déclarait que l'on verrait, à Longchamp, Jean Grave
à côté du préfet de police pour répondre aux attaques des
cocardiers. Par les *Temps Nouveaux*, je répondis à Clemenceau que Grave n'ayant aucune raison de défendre le
prestige du président, Grave brillerait par son absence à
Longchamp. Et, de fait, avec le groupe de l' « Ecole Libertaire » que nous tentions de fonder, nous avions organisé
une promenade dans le bois de Meudon. Gohier m'accusa,
plus tard, d'avoir eu le trac.

Le lendemain de Longchamp, rue Monge, je rencontrai
Malato.

— J'étais hier à Longchamp, me dit-il, nous avons été
arrêtés à plusieurs. Figurez-vous, mon cher, que j'étais
porteur d'un revolver, long comme cela! et ses deux mains
écartées dessinaient la longueur d'un mousqueton de cava-
lerie. Heureusement, reprit-il, que nous ne fûmes pas
fouillés. Je demandai à aller aux cabinets et pus le faire
disparaître dans la lunette.

— Vous auriez tout aussi bien pu le laisser à la maison!
fut tout ce que je trouvai à dire en manière de consolation.

*
* *

Vaughan m'avait demandé des articles pour l'*Aurore*,
non pas qu'il fît grand cas de ma collaboration, mais pensant, sans doute, que ça serait un moyen de m'« attacher »,

et de me collectionner avec ceux que, prétendait-il, il avait déjà dans son bureau.

J'envoyai une demi-douzaine d'articles qui furent insérés et payés 50 francs chacun.

Mais, lui ayant fait parvenir uu article antimilitariste, Vaughan me le retourna, me disant que l'antimilitarisme était chasse réservée pour Gohier. J'en envoyai un autre sur la question économique, assez accentué dans le sens anarchiste, il eut le même sort. J'ai oublié quelle fut la défaite. Je compris. Ne me tenant pas pour battu, je récidivai sous une forme encore plus vive. Lorsqu'on l'eut gardé assez longtemps sans le publier, j'écrivis à Vaughan de me retourner mon dernier article. Ma collaboration, évidemment, n'avait pas rendu ce que l'on en attendait.

Il faut dire que, malgré ma collaboration à l'*Aurore*, nous n'avions pas cessé de dénoncer les erreurs de jugement de ses rédacteurs lorsqu'il s'agissait de question sociale. Lefrançais, quoique caissier à ce journal, nous envoya assez souvent des articles pour relever quelques affirmations erronées de Gohier.

Entre autres, j'en reçus un, intitulé: « Sus au jésuitisme! Lettre ouverte au citoyen Gohier ». Ce dernier m'envoya une réplique où il reprochait à Lefrançais de ne pas s'être fait tuer en 71. C'était sa façon de répondre à une discussion courtoise.

Il y eut une levée de boucliers aux *Temps Nouveaux*. Moi, Lefrançais, Girard, Charles-Albert, nous répondîmes à Gohier, qui répliqua avec acrimonie. Puis cela cessa un moment pour éclater à nouveau avec plus de virulence, à l'occasion de camarades qui, en province, avaient osé contredire Gohier dans une réunion qu'il donnait. Il les accusa d'être des agents des cléricaux.

De fil en aiguille, sans atteindre son ton de méchanceté, je me laissai entraîner à lui lancer quelques pointes. La discussion dura un certain temps.

Sous prétexte de nous réconcilier, Vaughan m'écrivit que cette querelle était déplorable. Il me demandait d'aller le voir, qu'après explication, le malentendu se dissiperait.

J'y rencontrai un Gohier tout guilleret qui semblait trouver cela très amusant. Mais Vaughan promit une explication loyale. Au lieu de cela ce fut un redébordement de calomnies.

*
* *

Dans cette affaire j'eus trois torts. Le premier, de m'être laissé engager dans cette dispute. Cela avait commencé sur des questions de tactique et de principes, d'une façon tout à fait courtoise de la part des rédacteurs des *Temps Nouveaux*.

Mais Gohier qui n'aimait pas à être critiqué, répondit par des personnalités. Nous n'aurions pas dû le suivre sur ce terrain. Agacé par ses jérémiades continuelles sur les sacrifices qu'il faisait pour servir la cause révolutionnaire, et tous ses coups de pointe contre les anarchistes, je me laissai entraîner à lui répondre que, lorsqu'on gagnait 10.000 francs par an à prêcher la révolution, on ne pouvait appeler cela un sacrifice.

Gohier cria à la calomnie. Or, c'était Lefrançais, caissier à l'*Aurore*, comme je l'ai dit, et par conséquent bien placé pour le savoir, qui me l'avait appris en causant. Ne voulant pas mettre Lefrançais en jeu, et comprenant que j'avais eu tort en me ravalant au niveau de Gohier, je n'insistai pas.

Mon deuxième tort fut de laisser passer dans les *Temps Nouveaux* un entrefilet de Girard qui accusait Gohier d'être le fils bâtard d'Hervé, le directeur du *Soleil*. C'était bête de la part de Girard de l'avoir écrit, et encore plus de la mienne de l'avoir inséré. Nous nous ravalions de plus en plus au niveau de Gohier.

Enfin, mon troisième tort, ce fut, lorsque Gohier lança ses premières calomnies, de ne pas avoir clos la dispute en giflant le bonhomme. C'est la seule façon de répondre aux gens de mauvaise foi.

Gohier l'avait si bien senti que, me croisant un jour sur la place Dauphine, il passa non loin de moi, la canne levée, s'attendant, évidemment, à la correction qu'il savait avoir méritée.

Or, j'étais loin de penser à lui. Ce fut son geste qui me fit lever la tête et le reconnaître, et il était déjà passé. Ce ne fut qu'au bout de quelques pas que je réfléchis que j'aurais dû lui faire sauter son chapeau, et lui dire : « Eh! bien, quoi? on ne salue pas le pape, lorsqu'il passe? »

Le pape de la rue Mouffetard! Une des injures de Malato, qu'il avait rééditée.

*
* *

On sait comment se termina l'affaire Dreyfus. Waldeck-Rousseau prit le pouvoir. Ce fut une curée de la part de quelques-uns. Les causes les plus désintéressées n'ont-elles pas leurs requins ?

En bon politicien, Waldeck arrangea les choses pour que personne n'eût tort. Dreyfus fut condamné à Rennes, ceci c'était pour l'Etat-Major. Ensuite il fut gracié, c'était pour les amis de la justice.

XIII

DE L'AFFAIRE DREYFUS AU MINISTÈRE CLEMENCEAU

Comme je l'ai dit, l'affaire Dreyfus me rapprocha de Zola.

Nous aussi, nous avions des nôtres au bagne : il y avait Courtois, dont j'ai parlé. Il y avait Monod, envoyé au bagne pour délit de paroles. Il y avait Théodule Meunier, condamné sans preuves, malgré un alibi que l'accusation n'avait pu démolir.

Parmi ceux qui avaient été condamnés à des peines excessives, il y avait Grangé, insoumis, ayant tiré, sans blesser personne, sur ceux qui l'arrêtaient.

Et combien d'autres dont les noms ne me reviennent pas.

Voici, du reste, une lettre de Tarbouriech qui en énumère quelques autres :

M. Trarieux m'a annoncé lui-même samedi dernier que le garde des sceaux lui a répondu quant à Moysset et Bury, en reconnaissant leur droit à bénéficier de l'amnistie, il ajoute qu'il a saisi son collègue, le ministre des colonies, pour qu'il ordonne leur rapatriement. Je suis heureux de pouvoir porter cette bonne nouvelle à votre connaissance et à celle des compagnons. Quant à Grunwald, la Ligue n'a pas encore reçu de réponse. J'ai reçu de lui une lettre que j'ai transmise à M. de Pressensé.

Que les compagnons se hâtent de faire signer par les mères de Régis Meunier et Grangé une demande en grâce, elle sera favorablement accueillie, M. Trarieux en a reçu l'assurance. Avec un autre Ministère nous n'aurions pas autant de chance de réussir.

Votre bien dévoué.

E. TARBOURIECH.

Qui était Grunewald? Je l'ai oublié. Régis Meunier avait été en vertu des lois scélérates, condamné à 7 ans de bagne pour avoir organisé une soirée familiale à Angers..., deux mois avant le vote desdites lois! Moysset pour quelque délit de parole. Ils avaient été exclus de l'amnistie par une subtilité juridique. Ils furent cependant graciés. Mais, entre temps, Moysset était mort au bagne.

*
* *

Cette lettre démontre que nous n'avions pas oublié nos camarades au bagne, et entendions que la « lutte pour le droit » fût la lutte du droit pour tous.

D'autre part, j'avais écrit à Zola pour le prier de s'associer à je ne sais plus quelle protestation. Il me répondit par la lettre suivante :

Paris, 6 décembre 1900.

Mon cher confrère, je suis entièrement avec vous, prenez mon nom s'il vous paraît bon à quelque chose, et si vous désirez causer un soir avec moi, venez vers neuf heures, vous êtes à peu près sûr de me trouver.

Cordialement,

Emile ZOLA.

Je me rendis donc un soir rue de Bruxelles. Zola était encore à table. On me fit attendre dans un salon encombré de bibelots. J'ai gardé l'impression que, là-dedans, j'avais l'air d'un éléphant dans la boutique d'un marchand de porcelaines, n'osant faire un mouvement, de peur de casser quelque chose.

Au bout d'un instant Zola vint me rejoindre. Je serais bien embarrassé de me rappeler comment débuta la conversation. Il aurait été logique de déblayer le passé. Mais, en ce qui concernait la Société des Gens de Lettres, je n'aurais pu que lui confirmer ma réponse. Cependant, on aurait pu s'expliquer, adoucir les choses. Mais comme il n'en souffla pas mot, je crus bon de l'imiter.

Ce que je me rappelle bien, ce sont ses promesses d'intervenir en faveur de nos camarades victimes d'injustices, me disant de faire appel à lui chaque fois que cela serait nécessaire, qu'il s'emploierait de son mieux pour nous faire obtenir justice.

Il renouvela sa promesse lorsque nous nous séparâmes, et il tint parole.

Au cours de la conversation il me parla de ses prochains volumes, me disant que j'y verrais combien il avait évolué.

*
* *

De lui, je retrouve une carte de visite sans date, sur laquelle sont écrits ces quelques mots :

Monsieur Grave, j'ai encore *deux de mon Evangile* sur les bras, et j'ignore quand je pourrai me préoccuper d'un sujet nouveau. Il m'est donc absolument impossibl d'accepter les documents qui me sont offerts, en promettant de les utiliser un jour. Le mieux serait que vous les prissiez tous, pour mettre en lieu sûr, et plus tard on verra ce qu'on pourra en faire.

Cordialement,

Emile ZOLA.

Quelle était la nature de ces documents? Voilà encore une chose qu'il m'est impossible de me rappeler aujourd'hui. J'en recevais de tous les points du globe. D'aucuns sans valeur, d'autres très intéressants.

Il me souvient d'en avoir reçu sur les mineurs d'Australie et de la Nouvelle-Galles du Sud. Du Brésil sur la mutinerie des marins, et aussi sur le bagne. Etait-ce ceux-là que j'avais proposés à Zola? C'est possible.

Du bagne, entre autres, j'avais reçu une volumineuse correspondance signée d'un nom que j'ai oublié aujourd'hui, mais que je reconnus lorsque je vis la signature. C'était celui d'un des membres d'une bande de jeunes apaches, — apaches avant la lettre, car je crois bien que le nom n'existait pas, dans ce sens du moins, lorsque se passèrent les faits auxquels il était mêlé.

Ils étaient connus sous le nom de la bande des « Cravates Vertes ». Cela devait se passer quelques années après la guerre de 71. C'était l'un d'eux qui m'écrivait du bagne. Tout un dossier. Il racontait sa vie, les circonstances qui l'avaient poussé dans la voie du bagne, donnait des renseignements sur la vie que l'on y menait et quantité d'autres aperçus fort intéressants, démontrant que l'auteur, loin de s'abrutir au bagne, s'était développé d'une façon étonnante. Mais qu'est devenu ce document? Disparu, comme tant d'autres dans la vie mouvementée que me faisait mener la police.

Je n'eus pas l'occasion de revoir Zola. On sait l'accident imbécile qui l'emporta. Comme les journaux de l'état-major rapportaient de nouveau nos démêlés au sujet de la Société des Gens de Lettres, j'écrivis à M°° Zola pour lui demander une carte afin d'assister aux obsèques de son mari.

*
* *

A la suite de ces diverses interventions, quelques-uns de nos camarades sortirent du bagne. Liard-Courtois, pour devenir le larbin de Briand, lorsque ce dernier devint ministre. Piteuse fin!

Monod, moins chançard, en sortit aveugle et mourut peu après. Grangé qui vint me voir, à son retour de Calédonie. D'autres encore que j'ai moins connus profitèrent de cette vague de mansuétude qui ne dura pas longtemps.

Quant au pauvre Meunier, de l'affaire Véry, il ne fut pas compris dans ces mesures de clémence. Son acte avait fait trembler trop de gens pour qu'on lui pardonnât. Quand je dis son acte, je veux dire celui pour lequel il fut condamné, puisqu'il le fut sans preuves. Nous ne perdîmes cependant pas espoir. Condamné sans preuves, il était victime d'une illégalité. Des tentatives furent faites à plusieurs reprises, mais il mourut avant qu'aucune décision intervînt à son égard.

Je retrouve quatre lettres de lui. Elles sont trop pleines de stoïcisme et de dignité pour ne pas les donner entières. Les voici dans leur ordre probable, d'aucunes n'étant pas datées :

Iles du Salut, 16 mai 1906.

Mon cher Jean,

La dernière fois que je t'ai écrit, j'étais à l'hôpital. Comme j'espérais pouvoir, sinon me guérir, du moins me rétablir un peu, je ne t'en ai pas parlé.

Voyant que mon état de santé restait le même, j'en suis sorti il y a quinze jours, mais quelques jours après j'y suis rentré d'urgence, enflé comme un ballon. Me guérirai-je? Je suis anémié à tel point que c'est bien problématique.

Avant d'entrer à l'hôpital, j'étais dans un triste état. Depuis six mois je traîne sur ce rocher une misérable existence. Ici, celui qui veut tenir une ligne de conduite correcte, ne pas accepter de place — ce qui est considéré par l'administration comme une faveur — ne pas spéculer sur ses compagnons de chaîne, et qui, alors, est obligé de se contenter du régime de l'administration, celui-là est forcé de succomber au bout de quelques années.

Je ne regrette rien. Je n'ai fait que ce que je devais faire. Ça serait à recommencer, je ferais la même chose. Je ne crains pas la mort. Si je suis condamné, qu'elle vienne le plus tôt possible. Cependant, c'est regrettable de mourir ainsi, après tant d'années de souffrances passées au bagne.

Je t'envoie un certificat du médecin-major constatant mon état de santé. Vous pouvez en user pour hâter la solution de l'affaire pour laquelle vous faites des démarches. C'est dans ce but que je vous l'envoie.

De l'avis du médecin-major, il n'y a que cela qui pourrait me rétablir, mais je crois qu'il ne faudrait pas trop tarder. Pourtant, j'ai été condamné aux travaux forcés. Je n'ai pas été condamné — à mort — car tu dois te figurer les soins que l'on nous donne à l'hôpital, et j'ai l'organisme complètement ruiné par le régime et le climat.

J'attends une réponse.

Bonjour aux camarades et, pour toi, une fraternelle poignée de mains.

Théodule Meunier, N° 26.761.

Il y a à bord de la *Loire* (bateau qui amène le convoi des transportés), un major appelé..., homme aux idées larges, intime, je crois, de... Il est bien connu des condamnés. Si vous aviez quelque chose à me faire dire, que vous ne vouliez pas le confier à une lettre passant par l'administration, vous pouvez vous fier à lui.

· Iles du Salut, juillet 1906.

Mon ami,

J'ai reçu ta lettre. Espérons que tu réussiras. Dans le cas contraire, j'essaierai moi-même de sortir de cette situation d'une façon ou d'une autre.

J'en ai assez. Je n'ai pas à compter sur l'administration. J'ai demandé mon désinternement au nouveau directeur. Il m'a dit qu'il jugeait à propos de me garder aux Iles; que, du reste, j'avais toujours conservé les mêmes opinions depuis que j'étais au bagne. C'est catégorique. C'est parce que je suis anarchiste que l'on ne me désinterne pas.

Malheureusement, il est un peu autorisé à dire cela, par la conduite que tiennent ici certains transportés, internés comme anarchistes.

Si les actes pour lesquels je suis ici sont considérés en France avec une certaine impartialité; si, là-bas, l'évolution se fait sentir, la bureaucratie, ici, reste la même, et surtout l'administration pénitentiaire. La situation du transporté ne s'est nullement améliorée. La mienne est plutôt pire, ayant la double chaîne, résultat de mes évasions. Je n'ai pas perdu grand chose et j'aurais pu gagner beaucoup.

La misère et la fatigue, résultant de cela, la prison où l'on couche tout nu sur le bitume, sans couverture, les fers, les incorrigibles, tout cela m'a certainement beaucoup fatigué. Puis, je ne suis plus jeune. Malgré cela, j'ai encore de l'énergie. Autant, du moins, que l'on peut en avoir, après douze ans de bagne, dans un milieu avachi et sous un climat débilitant.

Aussitôt que tu auras une réponse, bonne ou mauvaise, fais-la moi savoir.

Bonjour aux camarades. Je te serre la main.

T. MEUNIER.

Je décolle ma lettre pour te dire que j'ai reçu la lettre de Charles. Fais-lui savoir, je te prie....

Le reste est illisible.

Les autres lettres ne sont pas datées.

Cher ami,

J'ai reçu tes deux lettres d'août et d'octobre. Je te remercie de la peine que tu te donnes. J'attendrai, quoique le temps me semble bien long. Pourvu que nous arrivions à un résultat appréciable, car une remise de peine à 15 ou 10 ans ne serait qu'une fumisterie, s'il n'y a pas de désinternement.

Une campagne de presse sur mon affaire, ma culpabilité n'ayant nullement été prouvée, pourrait, peut-être, activer la solution; mais, plus que moi, vous êtes à même d'en apprécier le plus ou moins d'utilité.

Requet, que tu as dû connaître, est mort dernièrement. Il était de première classe, et avait accepté d'être contremaître (malheureusement ces concessions ne sont pas rares ici). Cependant ses compagnons de chaîne n'ont pas eu à se plaindre de lui. On l'avait désinterné, et, quelques instants avant de mourir, on lui avait signifié son réinternement, d'après une dépêche ministérielle du 28 juillet, ordonnant à la direction de réinterner aux îles les anarchistes qui avaient été désinternés, et dont plusieurs étaient à la Grande Terre.

Le bagne devient de plus en plus mauvais. Une misère noire, une incurie extraordinaire pour tout ce qui n'est pas répression. Pour cela, par exemple, ils ne sont pas en retard. Ils ont beau faire des cachots, ils ne savent pas où mettre les hommes punis.

Il y a, actuellement, aux Iles une telle quantité d'hommes en prévention de conseil que, ne sachant pas qu'en faire, les cellules regorgeant, on les a mis dans les cases.

Je ne veux pas m'étendre davantage, car il arrive souvent que les lettres confiées à l'un ou à l'autre sont saisies ou perdues. Aussitôt que tu auras une réponse quelconque, fais-la moi connaître. Tu dois comprendre avec quelle impatience je l'attends.

Je te serre la main.

Théodule.

Voici la dernière :

Mon cher Jean,

Je voudrais bien que tu m'écrives pour que je sache à quoi m'en tenir. Je ne doute pas que tu ne fasses ton possible, mais il y a sept ou huit mois que vous avez commencé les démarches, et je crois que nous ne sommes pas beaucoup plus avancés que le premier jour.

Il faut cependant que je sorte de cette situation. Un occasion peut se présenter, je pourrais regretter de ne pas l'avoir saisie.

D'un autre côté, si j'échoue, c'est la réclusion cellulaire, c'est-à-dire, la mort. (Il est vrai que je ne perdrais pas grand chose). Si tu ne peux pas me donner une réponse définitive, dis-moi au moins ce que je dois espérer, que je puisse prendre une détermination quelconque. Réponds, je te prie, le plus tôt possible.

Je te serre la main.

Théo. Meunier.

Pauvre Meunier! Ballotté entre les alternatives d'espoir et de déceptions pendant près d'un an, ce fut la mort qui vint le délivrer.

Voici la lettre qui m'apprenait sa mort. Le signataire étant encore fonctionnaire, je ne donne pas son nom :

.... 15 septembre.

Mon cher Grave,

Meunier est mort — le savez-vous? — depuis huit jours, quand le docteur ami a voulu le voir.

Il avait conquis les plus respectueuses sympathies de tout

le personnel, qui s'est cotisé pour embellir ses obsèques, m'affirme-t-on. Il n'a jamais été confondu avec les criminels de droit commun; sa conduite était un exemple.

Voilà ce qui vaut d'être répété.

Mes bons souvenirs.

*
* *

Ce fut pendant l'affaire Dreyfus que, avec Ardouin, Dégalvès, — un professeur révoqué pour ses idées anarchistes — nous eûmes l'idée de fonder l'Ecole Libertaire.

Tout le monde se plaint de l'enseignement officiel. Qu'il ne fait que des perroquets, tue l'esprit critique des individus au lieu de le susciter. Pourquoi ne pas tenter une école où l'enseignement serait donné sur des bases rationnelles?

Une campagne fut menée pour ramasser de l'argent. Mais nous eûmes la malencontreuse idée d'y associer Janvion qui, s'il ne fut pas la seule cause de la faillite, y contribua certainement pour sa bonne part. Nous l'avions chargé de voir les personnalités que nous supposions sympathiques à l'idée, il arriva qu'il embrancha une autre affaire à laquelle je n'ai jamais rien compris.

Il avait touché des souscriptions que nous nous croyions acquises et il se trouva qu'elles l'étaient, paraît-il, pour cette autre affaire qu'il menait de front avec la nôtre!

Ayant récolté un ou deux milliers de francs, on voulut débuter en envoyant à la mer quelques enfants que voulurent bien nous confier des camarades.

Dégalvès et Janvion étant d'anciens professeurs, ils étaient tout désignés pour surveiller la caravane. Dégalvès était un bon gros camarade convaincu et sincère, mais un peu lourd. Janvion était un bonhomme hargneux, fielleux, capable de tout lorsqu'il en voulait à quelqu'un. Ils ne tardèrent pas à être en désaccord.

Un jour que ça n'allait pas tout droit, Dégalvès donna une légère tape à un des gosses. Janvion enfla l'affaire.

Dégalvès, évidemment, avait eu tort de frapper l'enfant, mais on peut comprendre un moment d'impatience. Dégalvès n'en faisait pas une pratique.

Quoi qu'il en soit, les camarades réunis pour se prononcer sur le cas, se laissèrent circonvenir par l'astucieux

Janvion, alors que le pauvre Dégalvès ne sut que dire. Ils
donnèrent tort à ce dernier qui, affligé et indigné de cette
injustice, nous quitta.

J'étais absent de Paris lorsque se produisit cette malencontreuse affaire. J'avoue que j'aurais fait de mon mieux
pour défendre Dégalvès qui, sûremen', n'avait agi que
sous l'impulsion d'un moment d'irrit .tion.

Après la tentative d'école de vacances, on organisa,
faute de mieux, des cours du soir, la création d'une véritable école resta à l'état de rêve.

*
* *

Une lettre que je retrouve me rappelle que Léon Daudet
fut un de nos souscripteurs :

Le Journal.   Paris, 30 avril 1898.

Cher ami, puisque vous voulez bien passer au *Journal*, vous
m'y trouverez tous les jours à partir de 5 heures, je serais très
heureux de vous serrer la main et de vous remettre les 50 fr.
de Léon Daudet.

J'ai vu Georges Hugo qui s'inscrira pour 100 francs.

Je vous serre très cordialement la main.

Auguste MARIN.

*
* *

Un jour le camarade L...., qui était traducteur à l'agence
Havas, et m'aidait beaucoup en traduisant pour le mouvement social les journaux étrangers que nous recevions,
vint me parler des camarades espagnols qui, vingt ans
auparavant, avaient été condamnés au bagne sous prétexte
d'affiliation à une société secrète, « la Mano Negra »,
affaire qui, à l'époque, avait fait beaucoup de bruit. C'était
l'affaire de Xérès dont j'ai déjà dit deux mots en passant.

Or, d'après les documents qu'avait vus L...., « la Mano
Negra » n'avait jamais existé. Comme pour Montjuich, des
aveux avaient été obtenus en torturant les prisonniers.

Ce qui n'empêche pas Liard-Courtois, dans ses *Souvenirs
de Bagne*, de raconter que, dans sa jeunesse, il a connu un
des membres de cette fameuse association!

Mais, vingt ans après, la vérité commençait à se faire jour. Les journaux anarchistes espagnols avaient ouvert une campagne en vue d'arracher du bagne ceux qui s'y trouvaient encore. Ne serait-il pas bon de venir en aide aux camarades espagnols?

Aussitôt dit, aussitôt fait. L... commença par publier le récit de l'affaire, comment ça s'était passé, comment la vérité avait fini par percer.

Puis, nous résolûmes d'ouvrir une campagne de meetings. Appel fut fait au concours de ceux qui pouvaient avoir quelque influence sur le public. De Pressensé, Clemenceau, Jaurès, le D' P. Reclus, et quelques autres de l'affaire Dreyfus s'inscrivirent pour cette campagne de libération. Pour commencer, cela fut dur à décrocher, mais une fois en branle, cela marcha on ne peut mieux. La presse quotidienne finit par s'en mêler.

Pour Clemenceau, nous étions allés le trouver, le camarade L... et moi. Il fut du reste charmant, disant qu'il n'avait rien à me refuser. Et, en effet, il entama aussitôt une série d'articles dans la *Dépêche* de Toulouse.

Notre campagne fut certainement d'un grand poids pour la mise en liberté des prisonniers.

Par la suite, nous ouvrîmes une souscription pour eux. En février, nous lancions le premier appel; à la fin d'août, nous avions ramassé près de 2.000 francs. C'était maigre comparé aux souscriptions des journaux bourgeois. C'était magnifique pour nous. Surtout si on considère que nous avions toujours deux ou trois souscriptions en train.

*
* *

Nous en avions fini avec les tracasseries. La police et la magistrature nous laissaient tranquilles. J'avais oublié le chemin des cabinets des juges d'instruction et de la Cour d'Assises. Il fallut l'arrivée de Clemenceau au Ministère pour m'apprendre le chemin de la Correctionnelle.

Il y avait juste deux ou trois semaines qu'il était au pouvoir, lorsque je fus appelé chez je ne sais plus quel commissaire aux délégations. J'y subis un interrogatoire serré: quels étaient mes moyens d'existence, etc., comme s'il s'était agi d'un criminel. J'avais négligé de faire le dépôt du journal depuis un certain temps.

Mes imprimeurs s'étaient toujours chargés de cette formalité. Au début, je signais les numéros, mais par la suite on les signait pour moi.

Le gérant de *La Libératrice*, qui nous imprimait à ce moment, m'avait promis de ne pas oublier le dépôt, mais il n'en avait rien fait. Autrefois, quand cela se produisait, le Parquet nous faisait réclamer les numéros manquants. Clemenceau, lui, nous faisait appeler à l'Instruction, puis à la Correctionnelle. Si c'était cela qu'il appelait « n'avoir rien à me refuser », ça promettait.

Il est vrai que je n'étais pas le seul. Nous étions trois journaux: *Les Temps Nouveaux*, *Le Libertaire*. J'ai oublié le troisième. Notre imprimeur profita de la charrette, il l'avait bien mérité, puisque c'était sa faute si le dépôt n'avait pas été fait. Nous fûmes condamnés chacun à 50 francs d'amende.

*
* *

Je mentionnerai justement le bilan du Ministère Clemenceau: Intervention de l'armée dans les grèves. — Les charges de Draveil, où il y eut morts et blessés. — Troubles également en province.

Une grève de mineurs s'étant déclarée dans le Nord, Clemenceau alla les trouver à leur syndicat. Mais, au lieu de lui sauter au cou pour l'embrasser, — n'était-ce pas le premier ministre qui osât entrer en pourparlers avec des « perturbateurs » — et de rentrer au travail en se fiant à de vagues promesses, les grévistes lui firent une réception plutôt froide, et persistèrent dans leurs réclamations.

Froissé et déçu, Clemenceau se retourna vers la « manière forte ». On arrêta des grévistes, et on ouvrit une enquête sur un prétendu complot royaliste.

Quand éclata la grève, Monatte travaillait avec moi pour quelques jours. — Entre parenthèses, comme couleuvre, il aurait pu faire la paire avec Dunois. — Il me demanda de lui avancer l'argent du voyage pour se rendre dans le Nord.

Il y fut arrêté au bout de quelques jours. Une lettre de moi trouvée sur lui fut le prétexte d'une perquisition. Non seulement au journal mais aussi chez Delesalle.

Un matin, en arrivant rue Broca, la concierge me dit

XI

REPRODUCTION D'UNE LITHOGRAPHIE DE STEINLEN

XII

JEAN GRAVE AUX « TEMPS NOUVEAUX »

que l'on avait demandé après moi, que l'on reviendrait. Delesalle qui arriva quelques instants après, m'avertit que c'était Guichard qui, ne me trouvant pas, était allé se faire la main chez lui. Voici, du reste, le récit que je retrouve dans *Les Temps Nouveaux*, n° 1 de la 12° année, 5 mai 1906.

Samedi, à 6 h. 1/2, M. Guichard se présentait au domicile du camarade Delesalle pour opérer ce que l'on est convenu d'appeler une perquisition. Delesalle dut exiger l'exhibition du mandat et de l'écharpe que l'on s'obstinait à ne pas vouloir montrer. C'est ainsi qu'il put se rendre compte qu'il était inculpé par le Parquet de Béthune de complicité dans les grèves du Nord.

M. Guichard voulut prendre un ton rogue. Delesalle lui répliqua que si les policiers voulaient le prendre sur ce ton, on serait forcé de les recevoir comme en Russie on reçoit les policiers.

— Que voulez-vous dire par là?

— Vous le savez bien, répliqua Delesalle.

C'est tout ce que M. Guichard trouva à emporter, plus une brochure, *Les Deux Méthodes Syndicalistes*.

En sortant de chez Delesalle, la bande s'amena aux *Temps Nouveaux*. Là, on exhiba le mandat de perquisition. Sur l'invitation que je lui fis d'accomplir son métier, M. Guichard me demanda de lui indiquer où je classais ma correspondance? Je lui indiquai le poêle où étaient en train de brûler les lettres que je m'étais empressé de mettre au feu, sitôt que Delesalle m'eut prévenu.

— Alors on vous a averti, me fit-il.

Je lui répliquai que je n'avais nullement besoin d'être prévenu. Connaissant les procédés de la police depuis longtemps, et ne voulant pas faire courir aux camarades qui correspondaient avec nous le risque de recevoir des visites aussi désagréables, j'avais toujours soin, lorsque le camarade était servi, de brûler ma correspondance.

Ne pouvant emporter des lettres, M. Guichard se rabattit sur les brochures, malgré que je lui fisse observer que ces brochures, non seulement je les avais payées, mais que j'en avais fait le dépôt légal et qu'elles n'étaient pas poursuivies.

Au cours de la perquisition, Guichard eut un mot typique : « On a le droit d'avoir les idées que l'on veut, mais on doit les garder pour soi »!

Chez Delesalle, lors de la perquisition, se trouvait sa sœur, connue dans le monde des théâtres sous le nom de Monna Delza. Elle s'était, paraît-il, largement payé la tête du bonhomme.

C'était un des frères des Gachons qui agissait comme secrétaire de Guichard. Il n'intervenait que pour apaiser Delesalle qui, très nerveux, ne pouvait s'empêcher de lâcher quelque imprudence.

Pour les brochures, une vingtaine environ, j'écrivis au Parquet, au juge, puis à Béthune où elles avaient été envoyées. Je finis par les ravoir.

Monatte arrêté, toute la presse lui était tombée dessus, acceptant l'accusation qu'il était un agent royaliste. Même ses amis le lâchèrent un moment. Je fus à peu près le seul à prendre sa défense. Relâché, il m'envoya divers articles sur la situation dans le Nord, et sur un congrès syndical qui eut lieu. Puis, — toujours comme Dunois, — sans que je sache pourquoi, il publia dans *L'Action Directe* une violente diatribe contre moi. Tout ce qu'il y avait de plus haineux.

Comme tempérament, je ne pourrais mieux le comparer qu'à Bulot, presque le même physique. Lorsque les bolchevicks feront une révolution en France, il pourra avantageusement jouer les Fouquier-Tinville, dans les procès qu'ils feront aux révolutionnaires.

Je me contentai d'écrire à Monatte que, lorsqu'on voulait « engueuler » les gens, on devait au moins avoir la délicatesse de leur payer ce qu'on leur devait.

Il m'envoya une vingtaine de francs sur ce que je lui avais prêté. Comme je comptais le tout perdu, c'était autant de pris sur l'ennemi!

XIV

L'INDIVIDUALISME ET LES INDIVIDUALISTES

Je me suis laissé entraîner par les événements, il nous faut revenir en arrière pour parler d'un courant de déviation qui s'était produit dans le mouvement anarchiste.

Le premier individualiste en date que j'aie connu, était un nommé A. C., employé chez un grand distillateur dont il devint l'associé et fut le successeur par la suite. Il faisait partie du Cercle du Panthéon, fondé par E. Gautier.

Je n'eus pas l'occasion de me rencontrer souvent avec lui. Mais, paraît-il, il était très intelligent, ce qui n'est pas nécessaire pour réussir dans la vie. Mais, en son cas, il semble que cela ne lui nuisait pas.

Il publia un ou deux numeros d'un journal qu'il avait intitulé *L'Individu Libre*. Il fut le seul à développer sa théorie avec intelligence, sans la pousser à la divagation. Devenu patron, il cessa d'être anarchiste. Je suppose qu'il resta individualiste.

Ce ne fut que plus tard, à la salle Horel, que l'individualisme resurgit, sous une forme qui ne fit qu'empirer en se développant.

*
* *

En proclamant le respect de l'individualité, en combattant la théorie monstrueuse de l'individu sacrifié « au bien de l'Etat ou de la Société », en affirmant, pour le premier, le droit à tous les moyens pouvant lui permettre de se développer intégralement, selon ses possibilités, selon ses virtualités, en lui enseignant de s'instruire afin d'être capable de réfléchir par lui-même, de n'attendre son affranchissement de personne que de sa propre action, de sa seule initiative, l'anarchie avait assez bouleversé les conceptions de chacun pour que ceux dont le cerveau, à l'état d'équilibre «instable», n'attendait que le choc initial pour être déclanché dans la folie «raisonnante», y trouvassent matière à déraisonner.

Bouleversant toutes les idées morales acceptées jusque-là, la morale nouvelle n'ayant pas encore eu le temps de se préciser, la porte était ouverte à toutes les divagations. Ne se trouve-t-il pas toujours des gens pour renchérir sur chaque problème qui se pose ?

Aussi, d'aucuns ne se firent-ils pas faute de divaguer; même plus que pour leur part. Mais, au début, cela resta l'apanage d'un très petit nombre, sans influence sur le mouvement.

Livrés à eux-mêmes, les ratiocinateurs seraient restés de purs spécimens des bêtises que peuvent débiter ceux qui, partant d'une idée fixe, incontrôlée, s'amusent à vouloir raisonner logiquement, «scientifiquement», sans tenir compte de toutes les données du problème qu'ils discutent, démontrant « par le fait » que l'on peut émettre logiquement les plus fortes âneries, tant que l'on ne met pas en discussion le point de départ, mais que croule aussitôt toute cette prétendue logique lorsque le point de départ est reconnu faux.

Laissés à eux-mêmes, ces toqués n'auraient pas été un danger, même augmentés des vaniteux qui veulent paraître plus avancés que leurs voisins, et des faiseurs de paradoxes.

S'il fallait peu de chose pour tournebouler l'entendement de ces « malades », il fallut — nous le verrons au chapitre des « Mouchards » — l'immixtion des agents provocateurs pour donner de l'extension à cette folie « déraisonnante ». Et la campagne fut menée avec persistance et systématiquement.

*
* *

Sans doute, bien avant que les littérateurs bourgeois eussent découvert Nietzsche et Stirner, quelques anarchistes avaient trouvé que l'«Individu» n'avait à considérer que son «Moi», son propre confort, son propre déve-

loppement. Et leur raisonnement aurait été vrai si
l' « Individu » se trouvait à l'état d'exemplaire unique.
Ou, tout au moins, parqué sur une partie de la planète
où il n'aurait à avoir de contact avec aucun autre individu de son espèce.

Vrais, tant que l'on ne raisonne que sur l' « Individu »,
les arguments individualistes sont absolument faux lorsque,
après avoir raisonné suffisamment sur des abstractions,
on a à en revenir aux « faits » et à constater qu'il ne
suffit pas de considérer l'«Individu» en lui-même, mais
qu'il faut également l'envisager en tant que participant
d'un groupe ou d'une association, sa formation ne lui
permettant pas de vivre à l'état isolé.

Affirmer que l'individu n'a qu'à rechercher son propre
bien-être, à ne s'occuper que de son propre développement, — tant pis pour ceux qui, sur sa route, lui sont une
entrave,— c'était introduire, sous le couvert de l'anarchie, la théorie la plus férocement bourgeoise. Ces individualistes, tout en raisonnant abstraitement, étaient amenés,
cependant, à constater que l'Individu n'est pas un être
abstrait. Qu'à côté de leur abstraction, il existe des mil-
liards d'exemplaires de leurs semblables qui, eux, sont
bien réels ; mais ce n'était que pour les traiter en quantités négligeables.

Et ces théories, émises par quelques vaniteux ou détraqués, se croyant des « Surhommes », ne tardèrent pas
à être appuyées par les «théoriciens» que nous envoya
la Préfecture de Police, Martinet entre autres.

Cela commença par de simples exagérations de quelques-unes de nos idées sur les droits de l'individu. Nous
proclamions son droit au bien-être, à être absolument
libre, à avoir à sa disposition les moyens de se développer intégralement, selon ses possibilités. Les individualistes purs en conclurent que « l'Individu » avait droit à
tout en vue de son développement, même à écraser ceux
qui l'embarrassaient sur son chemin!

Aux discussions sur l'Individualisme, vinrent se gref-
fer, toujours sous l'inspiration des agents provocateurs,
les questions de fausse-monnaie, de cambriolage et de
«maquerellage». Comme je traite ces questions à part,
je ne m'y arrêterai pas ici.

*
* *

Mais celui qui donna de l'importance et de la vie au mouvement individualiste ce fut Libertad. Qui était-il? D'où venait-il? On ne sait.

Il surgit tout à coup dans le mouvement, se faisant remarquer par son zèle. Allant à toutes les réunions, y prenant la parole, faisant partie de toutes les manifestations, se colletant assez souvent avec les agents.

C'était un béquilleux, infirme des deux jambes. Habillé de la blouse noire des typographes, — il l'était, à temps perdu, je suppose — coiffé de ses longs cheveux noirs, il se donnait les allures d'un Christ. Et, ce qui rendait la comparaison plus frappante, il était toujours suivi d'un troupeau de femmes, que je ne me hasarderai pas à qualifier de saintes.

Il vivait, m'a-t-on dit, avec les deux sœurs, ayant un enfant de l'une d'elles. Le plus pitoyable, c'est que si l'homme était détraqué — ou jouait à l'être — les femmes ne l'étaient pas. Fort intelligentes au contraire. Mais, lorsqu'il s'agit de sexualité, les plus intelligentes peuvent agir le plus stupidement.

Ce qui est certain, c'est qu'il représentait un cas pathologique d'éréthisme sexuel aigu. Méreaux me raconta que, avant que l'on eût appris à le jauger, on lui avait demandé de venir faire une conférence aux « Soirées de Montreuil ». Il y parla sur la vie des chemineaux. Toute la soirée, à tout propos et hors de propos, ce ne furent que des allusions aux parties sexuelles et à l'acte génésique.

Il m'a été raconté d'autre part que, étant allé donner une conférence dans une autre partie de la banlieue, assez éloignée de Paris, un camarade, la soirée ayant fini tard, lui offrit l'hospitalité pour la nuit. Le matin, au réveil, la femme du camarade frappe à la porte de Libertad pour lui donner son déjeuner, — N'entrez pas, cria ce dernier, je ne suis pas présentable. Et, s'étant mis nu comme un ver, debout sur son lit: « Vous pouvez entrer! » cria-t-il.

J'ignore s'il fut mis à la porte avec tous les honneurs qui lui étaient dus, mais il faut avouer que les types de son espèce ont eu, parmi nous, et par trop souvent, affaire à des camarades par trop bénévoles.

Dans ses conférences, il s'appesantissait fréquemment sur les questions de sexualité, s'étendant avec délices sur l'accouplement, cherchant les mots les plus crus.

Mais cela ne s'était développé que peu à peu, au fur et à mesure qu'il s'ancrait dans le mouvement. Au début ses lapsus nous semblèrent des excentricités dues à sa faconde méridionale. Il fallut quelque temps pour le juger à sa valeur propre.

*
* *

Dans les manifestations, aux prises avec les agents qui voulaient l'arrêter, il avait le truc de se laisser couler à terre et là, de jouer de ses béquilles avec vigueur contre ses assaillants. Ce qui lui donnait une auréole.

Un anarchiste qui, dans une bagarre, se colletait avec les agents, attrapait toujours quelques mois de prison. Il faut avouer que Libertad s'en tirait à meilleur compte. Huit ou quinze jours de prison au plus, quand il n'était pas relâché libre de poursuites. Au début, nous pensions que son infirmité apitoyait les juges.

Un soir, il vint à l'Ecole Libertaire. La soirée était avancée, il n'y avait qu'Ardouin, moi et deux ou trois autres camarades. Je ne sais comment il en vint à nous raconter son « histoire ».

Il était le fils d'un haut fonctionnaire, ou, pour être plus exact, ce n'était son père que d'après la loi, sa mère ayant eu une « faiblesse » pour un ami de la maison. Le père putatif, pour ne pas avoir d'histoire entravant sa carrière, accepta l'enfant, mais celui-ci fut négligé, maltraité. Son infirmité n'était que la suite de cette négligence et de ces mauvais traitements.

Mais Libertad — c'est toujours lui qui parle — ne gardait aucune rancune contre son pseudo-père. Il lui pardonnait sincèrement, comprenant fort bien ce que son intrusion avait eu d'amer pour lui.

Il racontait cela d'un air bonasse, avec tant de componction, que nous en avions tous la paupière humide. Même moi, tout vieux dur-à-cuire que je sois.

Seulement, j'appris plus tard qu'il avait raconté son histoire à divers autres et, chaque fois avec de notables variantes. Il l'avait, je suppose, inventée de toutes pièces

pour se « rendre intéressant », et ne se rappelant pas
exactement, il était forcé de suppléer à son manque de
mémoire.

Ayant beaucoup de bagout, il avait du succès à la
tribune. Il sut se faire bientôt un entourage de disciples
qui ne juraient que par le maître, et l'écoutaient comme
un oracle.

Lorsqu'il fonda son journal *L'Anarchie*, il n'avait pas
encore donné la pleine mesure de son individualisme. Les
premiers numéros ne détonnèrent pas trop. C'était dans
les groupes que l'on prêchait les excentricités qui, par la
suite, finirent par s'épanouir dans le nouveau journal.

Dans son local, se réunissaient tous ceux qui couvraient
leur vie d'expédients de l'étiquette anarchiste. Après
certaines expéditions on s'y partageait le produit de
l'«opération». Mais j'aurai à en parler au chapitre des
« mouchards ».

Libertad m'envoyait de ses acolytes pour m'acheter
des brochures. J'avais refusé de lui en vendre à lui. Mais
ses émissaires étaient faciles à reconnaître. Sales, dégue-
nillés, hirsutes et mal peignés. Ne pouvant leur demander
des papiers d'identité, je leur délivrais ce qu'ils demandaient.

Pour payer, ils plongeaient leurs mains dans leurs
poches, ils les ressortaient pleines de sous, de pièces
d'argent et d'or mêlés ensemble. Je suppose que c'étaient
des lendemains d'«opérations fructueuses»! Il est vrai
que le même individu ne revenait jamais deux fois. Il est
à supposer qu'il y a souvent des « accidents » dans le
métier.

Les discussions de la salle Horel resurgirent — déve-
loppées et embellies — dans *L'Anarchie*. On y discutait
de morale! On pouvait prostituer sa mère, sa femme, sa
sœur ou ses filles aux bourgeois en vue de leur reprendre
une partie de ce qu'il nous ont volé. Sous prétexte d'amour
libre, on prétendait que la femme est à tout le monde!
O logique des théoriciens des droits de l'Individu!

Du reste, pour vivre, tous les moyens sont bons. Si ça
vous rapporte d'être mouchard, pourquoi pas? Il n'y a
pas de sots métiers.

Pratiquant la devise des Jésuites sans s'en vanter, les
individualistes trouvent «que la fin justifie les moyens».

D'autre part, « un anarchiste qui se respecte, ne doit pas prostituer ses bras à un patron. C'est se faire esclave que subir les ordres d'un patron ou d'un contre-maître. Arracher, par force ou par ruse, ce que la société vous refuse, voilà qui est noble, qui est anarchiste ! »

*
* *

Quelqu'un qui aida fortement Libertad dans son travail de démoralisation et de déviation, ce fut un étrange personnage nommé Paraf-Javal.

J'avais lu, autrefois, dans un numéro du « Supplément » de *La Lanterne*, un bout de conte qui m'avait paru amusant. J'écrivis à l'auteur, à l'adresse de *La Lanterne*, pour lui demander l'autorisation de reproduire ledit conte. Il m'apporta cette autorisation. A ce moment, il n'était pas question pour lui d'être anarchiste. Il signait Péji, des deux premières lettres de son nom composé: Paraf-Javal.

Je ne fus pas peu étonné de le voir réapparaître à l'occasion de l'affaire Dreyfus. Il était le réfutateur du fameux « kutsch » de Bertillon. Ce dernier avait trouvé plus ku...tsch que lui.

A partir de là, le bonhomme fit son apparition dans les groupes anarchistes, il m'envoya deux ou trois articles, mais ne tarda pas à être un des habitués du milieu Libertad et de leurs réunions où il prenait la parole. Peu à peu, son ton monta à celui des Roussel, des Georges, et de Libertad lui-même. Il engueulait le public, traitant les auditeurs des noms les plus orduriers. Leur disant qu'ils étaient plus ... que..., glissons, n'appuyons pas. Tout cela mélangé des théories individualistes les plus abracadabrantes.

S'il se rencontrait à la tribune avec Libertad, c'étaient les effusions les plus pathétiques.

Etait-il détraqué, jouait-il à l'être? Je pencherais pour la dernière hypothèse. Car, invité par Fromentin à aller le voir où il demeurait, à Meulan, j'y rencontrai Paraf qui se conduisit très correctement, non seulement chez notre hôte, mais aussi à une conférence qu'il donna l'après-midi, organisée par Fromentin avec les francs-maçons de la localité. Sans dire des choses épatantes, il resta décent et sensé.

*
* *

Mais le type du genre fut l'individu se faisant appeler N'importe-qui.

C'était au commencement de mon retour à Paris, Méreaux me parlait souvent d'un type qui, depuis quelque temps fréquentait les réunions de son groupe, prenant part à leurs discussions. L'homme lui semblait d'une intelligence peu commune, et une recrue excellente.

A la fin, il me l'amena. Il était, en effet, intelligent, quoique sans culture, avec des prétentions à l'homme du monde. Mais, comme je fus à même de le constater par la suite, il était un peu trop enclin au paradoxe, à la boursouflure, et son intelligence prenait, trop souvent, les chemins de traverse.

Mais, déjà, je supportais l'individu plus qu'il ne m'agréait. On se fatigue vite des faiseurs de paradoxes et des cyniques. Il m'était devenu plutôt antipathique. Peu de temps après son apparition dans les groupes, il avait été arrêté comme déserteur. Heureusement pour lui, une amnistie fut votée au moment de son arrestation. Il s'en tira en n'ayant que son temps de service à finir.

Pendant sa désertion, il vendait des livres pornographiques à Bruxelles. Il y avait quelque chose de visqueux dans sa poignée de mains.

C'est lui également qui m'envoya les articles contre Armand, dont j'aurai à parler dans le chapitre sur les « mouchards ».

Pour donner une idée de sa tournure d'esprit, le fait suivant :

Dans Le *Libertaire*, signé d'un nom fantaisiste, parut un éreintement des *Temps Nouveaux*. Malgré le changement de signature, je reconnus la « patte » de mon type. Et je ne fus pas peu amusé lorsque, à quelques jours de là, je reçus un article où, à son tour, Le *Libertaire* en prenait pour son grade. Sans avoir le « flair d'artilleur » j'en reconnus la provenance et fis réponse à l'épistolier de s'adresser au *Libertaire* qui était plus hospitalier que moi.

*
* *

Un jour m'arriva un grand escogriffe, solide comme le Pont Neuf, bien bâti. Il venait de Colombie, se disait anarchiste-individualiste. Nous eûmes une longue discussion où il émit les mêmes âneries que ses co-religionnaires français. Il finit par s'en aller.

Une ou deux semaines plus tard, m'arrivait une femme en un état de grossesse très avancée. Elle m'était amenée par le logeur chez qui elle avait échoué, et qui comprenait quelque peu l'espagnol. C'était la compagne du Colombien, qu'il avait plaquée là-bas. Elle s'était lancée à sa poursuite.

Où était son mari ? Je n'osai lui dire que je venais de recevoir une lettre de lui datée du Dépôt, où il me demandait de lui trouver un avocat, me donnant à entendre qu'il avait été arrêté pour avoir fait de la propagande.

Je fis conduire la femme à la Maternité. Elle me laissa sa valise qui était bien légère. Pour son type, j'écrivis à Ajalbert pour lui « recommander » cette « victime de la propagande ». Ajalbert me répondit qu'il était allé voir mon « martyr », mais il me conseillait de ne pas trop m'apitoyer. Cette malheureuse victime des idées n'était qu'un vulgaire filou.

Nous échangeâmes quelques lettres, le personnage et moi. Je lui parlai de la visite de sa femme. Il me répondit qu'il avait bien le droit de la plaquer s'il en avait assez. Que son « Moi » ne pouvait plus la supporter. Pourquoi serait-il condamné à la supporter plus longtemps ?

Après sa délivrance, la femme revint chercher sa valise, me laissant une lettre d'engueulade de son « superhomme ».

Quelques jours plus tard, en allant à la poste, je vis mon Colombien et ma Colombienne, assis sur un banc de l'avenue des Gobelins. Lui était en train de griffonner quelque chose. Je passai sans qu'ils m'aient vu.

J'étais à peine revenu au bureau que la femme s'amenait avec un bout de papier qu'elle déposa sur ma table, se sauvant comme une voleuse.

C'était la lettre qu'il était en train de fabriquer sur le banc. Elle était bourrée d'injures.

Cela me rappelle une histoire qui me fut contée par Herzig, alors qu'il s'occupait du journal. Il lui était arrivé, un jour, la femme d'un des abonnés qui la lui envoyait pour qu'il s'occupe de la placer dans une maison d'accouchement à Genève. Il est vrai que lui ne fut pas engueulé pour ses peines. Mais il y a des camarades qui ne doutent de rien.

XV

LES MOUCHARDS

Parlant des individualistes, cela m'amène à parler des mouchards, des cambrioleurs aussi. A qui donner la priorité? Je suis bien embarrassé, car les trois catégories sont étroitement entremêlées.

Que tout mouvement révolutionnaire — voire même de simple opposition — soit contaminé par cette vermine, c'est inévitable. Plus les gouvernements sont combattus, plus ils ont recours aux moyens louches pour se maintenir. Savoir ce qui se passe chez leurs adversaires et tenter des diversions parmi eux, c'est tout indiqué. Qui dit mouchard dit agent provocateur. Cela encore découle de soi.

Si ces messieurs se bornaient à ne relever dans leurs rapports que ce qu'ils ont vu et entendu, ces rapports seraient fort ternes; leurs employeurs ne tarderaient pas à s'apercevoir qu'ils n'en ont pas pour leur argent. Aussi, pour démontrer leur utilité et se faire valoir, messieurs les roussins ont-ils recours à un peu... d'imagination pour corser lesdits rapports.

L'imagination des mouchards, ordinairement, est fort restreinte. Tout de suite, ils sont orientés vers quelque complot, essayant de le mettre eux-mêmes sur pied, afin de donner quelque fondement à leurs rapports sensationnels. Il est toujours facile de trouver un exalté ou un détraqué qui se laissera entraîner à quelque imprudence qu'ils auront su lui suggérer, et dont la « découverte » pourra les faire bien noter et leur valoir de l'avancement.

Quelles que soient les dénégations des fripouilles qui les emploient, il n'est rien moins que sûr qu'elles-mêmes ne les encouragent pas à faire de la provocation.

Autrefois, dans les « *Temps Nouveaux* », j'ai relevé le cas d'un nommé Jacob, chargé de surveiller les milieux fréquentés par la bande Bonnot. Poursuivi pour avoir fabriqué de la fausse monnaie, le bonhomme invoqua comme défense qu'il avait dû avoir recours à ce stratagème pour échapper aux suspicions des membres du groupe dont il faisait partie.

Ses chefs, qu'il avait fait venir pour sa défense, s'empressèrent de nier qu'ils eussent connaissance de ses agissements concernant la fausse monnaie. Ils voulaient bien reconnaître que ledit Jacob était un agent excellent. Mais la fabrication de fausse monnaie, ils juraient que, jamais, ils n'en avaient eu connaissance.

N'empêche que, de leurs témoignages, il découle l'impression qu'ils savaient pertinemment à quoi s'en tenir sur les agissements de leur subordonné. Mais l'homme ayant été assez bête pour se faire prendre la main dans le sac, on verrait comment le tirer de là plus tard. Payer des individus pour faire de la provocation, ça se fait, mais ne s'avoue pas.

Tous les mouchards qui, dans le mouvement anarchiste furent « brûlés », faisaient tous de la provocation, en prêchant la violence, en poussant aux attentats, comme cela fut prouvé pour certains événements qui se passèrent dans la région de Montceau. Dans le cas de Grün dont j'ai parlé, c'était indéniable.

Tous ceux qui pouvaient écrire ou parler à la tribune firent de la provocation. Elle débordait dans les journaux que leurs patrons les mirent à même de faire paraître.

Il est vrai que ce ne fut pas leur principale besogne. Leur œuvre la plus considérable fut la démoralisation et la déviation du mouvement par la prédication d'un individualisme outrancier, la glorification du vol, de « l'estampage » et autres moyens aussi peu recommandables.

***

** **

Le premier en date de ces oiseaux fut un nommé Spilleux. Nous n'étions alors que le « demi-quarteron ». M. Andrieux, ex-républicain farouche, étant à la tête de la Préfecture de Police, se présenta dans nos groupes ledit Spilleux qui se faisait appeler Serraux.

Je ne me rappelle plus dans quelles circonstances il fit son apparition, ni quelles histoires de brigand il nous raconta. Toujours est-il qu'il nous proposa de fonder un journal. Il connaissait une vieille dame anglaise disposant de quelques ressources, et ne demandant pas mieux que de nous aider dans cette œuvre.

C'était au groupe des V° et XIII° que la proposition nous fut faite, Malatesta, Jeallot, moi et quelques autres camarades étant présents.

Dès l'abord, le bonhomme ne nous avait pas été sympatique. Dans l'ensemble de sa personne, dans son attitude, il y avait quelque chose qui clochait. Quoi? nous n'aurions su le dire. Mais, en fin de compte, il nous était suspect.

Nous nous consultâmes et décidâmes de voir venir le type. Malatesta écrivit à Londres à un de ses amis. Plus tard, Brocher me rappela que c'était lui qui avait été chargé d'aller aux renseignements. La dame — l'imbécile avait eu la naïveté de nous donner l'adresse — existait bien, mais son genre de vie indiquait plus la misère que l'opulence. Certainement elle était hors d'état de fournir les fonds promis.

C'était coûteux à cette époque de publier un journal s'occupant de questions politiques. Il fallait fournir un cautionnement assez élevé pour Paris. On avait, il est vrai, un moyen de payer moins, c'était de mettre l'adresse du journal dans une localité d'un des départements de la banlieue, mais, encore, cela se montait au moins à 3.000 fr. et plus.

Nous avions décidé d'amener Spilleux à déposer le cautionnement à mon nom — je devais être le gérant — de lui faire payer les frais d'installation et de mise en marche, puis de l'envoyer promener, convaincus que nous étions d'avoir affaire à un policier.

Mais l'homme n'était pas si bête que nous avions pensé. Il avait ouvert les mêmes pourparlers avec E. Gautier qui, lui aussi, lui avait promis de lui fournir gérant et rédacteurs. Aussi lorsque je lui posai nos conditions, soupçonnant, je suppose, notre intention, ayant flairé nos suspicions, il se rabattit sur Gautier. Ils firent paraître la *Révolution Sociale* où collaboraient Gautier, Louise Michel,

Jacqueline et divers autres camarades. C'étaient nous qui
étions joués!

Pour mettre les camarades en garde contre le nouveau
journal, nous chargeâmes un de nous, le nommé Maria, de
rédiger une note par laquelle nous nous désolidarisions
de lui.

Ne pouvant avec fruit émettre nos suspicions, n'ayant
aucune preuve positive, cela devait être rédigé avec tact.
Comment s'y prit Maria ? je ne sais plus... Mais lorsque
parut la note, c'était le journal qui se désolidarisait d'avec
nous. Notre tentative de diplomatie n'était pas un succès.
L'homme était plus fort que nous.

A ceux que nous connaissions, nous donnâmes nos raisons. Mais c'est toujours la même chose : « Etes-vous bien
sûrs que c'est un mouchard ? Si c'en était un, les camarades ne collaboreraient pas avec lui, etc., etc.

Du reste, quoi qu'en dise Andrieux, son journal ne lui
servit pas à grand'chose. Si nous rencontrions des incré-
dules, d'autres se mettaient en garde. Ce fut de son officine
que sortit la boîte à sardines que deux ou trois méridionaux,
fraîchement venus de Marseille, et dont le révolutionnarisme... verbal les disposait à couper dans n'importe quel
godan, allèrent déposer contre la statue de Thiers, à
Saint-Germain. Mais elle n'occasionna qu'un éclat... de
rire.

Plus tard, dans ses « Mémoires », Andrieux se vanta
d'avoir dupé les anarchistes, en leur fournissant un jouet.
Il se vantait car il n'en eut pas pour son argent. La preuve
c'est que, moins d'un an après, il coupa la subvention
brusquement, personne ne prenant plus son journal au sérieux. La *Révolution Sociale* disparut et Spilleux avec.

Du reste, les mouchards ne furent pas, parmi nous, aussi
nombreux que l'on pourrait le supposer. Sans doute y en
eut-il qui surent faire leur besogne sans se faire connaître.
Je n'ai pas la prétention de les avoir devinés tous, mais
ils durent être peu nombreux.

Le second qui vint à ma connaissance — Blanchon
compte pour si peu — fut un nommé Carratoni, un Italien
dont j'avais fait la connaissance par Bourland, avant de
me rendre à Genève. Expulsé de France, il se rendit à
Genève et se présenta au *Révolté*, se recommandant de
moi.

Je ne l'avais vu que deux ou trois fois avant son expulsion et n'avais pu lui donner une recommandation bien chaude. Il avait dû prendre la recommandation sous son bonnet. Du reste, Herzig flaira le mouchard et le tint à l'écart.

Dès son arrivée à Genève, il avait fondé un journal qu'il intitula *L'Explosion*. L'en-tête représentait un vague Palais Bourbon devant lequel explosait une bombe. Comme épigraphe, il y avait en latin : « A coups de pieds, à coups de poings ».

L'Explosion n'eut qu'un numéro et creva piteusement. Il fut presque aussitôt avéré que Carratoni était à la solde du commissaire de police qui avait été chargé à Genève de surveiller les réfugiés italiens, et que c'était lui qui avait fourni les fonds pour la publication de cette feuille ultra-révolutionnaire dont le texte répondait au titre. Carratoni, brûlé presque aussi vite qu'apparu, disparut sans tambour ni trompettes

Dès mon retour à Paris, je commençai à me rendre compte qu'il n'était que temps de se mettre en travers de cette propagande à rebours qui, sous l'influence du mouchard Martinet, dont j'ai parlé, était tout simplement en train de mener notre mouvement au ruisseau.

Dévoiler les mouchards, ce serait facile si tous les camarades voulaient raisonner à l'aide du simple bon sens. Mais, à beaucoup le simple bon sens ne suffit plus lorsqu'il s'agit des choses de la propagande. Ils font intervenir un tas de considérations qui n'ont rien à voir avec la question, ne font que la compliquer et l'embrouiller.

En premier lieu vous avez, cela va sans dire, contre vous ceux qui se sont déjà laissé engluer par les théories toujours extrêmes, — de ces « apôtres ». Si vous attaquez leur « homme », c'est par jalousie ou parce qu'il ne pense pas comme vous. Il faut les entendre pousser les cris de l'oie sauvant le Capitole.

Ensuite, ce sont les anarchistes à âme de chrétien qui n'admettent pas que l'on puisse penser mal des autres. Ils ne commettraient pas eux-mêmes la moindre canaillerie, mais ont toutes sortes d'excuses pour ceux qui en commettent. Sous prétexte de tolérance, ils ne permettent pas que l'on juge personne. Il ne faut pas disent-ils, s'en

14

rapporter aux apparences. Dans la société actuelle, chacun vit comme il peut. Personne n'est responsable!

C'est agir en ennemi de votre propre idéal que de tolérer, par votre silence, qu'une tourbe d'individus suspects viennent mascarader les idées pour lesquelles d'aucuns sacrifient leur vie ou leur liberté, de les laisser déformer par ceux, qui, payés ou non, n'ont qu'un but, les faire repousser par ceux que vous voulez convaincre. C'est une tolérance mal comprise que d'accepter parmi soi des gens dont, intérieurement, on réprouve les agissements, mais que l'on tolère parce qu'ils prétendent faire dériver des vôtres les idées qu'ils prêchent. Je suis de l'avis de celui qui disait : « Tout ce que je demande à Dieu, c'est de me protéger de mes amis. Quant à mes ennemis, je m'en charge ».

Il n'est que trop vrai que des amis, braves gens, mais mal inspirés, peuvent faire autant de tort que des ennemis déclarés.

Eh! oui, cette accusation de mouchard a été parfois trop facilement lancée dans les partis politiques, sans preuves, sans raison. Tout simplement parce que l'individu ne pensait pas comme ceux qui l'accusaient. Mais de ce que l'accusation a été lancée trop facilement, s'ensuit-il qu'il faille fermer les yeux à l'évidence? Faut-il se laisser envahir par les policiers et par ceux qui, dans nos idées, n'ont vu qu'un prétexte à justifier leurs propres appétits?

*
* *

C'est pour s'être montré trop tolérant à cette clique d'individualistes mêlés de policiers que le mouvement anarchiste à été inondé de ces onarchistes à âme de bourgeois — dans la pire acception du mot — et que tant de pauvres diables ont été victimes de leurs sophismes, que le mouvement a été amputé d'une foule de bonnes volontés qui furent dévoyées.

Si aujourd'hui, cette tourbe a pris le dessus, continuant son œuvre de déviation, si le mouvement est tombé au-dessous de tout, les anarchistes à âme de chrétien peuvent en faire leur mea-culpa. S'ils ne sont pas les seuls auteurs du mal, leur tolérance aveugle y entre pour une bonne part.

Ah ! oui, j'en ai connu de ces jeunes, venus au mouvement pleins de bonne volonté, pleins de désintéressement, mais qui, s'étant laissés prendre aux raisonnements spéciaux des prôneurs de l'illégalisme, se pourrirent dans le milieu où ils s'étaient laissés entraîner, allant échouer au bagne ou en prison.

Pratiquer le vol, c'est se diminuer. Il faut mentir, tromper. Cela n'élève pas les caractères, bien au contraire. Beaucoup de ceux qui commencèrent à pratiquer le vol avec l'idée de servir la propagande, finirent par le pratiquer pour vivre, et jouir crapuleusement, lorsqu'ils avaient réussi « un bon coup ». C'était forcé. L'argent corrompt, surtout lorsque pour l'avoir on a risqué sa liberté, en usant de moyens équivoques.

Si l'on en juge par ce qui fut dit au procès, il y avait, mêlés à la bande Bonnot, des individus louches. Il y avait également des individus ayant plus d'appétits que d'idées, et aussi des vaniteux. Mais il devait y avoir également des individus qui avaient commencé par être sincères. Garnier semble avoir été l'un de ceux-là, si j'en crois l'impression que m'a laissée ce qui a été dit de lui.

Bonnot, lui-même, qui semble avoir été le type féroce du « struggle-for-lifer », avait peut-être commencé avec des rêves de fraternité et d'émancipation.

Oui, mais !... ils tombèrent dans un milieu où on se moquait de « ces sentimentalités ». « Vivre sa vie », voilà le but de l'homme intelligent. Et, lorsque la société lui en refuse les moyens, les lui reprendre de force, voilà qui etait vraiment anarchiste, vraiment révolutionnaire !

Et pour appuyer sur cela, il y avait les policiers qui avaient fait leurs ces théories afin d'accomplir plus sûrement leur œuvre de désagrégation, qui venaient à la rescousse, démontrant que l'homme qui « a quelque chose dans le ventre » ne va pas prostituer ses bras à un patron, user ses forces et son intelligence à un labeur ingrat, mal payé, qui l'empêche à peine de mourir de faim ».

Oui, la police, par ses agents, la police chargée de traquer les voleurs et les assassins, ne trouvait rien de mieux que d'en fabriquer pour combattre un courant de revendications sociales qui devenait menaçant pour les privilégiés de la société.

Après tout, les voleurs et les assassins ne sont pas un danger pour l'ensemble de la société. Ils en sont le produit et la justification de son Code, de sa police et de sa magistrature. Aussi, les gouvernants n'éprouvent-ils aucun scrupule à favoriser cette tentative et tourner à l'égoût un mouvement d'émancipation qui se développait trop rapidement à leur gré. Et ce, par des moyens anti-sociaux.

*
*   *

Dès l'abord, je compris que cela ne servirait qu'à conduire à des controverses sans fin de dévoiler publiquement ceux que je pouvais soupçonner d'être des mouchards.

Il n'y a qu'un moyen d'"établir incontestablement l'accusation que l'on porte, c'est d'en donner les preuves. Ces preuves, à moins de cas exceptionnels, manquent toujours. La Préfecture de Police, ni le Ministère de l'Intérieur, ne laissent traîner leurs dossiers à votre portée.

Quant aux présomptions, aux preuves morales, elles ne sont des preuves que pour ceux qui, déjà, ont tiré leurs propres conclusions. Ces preuves n'atteignent pas les « âmes de chrétien ». Aussi, au lieu de perdre mon temps à publier des noms de suspects, je me contentais, lorsque l'occasion s'en présentait, d'avertir ceux avec qui j'étais en relations.

Comme les types étaient ordinairement orateurs de groupes ou de réunions, je mettais au panier les convocations où leur nom était cité. Cela ne ratait pas. A la deuxième ou troisième récidive, ceux qui m'avaient envoyé la communication me demandaient pourquoi je n'avais pas inséré ? Je leur en donnais la raison. Cela souvent me valait des engueulades. Mais ils étaient avertis. C'était à eux de juger. Tant pis pour ceux qui ne voulaient pas voir clair.

La plupart du temps, du reste, les individus en question finissaient par se « brûler ». Il n'y en eut guère que deux ou trois qui, quoique « brûlés » à moitié, réussirent à se maintenir dans le mouvement, grâce au milieu individualiste.

*

*   *

Un jour parut dans le mouvement un nommé Armand qui, tolstoïen, venait de passer à l'anarchie... en emportant la caisse de son groupe, apprîmes-nous plus tard.

C'était un bonhomme aux manières insinuantes, dont la main gluante fondait dans la vôtre, lorsqu'il vous la donnait à serrer.

Comme de juste, il ne tarda pas à prêcher l'individualisme, le cambriolage: la reprise individuelle, comme ils appelaient ça. Il fut un des rédacteurs les plus assidus du journal de Libertad, *L'Anarchie*. Il y développa ces théories en y ajoutant que, « si c'est de votre intérêt d'être policier, vous avez parfaitement le droit d'être mouchard», — vous êtes orfèvre, M. Jossel — et cela sans émouvoir en rien les lecteurs de *L'Anarchie* qui, du reste, en avalaient bien d'autres.

Plus tard, Libertad étant mort, Armand dirigea le journal. Là, des cambrioleurs, des faux monnayeurs préparaient leurs « petites combines », se partageaient le produit de leurs opérations. Cela au vu et au su de la police: car, souvent, on lisait dans les quotidiens: «Hier, on a arrêté une bande de cambrioleurs dont les membres étaient des habitués du journal *L'Anarchie* ». Ou bien, pour varier: « La police vient de mettre la main sur une bande de faux monnayeurs qui avaient pour habitude de se rencontrer dans les locaux du journal *L'Anarchie* ». Et ainsi de suite. Armand — pas plus du reste que ceux qui le précédèrent ou lui succédèrent à ce journal — ne fut jamais très inquiété.

Un jour, un des rédacteurs habituels de *L'Anarchie* m'envoya un article où il relevait les palinodies qu'Armand avait écrites dans ce journal. L'auteur avait eu soin de changer sa signature habituelle, mais je n'eus aucune difficulté à deviner d'où ça venait. C'était de N'importequi.

Je trouvai amusant de mettre mes deux escogriffes aux prises. Nimportequi ne faisant qu'avancer ce que je pensais moi-même, j'insérai l'article. Qui vis-je arriver la semaine suivante, rue Broca? Mon Armand, accompagné d'une quinzaine de types de son espèce, parmi lesquels Kibaltchiche et la fameuse Rirette, qui fut mêlée à la bande Bonnot.

Ce fut Armand qui prit la parole:

— Vous avez dit que j'étais un mouchard. Vous allez m'en donner la preuve.

— Pour cela, il faudrait que je sois plus mouchard que vous.

— Ah! Ah! entonna le chœur, c'est bien cela. Toujours des accusations sans preuves!

Inutile de dire que Kibaltchiche était un de ceux qui gueulaient le plus fort.

— Alors, reprit Armand, vous allez me donner le vrai nom de celui qui a écrit l'article que vous avez inséré.

— Pour ceci encore, il faudrait que je sois plus mouchard que vous. Si j'ai inséré l'article c'est que j'en prends la responsabilité.

Protestations du chœur. Armand les calma du geste.

— Si je n'ai pas les preuves que vous êtes un mouchard, continuai-je, ma conviction est que vous en êtes un. Toute votre conduite dans le mouvement l'indique.

Re-menaces et re-protestations du chœur.

— Vous allez cesser ces attaques, fit Armand, ou nous reviendrons et cela ne se passera pas comme cela.

Assentiment et menaces du chœur.

— Je ne cesserai rien, et vous pourrez revenir si cela vous dit. Je serai en mesure de vous recevoir.

Ils partirent à la queue-leu-leu, continuant leurs menaces.

J'insérai la suite de l'article, mais ne revis personne. Du reste, j'avais, dès le lendemain, pris la précaution de glisser dans le tiroir de ma table un revolver dont je ne me serais fait aucun scrupule de me servir si je m'étais vu menacé de violences.

Armand continue à opérer parmi les anarchistes. On discute ses publications dans les journaux anarchistes, on y accepte sa collaboration. Même ceux qui ont des suspicions acceptent d'annoncer ses publications. C'est que, voilà, il ne faut mécontenter personne.

*
* *

De la même trempe, fut le nommé L... Celui-ci, mis en appétit par le succès des tournées de Faure, voulut, lui aussi, organiser des tournées de conférences dont il empocherait les bénéfices.

Ici, j'ouvre une parenthèse: Dans les commencements du mouvement, lorsque des camarades de province voulaient organiser une conférence dans leur localité, s'ils n'avaient pas d'orateur parmi eux et étaient forcés de faire appel à un Parisien, par exemple, ils payaient ses frais de déplacement, mais les bénéfices de la conférence — s'il y en avait — leur restaient. Ils les employaient soit à leur propre propagande, soit à soutenir telle œuvre de propagande qui leur plaisait. Le plus souvent ils faisaient imprimer des placards ou brochures. Cela entretenait leur activité, donnait quelque vitalité à leur groupe.

Survint Faure qui leur faisait organiser ses conférences, mais empochait la recette. Cela lui servait à mener sa propre propagande, c'est possible, mais cette façon de procéder diminua énormément l'activité des groupes de province, en leur enlevant un moyen de l'alimenter.

Cela occasionna un plus grand mal encore. Ce fut d'inspirer à un tas de jeunes profiteurs qui pouvaient, plus ou moins, dégoiser quelques phrases en public, l'idée d'organiser, eux aussi, « leurs tournées ».

Sans doute, tous ne vivaient pas royalement des produits de leurs tournées, mais ils vivotaient, faute de mieux. Cela leur suffisait, étant partisans du « moindre effort ».

Mais quelle propagande faisaient-ils ? Bien heureux quand, de leur conduite, l'idée ne sortait pas amoindrie. Plusieurs finirent même par escroquer les camarades qui les avaient aidés à organiser leurs conférences, croyant aider à la propagande.

*
* *

J'en reviens à L....

Arrêté dans le Nord pour quelque délit de parole, il avait, pour son procès, fait demander de Marmande comme témoin de moralité.

Au procès, ce dernier tenta d'atténuer le rôle de L...., s'efforçant de le présenter comme un garçon inoffensif, vivant misérablement des quelques sous que lui rapportaient ses conférences.....

— Pardon ! interrompit le Président, savez-vous, Mon-

sieur de Marmande, que votre client a été arrêté avec
1.400 francs dans sa poche.

— J'eus le bec cloué, fit Marmande, qui me racontait
l'histoire.

1.400 francs, évidemment, ce n'est pas une fortune.
Tout de même, on ne peut se prétendre malheureux avec
cette somme dans sa poche. Surtout avant la guerre. Mais
ce n'était pas le plus beau de l'histoire. « Figure-toi, ajouta Marmande, que L... avait écrit à divers camarades
d'ouvrir une souscription pour venir en aide à sa compagne qui, prétendait-il, était dans le plus complet dénû-
ment, sa tournée ne lui ayant laissé aucun argent ».

Il y eut encore mieux! Marmande avait eu l'occasion
de rencontrer un autre anarchiste qui avait partagé la
cellule de L..... L'individu en question, n'avait pas le sou
et était forcé de se contenter de la pitance de l'administration. L... faisait venir des vivres du dehors et se les
empiffrait, ne laissant à l'autre que la ressource de le
contempler.

Pris à écouler des faux timbres, il s'en tira avec six
mois de prison, alors que c'était ce que payait un camarade pris dans une simple bagarre.

Ayant, lui aussi, dirigé le journal *L'Anarchie* pendant
une période de l'affaire Bonnot, il ne fut jamais inquiété.
Ayant quitté *L'Anarchie* pour faire un journal à lui, il fut
prouvé au procès de ceux qui avaient attaqué le bureau
des Postes de Bezons, où fut tué le mari de la receveuse,
que c'était dans les bureaux du journal de L... que le
coup avait été préparé. Le quidam, pour l'instruction, avait
bien été amené les menottes aux poignets chez le juge,
mais il en était ressorti libre.

Plus tard, pendant la guerre, Prouvost, de Saint-Ra-
phaël, fut poursuivi pour avoir aidé à des désertions.
L... habitait chez lui. Il fut plus ou moins mêlé à l'affaire
au début de l'instruction, mais ça n'avait pas été plus
loin.

Au procès, l'avocat de Prouvost, au cours de sa plaidoirie s'écria: « Mais enfin! qu'est-ce que ce L... que l'on
trouve mêlé à toutes sortes d'affaires, mais qui ne va jamais
plus loin que le cabinet du juge d'instruction? »

Le président eut un demi-aveu.

J'avais souvent cherché à mettre Prouvost en garde

contre L..., mais Prouvost était un drôle de corps. Rien
ne pouvait ébranler sa confiance en lui.

Quand je lus le compte-rendu de son procès, je crus
qu'il avait, enfin, vu clair et, à sa sortie de prison je lui
écrivis pour lui demander quel avait été le rôle de L...
dans son affaire, m'appuyant sur la phrase de son avocat.
Prouvost avait, plus que jamais, confiance en lui. Pourquoi, *alors*, n'avait-il pas protesté contre l'insinuation de
son avocat? Il ne s'expliquait pas là-dessus, du reste.

L... a disparu du mouvement anarchiste. Il aurait déclaré
que les anarchistes le dégoûtaient. Il travaille dans l'anti-
cléricalisme.

*
* *

Dans les commencements que le journal était à Paris,
Méreaux m'avait souvent parlé d'un nommé Roussel qui
prenait la parole dans les réunions et y était d'une violence
extrême. Ce fut lui qui inaugura l'habitude d'« engueuler »
l'auditoire. Or, on ne connaissait au monsieur aucun
moyen d'existence. Il ne travaillait jamais, était toujours
bien mis. Assez d'indications pour le rendre louche.

Quand vous voyez dans le mouvement un individu qui
ne travaille jamais, n'a aucun moyen avouable d'existence,
il faut bien, tout de même, qu'il les tire de quelque part.
Mais, si en plus, il fait de la violence à froid, il est facile
de deviner d'où il tire sa paie.

Puis, Roussel avait disparu quelque temps du mouvement,
lorsque, beaucoup plus tard, il reparut, fondant un journal *Le Réveil de l'Esclave*, où naturellement, on prêchait
de tout mettre à feu et à sang, sans oublier la « reprise
individuelle », et le reste.

Puis, vinrent les affaires de Dravell. Des terrassiers
furent condamnés pour détention de dynamite. C'était le
nommé Roussel qui la leur avait fournie. Il ne fut pas
inquiété.

J'avais oublié le personnage lorsque, un jour, celui qui
me rapportait les invendus des *Temps Nouveaux* de chez
Hachette, tira de sa poche en causant, un numéro du *Réveil
de l'Esclave*, me disant : « Connaissez-vous ce journal? »

— Oui, il est fait par un mouchard nommé Roussel.

— Roussel, c'est moi!

— C'est vous Roussel? — Je ne l'avais jamais vu —
Eh! bien, vous avez mon opinion sur vous.

Delesalle était présent, écoutant, et n'en pensant pas
moins, je suppose.

— Et sur quoi vous appuyez-vous pour dire que je suis
un mouchard?

— On vous a connu, dans les réunions, où vous étiez
d'une violence exagérée. A cette époque vous ne foutiez
rien, toujours correctement mis. D'où tiriez-vous vos
moyens d'existence?

— Oh!.. Oui, je sais... A cette époque, j'avais une maîtresse qui me fournissait de l'argent. Je n'étais pas forcé
d'aller le dire à tout le monde.

— Votre explication me suffit. Je suis fixé.

Le bonhomme s'en alla. Quelque temps après, délégué
à Brest par la C. G. T., il raconta aux camarades de là-bas
que, traité de mouchard par moi, il m'avait « foutu sur la
gueule ».

Il mourut à quelque temps de là, mais je n'en avais pas
fini avec lui.

Lors de l'affaire Rousset, un nommé Beylie déversa,
dans je ne sais plus quel journal, un tombereau d'injures
contre moi. Or, ce Beylie, j'avais de fortes raisons de croire
qu'il mangeait au même ratelier que Roussel.

Ce n'était pas mon habitude de répondre aux injures
de ces gens-là, mais Beylie faisant partie du Comité de
Défense sociale, je crus devoir relever ses attaques, en
exprimant mes suspicions à son égard.

Je reçus du Secrétaire du Comité une lettre me sommant
d'avoir à apporter les preuves de ce que j'avançais. Je
fus d'autant plus furieux de la lettre, que le secrétaire était
le fils de mon vieil ami Ardouin, et devait assez me
connaître pour savoir que je ne parlais pas sans de fortes
raisons.

Par la voix du journal, je répondis que je n'acceptais
pas le rôle d'accusé quand c'était moi l'accusateur. Que,
pour ce qui était de Beylie, sa collaboration au *Réveil de
l'Esclave* du mouchard Roussel où il avait commencé sa
campagne d'insultes, suffisait à entretenir mes suspicions.

Le matin du dimanche suivant, en me rendant rue
Broca, je trouvai à la porte du bureau, m'attendant, une

dizaine d'individus. Leur ayant demandé ce qu'ils voulaient, ils me présentèrent le numéro des *Temps Nouveaux* contenant ma réponse au Comité de Défense, me demandant en même temps sur quoi je m'appuyais pour avancer que Roussel était un mouchard ? Ils disaient que Roussel était mort, — chose que j'ignorais alors — mais qu'eux, ses amis et sa veuve présente, sauraient prendre sa défense.

La discussion s'envenima et l'un deux m'allongea un coup de poing en plein visage. J'attrapai mon bonhomme par le cou et l'acculai contre le mur, levant le poing pour lui rendre la monnaie de sa pièce. Mais arriva le garçon du lavoir qui était dans la cour, disant qu'il allait chercher les agents.

Voir arriver les agents pour mettre la paix parmi nous, ça ne pouvait pas se faire. Je lâchai mon type pour arrêter le garçon de lavoir et le prier de se tenir tranquille.

Après un échange de répliques, la bande se retira, menaçant — cela allait de soi — de revenir.

*
* *

Après celui-là, le nommé Mauricius. Tout jeune, avait-il 16 ans? il m'écrivit — ou me dit de vive voix — qu'il était mal avec sa famille parce qu'il voulait se consacrer à la propagande, mais que ça ne l'arrêterait pas dans sa détermination. Je fus des années sans plus rien entendre de lui.

Ce nom de Mauricius ne me disait rien lorsqu'il parut dans les groupes. Ce ne fut que lorsque j'appris son véritable nom que je me rappelai mon jeune correspondant. Mauricius était la latinisation de son prénom.

Lui aussi, se lança dans le sillage de Libertad. Comme lui, il était individualiste, prêchait le vol, niait la morale et tout le reste. Il avait diablement marché depuis que j'avais correspondu avec lui.

Au début, rien à dire. Sa propagande pouvait déplaire, ce n'était pas une raison pour qu'il fût mouchard. Mais, par la suite, il perdit la mesure, on ne pouvait s'empêcher de le trouver suspect. Et lorsque, à son tour, il dirigea *L'Anarchie* où on accueillait cambrioleurs et faux

monnayeurs sans qu'il fût molesté le moins du monde, il
n'y avait plus à douter.

Au congrès anarchiste de Paris, en 1913, j'avais voulu
faire expulser Mauricius comme mouchard, mais les camarades de province, qui ne connaissait pas le type, furent
de son côté. — Faure, alors proposa que si Mauricius
n'était pas expulsé, c'est nous qui nous retirerions, tenant
le congrès ailleurs. Ce qui fut fait. Sur le moment, je ne
compris pas que, en fait, c'était nous qui étions expulsés.

Au cours de la guerre, Faure repêcha mieux encore
Mauricius, en le prenant comme secrétaire de son journal
Ce qu'il faut dire.

Lui aussi, était-ce par manque de réflexion qu'il avait
agi ainsi au congrès? Son dernier geste envers Mauricius
ne semble pas l'indiquer.

*
* *

En parlant d'Armand, j'ai nommé un certain Kibaltchiche. Cet individu avait habité la Belgique, et m'avait envoyé quelques correspondances sous la signature de Le
Rétif. Mais, par la suite, ces correspondances me deve-
naient suspectes par leur teneur, je les jetai au panier.

A quelques temps de là, les journaux nous apprirent
que des anarchistes s'étaient présentés, armés de bombes,
chez un riche commerçant, menaçant de le faire sauter,
s'il ne leur délivrait pas la forte somme. J'ai oublié le
montant de la somme. Il semble me rappeler qu'au cours
de l'affaire une bonne fut blessée.

Pour faire voir que c'était bien un acte de propagande,
les agresseurs se fendirent de quelque argent en faveur de
certains des journaux existants. Une quarantaine de francs
fut offerte au Bureau de Correspondance International
qui publiait un « Bulletin » à Londres, et que celui-ci refusa ne voulant pas s'associer avec des malfaiteurs. Aux
Temps Nouveaux, ils adressèrent par la poste une vingtaine de francs que je ne pus refuser n'ayant pas l'adresse
des envoyeurs. J'offris de les rendre à la victime qui me
dit de les garder.

La victime de l'attentat, — je l'appris plus tard — sans

être anarchiste, était un sympathisant aux idées, il avait même plus d'une fois aidé des œuvres de propagande.

Détail à noter, le mandat qui m'avait été envoyé portait le cachet du bureau de poste du Bd. du Palais, tout proche de la Préfecture de Police.

L'organisateur de l'agression était Kibaltchiche!

Venu à Paris par la suite, il fila droit à *L'Anarchie* et en fut un des hôtes les plus assidus. Compromis dans l'affaire Bonnot, il écopa de cinq ans de prison. Il serait curieux de savoir dans quelles conditions il fit ces cinq ans ?

Réfugié en Russie, les bolcheviks le chargèrent de vérifier les passeports de ceux qui se rendaient au pays des Soviets! Il fit refuser l'entrée à Mauricius comme mouchard ! Le mouchard est sans pitié pour le mouchard !

Plus tard le camarade Gille me raconta que, avant de tenter l'expédition ci-dessus, Kibaltchiche avait essayé de faire chanter le Dr. H..., un autre de nos très bons camarades, puis, ayant échoué, avait essayé sur lui-même sans plus de succès. C'est alors que la bande s'était rabattue sur leur dernière victime.

*
* *

Quelque temps après l'exécution de Ferrer, je reçus la visite de Soledad. Elle était accompagnée d'un nommé Moreno qui, disait-il, avait été professeur à l'Ecole Moderne de Ferrer. Il ne me revenait qu'à moitié. Mais sous le patronage de la compagne de Ferrer, cela fit taire mes suspicions.

Il prétendait travailler à l'organisation d'un mouvement révolutionnaire en Espagne. Et nous donna à entendre que Ferrer serait bientôt vengé.

Il m'entortilla si bien que, sur 1.500 fr. que les camarades de Montevideo m'avaient envoyés pour être employés à une œuvre révolutionnaire en Espagne, je lui remis 1.000 fr. Je ne sais quel instinct me retint de tout lui remettre.

Plus tard, les 500 autres furent remis à Charles Albert pour le comité « Pro-Ferrer ».

Mis en appétit, le Moreno m'envoya un de ses acolytes me taper à nouveau, mais des doutes m'étaient venus. Il revenait à ma femme encore moins qu'à moi. Je ne marchai plus.

Je suis encore hanté du remords d'avoir si mal employé l'argent de camarades qui avaient eu confiance en moi. Mais venant sous le patronage de Soledad, mes méfiances s'étaient endormies.

Peu après, par je ne sais plus quelle voie, j'appris que Moreno n'avait jamais été professeur à l'école de Ferrer; que c'était un personnage louche.

Puis ce fut la visite de parents éplorés, dont Moreno, partant pour l'Argentine, avait enlevé la fille, une enfant de 15 ou 16 ans, qu'ensuite il avait abandonnée en route, je ne sais plus où, et dont ils n'avaient plus de nouvelles.

Marié en Espagne, il y avait également abandonné sa femme.

J'écrivis immédiatement en Amérique du Sud pour que les camarades fassent à ce sale monsieur partout où il se présenterait, la réception qui lui convenait. De là-bas il m'écrivit une lettre furibarde, me prévenant qu'il me ferait « mon affaire » à son retour.

Déçu dans ses espérances de pouvoir exploiter à son gré les camarades, il publia dans un journal local ses « confessions » où il avouait ses relations avec la police, et où les anarchistes, principalement ceux qui avaient eu affaire à lui, étaient « arrangés » d'importance.

*
* *

Les gens de la *Guerre Sociale* découvrirent, je ne sais comment, que le nommé Métivier, un militant de la C. G. T. était un mouchard. Prévenir les camarades de ce qu'était le personnage c'était bien trop simple pour eux. En gens qui connaissent la valeur de la réclame, ils firent venir sous un prétexte quelconque Métivier à leur journal, et là, ils le gardèrent toute une nuit revolver au poing.

Le lendemain fut érigé un tribunal où figuraient en bonne place, Merle et Almeyreda. Métivier y fut amené par ses gardes toujours armés. Et là, on obtint de lui tous les aveux que l'on voulut.

Jusque-là, sauf le ridicule de cette mise en scène, tout était bien. Mais le déplorable de cette affaire, c'est que mes types, gonflés de leur importance, se crurent en droit et capacité dorénavant de décréter qui était mouchard, qui ne l'était pas.

Or depuis peu, était arrivé à Paris, y fréquentant les groupes, un Roumain que les camarades de Roumanie me signalèrent comme étant envoyé par la police.

Ne m'étant jamais rencontré avec l'individu, ni avec les gens qu'il fréquentait, je n'avais, jusque-là, pas eu l'occasion de me servir des renseignements reçus. Mais, soit que les camarades roumains eussent écrit à d'autres, soit que l'attitude du quidam eût paru louche, des suspicions s'élevèrent contre lui. L'accusation fut même lancée, car je reçus un long mémoire dont on me demandait l'insertion et où l'on prenait sa défense.

Le personnage en question, cela va de soi, protestait comme un beau diable. Tant et si bien qu'il finit par intéresser à son cas les gens de la *Guerre Sociale* qui constituèrent un tribunal — cela devenait une maladie — qui décréta que les accusations portées contre leur client étaient mal fondées.

Je ne pus m'empêcher de leur écrire pour les « féliciter » de leur clairvoyance, de la sûreté de leur jugement, saluant en eux le premier Préfet de Police et le premier Procureur Impérial de la Révolution à venir!

Leur décision n'empêcha pas que par la suite, l'accusation fut reconnue fondée et que C... — c'est tout ce que j'ai retenu de son nom — dût disparaître du mouvement.

XVI

LES CAMBRIOLEURS

Passer des mouchards aux cambrioleurs, la transition est toute indiquée. Non pas parce que les premiers font la chasse aux seconds, mais parce que les policiers envoyés parmi nous pour accomplir leur besogne furent, je l'ai déjà dit, mais on ne saurait trop le répéter, parmi ceux qui se distinguèrent le plus en présentant le vol comme un moyen révolutionnaire de revendication sociale.

Sans doute, avant eux, le vol avait été envisagé comme un moyen de fournir de l'argent à la propagande. Les terroristes russes avaient commencé en s'attaquant aux caisses de l'Etat. Et nombre d'entre nous ne se seraient nullement effarouchés de voir quelque riche banque mise à contribution.

Il y eut une tentative de ce genre, comme je l'ai dit, par un camarade allemand, puis vinrent Duval, Pini qui s'attaquèrent à de simples particuliers.

Seulement, ça n'était pas encore devenu une théorie, et restait plutôt exceptionnel en pratique.

Mais, petit à petit, sous l'influence de certains individualistes plutôt louches, se réclamant, justement, des exemples de Duval et de Pini, on commença à représenter le vol comme un moyen révolutionnaire d'attaquer la propriété. Ensuite ce fut l'intrusion de quelques agents provocateurs qui vinrent à la rescousse, et qui, aujourd'hui encore, continuent à mener systématiquement la campagne.

Laissé à lui-même, ce courant n'eût pas été dangereux. Il fallut l'immixtion des policiers et l'organisation de cette propagande de déviation pour que des jeunes se laissassent prendre à ces sophismes.

Nous fûmes de longues années avant de nous rendre compte de tout le mal qui avait été fait dans nos rangs. La première perception que j'en eus, ce fut lorsque Liard-Courtois revint du bagne. Il me stupéfia par le nombre d'anarchistes qu'il y avait rencontrés, envoyés là pour vol, faux-monnayage et autres actes semblables.

Que parmi ceux-là il s'en trouvât qui ne faisaient qu'obéir à leurs appétits, n'ayant pas eu besoin de cette propagande pour être pervertis, nul doute. Mais le nombre était grand encore de ceux qui s'étaient laissés prendre aux sophismes des agents de la Tour Pointue.

*
* *

« Planter un drapeau » (¹) chez son gargotier, est une pratique courante chez quelques-uns. Des camarades de la Chambre syndicale des menuisiers qui, à beaucoup de points de vue, étaient de bons camarades, honnêtes dans les circonstances ordinaires de la vie, ne se mirent-ils pas à ériger en principe l'estampage des marchands de vin ?

C'était en 85-86. Ils s'abonnaient aux maisons de vente à crédit. Une fois la marchandise livrée, ils s'arrangeaient pour ne plus payer.

Parmi eux s'était constitué le groupe des « Pieds-Plats », nom tiré de cette locution d'argot : « Je ne marche pas. J'ai les pieds plats ». Eux ne marchaient pas pour payer leurs restaurateurs.

Quand ils avaient trouvé un gargotier confiant, au crédit facile, ils faisaient monter la note le plus qu'il leur était possible, puis disparaissaient lorsque le gargotier commençait à montrer les dents, à son tour, ne « marchant » plus.

Mais quelques-uns ne s'en tenaient pas là. C'était un principe pour ceux-là, lorsqu'ils allaient chez le marchand de vins, — et ailleurs, je suppose — de rafler tout ce qu'ils pouvaient. Couteaux, fourchettes, serviettes, litres de liqueurs s'il s'en trouvait à leur portée. Tout leur était bon.

____

(1) Se faire ouvrir un compte et disparaître sans payer.

15

Un de nos camarades, nommé Rousseau, qui tenait une boutique de marchand de vin, au coin de la rue Saint-Martin et de la rue de Venise, chez qui on pouvait se réunir en toute sécurité, rendant service aux amis en plus d'une occasion, fut un des plus exploités par cette clique.

*
* *

De temps à autre je recevais des communications d'un groupe de camarades italiens signant « Les Intransigenti ». Je fis connaissance avec deux d'entre eux, — peut-être composaient-ils tout le groupe à eux deux? — C'était Parmeggiani et Pini. Ils me parurent très énergiques. Ils vinrent me demander de leur laisser composer à notre imprimerie un journal qu'ils se proposaient d'introduire clandestinement en Italie. Je ne vis aucun inconvénient à leur donner cette autorisation, puisqu'il s'agissait de propagande.

Quand je me présentai à l'imprimerie, la mise en pages de leur journal était presque terminée. Ils me montrèrent avec orgueil les épreuves. Le journal s'appelait : *Il Ciclone.*

— C'est très bien, leur fis-je, s'il y a des poursuites, la police ne sera pas en peine de trouver l'imprimerie où il aura été composé.

Ces imbéciles avaient non seulement composé leur titre dans les mêmes caractères que celui du *Révolté*, mais ils avaient donné à leur journal le même format, la même justification. Jusqu'aux titres des articles qui étaient similaires!

Cela ne rata pas. Peu de temps après, je recevais une convocation de M. Clément, commissaire aux délégations judiciaires.

Arrivé chez le personnage, il me fit passer dans son cabinet.

— Connaissez-vous cela, fit-il me tendant un exemplaire de *Il Ciclone.*

Je pris délicatement le journal. Je l'examinai — faisant semblant tout au moins — attentivement. Puis le retournai à Clément :

— Non c'est la première fois que je le vois.

— Vous voyez qu'il ressemble au *Révolté*. Mêmes caractères, même disposition.

— Oui. Je vois qu'on a voulu l'imiter. On y a à peu près réussi.

— Alors, vous ne le connaissez pas?

— Ma foi, non.

— C'est bien. C'est tout ce que j'avais à vous demander. Vous pouvez vous retirer.

Après une quinzaine de répit, je reçus l'invitation d'avoir à me présenter chez un juge d'instruction, qui me posa je ne sais plus quelles questions, insignifiantes certainement.

L'affaire n'eut pas de suites. Le gouvernement italien n'insista-t-il pas ? Le nôtre pensa-t-il que ça ne valait pas le dérangement? Je n'entendis plus parler de rien. Et je crois que ce fut la fin de *Il Ciclone*.

Outre ce journal, Pini vint imprimer trois ou quatre placards, mais ils étaient principalement dirigés, sous prétexte de divergences d'idées, contre d'autres révolutionnaires : Merlino et Cipriani.

*   *
*

Ce ne fut que plus tard que j'appris que, associés avec les frères Schouppe, Pini et Parmeggiani formaient une bande de cambrioleurs dont les opérations se chiffraient par centaines de mille francs.

Les Schouppe, paraît-il, se targuaient d'être anarchistes, mais en réalité ils n'étaient que des jouisseurs et de vulgaires voleurs.

De leurs fructueux vols, je n'ai jamais entendu dire que la moindre partie soit allée à une œuvre de propagande. Et cependant j'étais bien placé pour apprendre quantité de choses, même celles qui devaient rester secrètes.

Quant à Pini, ses admirateurs ont vanté sa générosité, clamé à tous les échos les sommes qu'il aurait dépensées pour la propagande, mais j'en suis encore à trouver les œuvres que lui et Parmeggiani subventionnèrent.

Les cinq placards — plutôt de discussions personnelles que de véritable propagande — et le numéro du *Ciclone*, c'est tout ce que je connais à leur actif en fait de propagan'e.

*
* *

Je n'ai pas terminé avec la bande Pini. Ce dernier fut envoyé au bagne ; Parmeggiani ayant échappé à la police, eut une carrière de héros de roman.

Au temps de leurs opérations, tous deux avaient volé des tableaux à un peintre espagnol nommé Cossira. Celui-ci, pour les recouvrer, se mit lui-même à la recherche de ses voleurs. Comment les découvrit-il? Comment entra-t-il en relations avec? Je n'ai jamais su les détails. Toujours est-il que Parmeggiani devint l'amant de Mme Cossira, que Cossira mourut, — de çà ou d'autre chose, je l'ignore, — et que Parmeggiani épousa Mme veuve Cossira, se fit antiquaire et devint millionnaire.

Ayant eu des démêlés avec le nommé Bordes, dont j'ai parlé, ce dernier publia que Parmeggiani — ceci se passait à Londres — était le Parmeggiani de la bande Pini. Parmeggiani affirma qu'il était seulement le frère de l'anarchiste et n'avait de commun que cette parenté avec l'ex-cambrioleur.

Il intenta à Bordes un procès en diffamation, Bordes soutenant qu'il était à même de le connaître, puisque, autrefois, Parmeggiani s'était présenté à lui avec une lettre de recommandation de moi.

Que j'aie donné à Parmeggiani une lettre de recommandation, c'est fort possible, car pendant longtemps je l'ai cru un anarchiste fort sincère, homme peu cultivé, mais d'une rare énergie. Mais que je l'aie adressé à Bordes, voilà qui est plus contestable, ayant depuis longtemps suspecté Bordes de n'être qu'un mouchard.

*
* *

Après la bande Pini vint la bande Ortiz qui, du reste n'était que la suite de la première.

Celle-ci, il est probable, fournit quelques fonds à la propagande. Les bombes de la rue des Bons-Enfants, du Terminus, ainsi que la préparation des attentats, ne purent

être lancées qu'avec l'argent prélevé sur le produit des
« reprises » qu'elle fit. Mais lorsqu'on pense que quelques-
uns de leurs vols dépassaient cent mille francs, on avoue-
ra que l'argent dépensé pour le mouvement était maigre.

Il me fut raconté que certains d'entre eux étant allés
à Londres pour négocier les valeurs d'une de leurs opérations, s'étaient adressés à un vieux militant pour que celui-ci les mît en rapport avec quelque recéleur faisant
cette sorte de trafic. Le camarade aurait, paraît-il, répondu que s'il acceptait de se mêler de l'affaire, il voulait que sur le produit de la transaction, une certaine
somme fût versée pour la propagande. Ces redresseurs de
torts auraient refusé, préférant aller se faire « estamper »
par un autre trafiquant qu'on leur avait indiqué. Et, l'affaire faite, — toujours d'après les on-dit — ils auraient
fait la fête avant de retourner en France.

Du reste, entre eux, ils agissaient ni plus ni moins que
s'ils avaient été de vulgaires cambrioleurs.

Un jour, je reçus, d'un nommé Crespin, une lettre où
il me disait qu'ayant des contestations d'intérêts avec
Ortiz, il donnait à ce dernier rendez-vous au bureau du
journal pour liquider leur affaire sous mon arbitrage.

Je mentirais en disant que je fus flatté de la confiance
que me témoignait Crespin. Mais, comme il ne me donnait
pas son adresse, que je n'avais pas davantage celle d'Ortiz,
force me fut d'attendre leur venue.

Le jour dit, s'amenèrent les deux lascars. Girard, je
crois, était avec moi.

— Il vous a plu de me prendre pour arbitre, leur dé-
clarai-je, mais je ne tiens nullement à être mêlé à vos
affaires. Puisque vous êtes ici, je consens que vous liqui-
diez le litige qui vous divise — ce fut une faiblesse de ma
part — mais je vous déclare que si, plus tard, mon témoignage est réclamé, je déclinerai d'avoir rien connu de vos
transactions, ni assisté à quoi que ce soit.

Et, avec Girard, nous retirant dans un coin de la pièce,
nous laissâmes les deux compères faire leur petite affaire.

Ils sortirent des paquets de valeurs, dont il y avait bon
nombre, parmi lesquelles des valeurs ottomanes que je
remarquai à cause des caractères turcs. Ils se les parta-

gèrent après bien des contestations. Après quoi, ils s'en allèrent.

J'avais oublié l'affaire lorsque je fus appelé chez le commissaire du quartier.

Là, on me fit prêter serment de déclarer la vérité. Serment que je délivrai d'autant plus volontiers que, quel que soit ce que l'on me demanderait, je ne dirais que ce qu'il me conviendrait de dire.

— Les nommés Crespin et Ortiz s'étaient-ils rencontrés au bureau de *La Révolte* et s'y étaient-ils partagés des valeurs?

Sans broncher, j'affirmai que je ne connaissais que vaguement ces messieurs et n'avais aucune connaissance de cette rencontre. L'interrogatoire ne fut pas poussé plus loin.

Mais de là, je conclus que le Crespin avait été arrêté, qu'il avait dû dénoncer son complice et que c'était pour contrôler ses déclarations que j'étais appelé en témoignage.

Et je compris ma bêtise d'avoir laissé ces deux « cocos » terminer leurs démêlés en ma présence, lorsque au procès des Trente, sur la liste des témoins, je vis figurer le nom de Crespin, détenu!

Je me grattai furieusement la tête : « Encore une tuile! pensai-je ». Il est là pour raconter l'histoire de son entrevue au bureau du journal, et l'avocat-général en profitera pour dire : « Vous voyez bien qu'ils étaient tous complices! C'était à la *Révolte* qu'on se partageait le butin ».

Ce fut un véritable soupir de soulagement lorsque, au procès, Crespin se retira, ayant terminé sa déposition sans qu'il fût question de l'entrevue.

**

Quant à la bande Bonnot, elle est relativement trop récente pour qu'on ne se la rappelle pas. D'elle, je n'ai également connu personne, si ce n'est un vague comparse, Gauzy, qui fut abonné aux *Temps Nouveaux*, et dont je suis encore à me demander comment il s'était fourvoyé là-dedans!

Je ne puis donc en parler que par ouï-dire. Quelques-uns dépensèrent une farouche énergie, digne de meilleurs objectifs. Eux aussi, opérèrent de riches coups, sans que personne ait jamais connu quelles œuvres de propagande ils soutinrent. Les victimes qui tombèrent sous leurs coups furent de pauvres diables de travailleurs ou d'employés. Eux aussi furent dénoncés par un de leur bande. On ne sut jamais comment la police avait été mise sur la trace du dernier refuge de Garnier.

Du reste, ils avaient pris naissance dans le milieu du journal *L'Anarchie* où ils reçurent, sûrement, leurs premiers principes d'individualisme et de cambriolage par les « missionnaires » policiers qui infestaient ce milieu.

Pendant que la bande terrorisait Paris, je reçus la visite d'un grand gaillard bien découplé, accompagné d'un jeune garçon d'environ quatorze ans.

Il me raconta que, faisant partie de la bande Bonnot, il était traqué, ne savait plus où se réfugier, et me demanda si je pouvais lui trouver un asile.

Cet homme aurait été poursuivi pour quelque acte de propagande, j'aurais certainement fait de mon mieux pour le tirer de sa peine. Mais ces gaillards, avec leur théorie de « vivre sa vie d'abord », proclamant que la solidarité était une blague, mais sachant s'en réclamer lorsqu'ils avaient besoin des autres, me dégoûtaient. Aussi lui répondis-je que, adversaire de leurs théories comme de leurs pratiques, je ne voulais rien avoir à faire avec eux. Et que, ce que je ne voulais pas faire moi-même, je me garderais bien de le demander aux autres.

Ceci, parce qu'il m'avait demandé l'adresse de camarades qui auraient pu lui venir en aide.

J'avais grande pitié du gosse qui était avec lui, mais, vraiment, ils avaient fait trop bon marché de la vie de pauvres diables. La vérité devait leur être dite une fois pour toutes.

D'autant plus qu' il n'était peut-être qu'un vulgaire tapeur.

*

* *

Ce n'est pas seulement en France que cette théorie du vol s'était développée comme un chancre rongeur. Kropotkine me racontait tout le mal qu'elle avait fait dans le mouvement russe.

D'importantes sommes avaient été ainsi reprises sans grand profit pour la propagande. L'argent avait été utilisé pour préparer de nouveaux coups, ou pour tenter de faire évader ceux des complices qui avaient été pincés au cours des opérations. Sans compter ceux qui trouvaient mieux de l'employer à faire la noce!

XVII

LA LUTTE POUR L'EXISTENCE

En feuilletant la collection du journal, je vois que les années 8 et 9 (1903-04) furent particulièrement difficiles. C'est souvent que l'on y voit annoncer la suppression du supplément.

Il fallait faire quelque chose pour sortir de l'impasse! Faire des économies? Impossible... Elles étaient déjà poussées à l'extrême limite. Je pensai à donner 8 pages de texte au lieu de 4, plus les 8 pages du supplément. Augmenter les frais alors que, jusque-là on n'avait eu que du déficit, c'était imiter Gribouille. Mais cela avait déjà réussi. Pourquoi ne réussirait-on pas encore ?

Avec plus de texte, plus de variété, on devait attirer de nouveaux lecteurs. J'annonçai la chose afin d'y intéresser ces derniers.

D'autre part, le n° 13 de la 10° année portait un nouveau titre dessiné par Roubille qui, ainsi que d'autres camarades, avait dessiné des vignettes de rubriques.

En examinant les numéros aujourd'hui, je ne crois pas que le journal ait beaucoup gagné à l'innovation. Cependant, si j'avais été compris par les dessinateurs, les rubriques auraient pu fournir un grand choix de dessins satiriques. Roubille et quelques-uns s'y essayèrent, mais il aurait fallu que cela se renouvelât plus souvent. Je ne pouvais pas être tout le temps à importuner les artistes.

L'idée des vignettes devait amener celle d· donner des dessins sur l'actualité. On pouvait compter sur la bonne volonté de certains dont la réputation n'était plus à faire: Stenlein, Willette, Roubille, Iribe, Grandjean, Luce, Signac, Couturier, Delaw, Delannoy, Van Dongen, Lebasque, Jossot,

Kupka, sans compter nombre d'autres camarades moins connus.

Sur l'initiative d'Hermann-Paul, ils furent convoqués au journal. Ils n'y vinrent pas tous, mais les absents envoyèrent leur adhésion et promirent leur concours.

Il fut convenu que chacun à tour de rôle, donnerait un dessin par semaine. Je devais les prévenir lorsque viendrait leur tour, afin qu'il n'y eût pas d'oubli malencontreux. Hermann-Paul rêvait mieux. Il devait s'entendre avec le *Simplicissimus*, de Munich, pour que nous reproduisions quelques-uns de ses dessins : Madame Ménard devait aussi nous donner des dessins, qu'elle ne nous donna pas, du reste, mais elle paya largement son abonnement. L'idée du « *Simplicissimus* » resta également à l'état de projet.

En somme, cela marcha assez bien. Malgré l'augmentation des frais, la situation n'en fut pas plus difficile. Il y avait même une légère amélioration. Le nombre des acheteurs avait, certainement, augmenté. L'effort avait réussi.

Va te faire f...ichel... arriva une grève des typographes (avril 1906). L'imprimerie où se faisait le journal occupait des femmes. Elle fut mise à l'index. Je m'étais arrangé avec une autre pour le tirage du numéro qui était composé. Mais notre imprimeur éleva des difficultés pour laisser sortir les formes. Furieux du mauvais vouloir dont il faisait preuve, je résolus de le quitter. Or il fallait trouver les 700 francs que je lui devais.

Je priai Delesalle de les demander à un de ses amis, qui se prétendait anarchiste, et pour lequel nous avions édité un volume. Ces 700 francs lui auraient été rendus en moins d'un mois, le nouvel imprimeur nous consentant le crédit des premiers numéros.

Mais l'ami répondit à Delesalle qu'il venait d'acheter trois maisons et ne pouvait pas disposer des 700 francs.

Ce fut Dunois qui me les prêta. Il fut remboursé comme ci-dessus dit.

La grève eut un autre résultat, fatal pour nous. C'est que le coût d'impression, avec les nouveaux prix, augmentait nos dépenses de 70 à 80 francs par numéro, réduisant ainsi notre effort à néant. Avec l'impossibilité de recommencer de sitôt.

Nous avions fait un travail d'écureuil.

*   *

Entre temps, les événements marchaient. En Russie, des mouvements annonçaient l'approche de la révolution.

Charles-Albert eut l'idée de commémorer l'anniversaire de la mort de Lavrof en organisant une manifestation où les révolutionnaires seraient venus, le 5 février 1905, proclamer leurs sympathies pour la révolution russe.

Un comité fut formé, où, à côté des noms des rédacteurs des *Temps Nouveaux*, on pouvait lire ceux de A. France, Séverine, Quillard, Descaves, de Pressensé, Bouchor, Steinlen, Lermina, Jaurès, Geoffroy et quantités d'autres.

Mais, patatras ! dans la semaine où devait avoir lieu la manifestation, le comité fut avisé par France, Quillard et Mirbeau que l'on tenait de source certaine que la manifestation serait empêchée férocement et servirait de prétexte à l'expulsion des réfugiés russes. Par une note aux journaux signée France, Quillard, Mirbeau, Hérold, le comité annonça que, devant les menaces du gouvernement, la manifestation n'aurait pas lieu. Avec les protestations de rigueur, bien entendu.

Charles-Albert et moi refusâmes de signer le contre-ordre, et expliquâmes dans le journal que nous n'approuvions pas cette reculade: que plier devant la menace gouvernementale, c'était encourager les gouvernants à user de la manière forte. Mais l'idée de manifestation était tuée, puisque ceux qui auraient pu amener les manifestants se retiraient.

Cela n'empêcha pas la révolution russe d'éclater.

(Nous ne sommes qu'en 1905).

*   *

Plus tard, ce fut Alphonse XIII qui vint rendre visite à Loubet. A leur sortie de l'Opéra, une bombe fut lancée contre leur voiture, sans occasionner d'autres dommages

que des blessures à de pauvres diables de chevaux qui
n'y pouvaient rien.

Seulement, ce fut l'occasion d'arrêter divers camarades, entres autres Malato, que les journaux bourgeois
accusèrent d'avoir, dans les *Temps Nouveaux*, réclamé la
mort du roi.

Etait-ce ignorance ou mauvaise foi? Malato n'avait
jamais écrit dans les *Temps Nouveaux*.

Cet attentat fut un véritable roman policier à la Gabo-
riau. La police instruite, paraît-il, du complot, avait assisté
au départ d'Espagne des bombes, les avait suivies
jusqu'à leur réception par les conjurés à Paris, ne les
perdant de vue qu'au moment où ils allaient s'en servir!

Mais quelle fut ma stupéfaction, lorsque, appelé chez
Leydet, le juge chargé d'instruire l'affaire, je fus mis en
présence de copie écrite par moi, et d'une lettre de Stock
à moi adressée.

Leydet m'affirma les avoir trouvées lui-même dans les
bois de Vélizy, enveloppant des bombes, soi-disant cachées
par Vallina — un camarade espagnol arrêté — quant à
la lettre de Stock, elle était déchirée en menus morceaux,
jetés au vent. Et, miracle! tous avaient été retrouvés!
parmi les herbes, les buissons, les taillis et autres fron-
daisons. Elle était là, reconstituée! Pour les morceaux de
copie qui enveloppaient les bombes, ils pouvaient bien
être grands comme la main!

M. Leydet me demanda ce que cela signifiait. Je lui
répondis que s'il voulait me l'expliquer, je lui en serais
reconnaissant. Mais que, peut-être, le Préfet de Police
serait à même, beaucoup mieux que n'importe qui, de
résoudre le rébus.

Quant à moi, n'étant pas allé me promener dans les
bois de Vélizy, je ne pouvais y avoir semé ma correspondance, qu'au surplus, je n'avais pas pour habitude de me
promener avec elle. Et que si j'avais eu des bombes à cacher, je ne les aurais pas enfouies avec des pièces pouvant
permettre d'identifier, aussitôt, celui qui les avait dépo-
sées là.

Les bombes avaient été cachées par un policier, cela ne
faisait aucun doute.

Comment pouvais-je expliquer que ces papiers fussent

tombés entre les mains d'un policier? La lettre de Stock
m'avait bien été remise par la poste!

Oui, la lettre de Stock avait été en ma possession.
Comment les policiers avaient-ils pu s'emparer de papiers
m'appartenant? Qui pourrait le dire? Il arrivait au bureau
toutes sortes de gens pour acheter des brochures. Quand
j'avais le dos tourné pour les servir, il était facile de rafler
sur la table ce qui était à portée.

Et, en effet, je ne voyais guère à donner que cette
explication.

Parmi les arrêtés, il y avait bien un nommé Harvey dont
le rôle dans cette affaire fut plus que suspect, et qui
venait parfois au bureau. Mais il y avait des mois que lui
et Vallina n'y avaient pas mis les pieds, et les papiers
étaient de beaucoup postérieurs à leur dernière visite.

Pendant qu'il m'interrogeait, Leydet alla parler, par
acoustique, à quelqu'un, lui donna rendez-vous pour le
lendemain. « Bon, pensai-je, attendons-nous à quelque
perquisition pour demain. Si pas pis ».

C'était une fausse alerte. Par les journaux du lendemain,
j'appris qu'il s'était agi d'une expédition au domicile de
Malato.

Le complot était si mal machiné que je ne fus plus
inquiété, et les accusés furent acquittés.

Appelé comme témoin au procès, les accusés me firent
demander qui je soupçonnais d'avoir jeté les bombes
contre la voiture présidentielle.

A cette question, pas d'hésitation: « Ceux qui, ayant
suivi leur trajet depuis la fabrication jusqu'à leur départ
d'Espagne, ne les avaient perdues de vue qu'au moment
où on allait s'en servir ».

Puis, comme je ne tenais pas à perdre mon temps à la
Cour d'Assises, je demandai l'autorisation, si l'on n'avait
plus besoin de moi, de ne plus y revenir. Ce qui me fut
accordé.

Dans son réquisitoire, Bulot — toujours lui — déblatéra
contre moi tant qu'il put. Il s'attaqua aussi à Emile Henry.
Mais Fortuné, le frère de ce dernier, se trouvant dans la
salle, prit la défense de son frère et souleva un vif incident
en prenant notre ennemi à partie.

Ce n'est qu'en lisant les journaux, le lendemain, que
j'eus connaissance de l'intervention de Bulot. Je regrettai

mon absence, j'en aurais profité pour lui demander si, lui, magistrat, devait ignorer qu'il est défendu de revenir sur la chose jugée!

Vers la même époque, une voisine qui habitait au rez-de-chaussée, dans la cour, me prit un jour à part pour me dire qu'elle était sûre que, certaines nuits, on s'introduisait dans le bureau.

Pour vérifier le fait, je couchai plusieurs nuits de suite au journal, sur la table, mais rien de suspect ne se produisit. Courbaturé, je cessai la surveillance, me contentant de faire mettre une serrure de sûreté.

*
* *

La grève des typos nous avait ramenés à notre point de départ. Nous avions nos douze pages, nous avions des dessins, mais les difficultés financières s'en trouvaient d'autant augmentées.

J'eus recours à un expédient qui m'avait souvent été suggéré, mais que j'avais toujours repoussé: Mettre le numéro à 0 fr. 15.

Je m'attendais bien à un peu de baisse, mais pas à ce qu'elle fut ni où elle se fit.

Ce fut à Paris, surtout, que cette baisse fut appréciable. De 1200 exemplaires que nous vendions, nous tombâmes à moins de 300. En province elle baissa seulement de 1500 par mois.

Il faut dire, que, à ce moment, deux forts courants de déviation qui devaient miner le mouvement anarchiste commençaient à se développer. C'était l'individualisme et le néo-malthusianisme.

Mais le pis est, je crois, que notre mise à 0 fr. 15 coïncida avec l'apparition de *La Guerre Sociale*, qui, avec les individualistes, apportait à certains anarchistes ce révolutionnarisme de phrases que nous avions toujours refusé d'employer.

Jusque-là, on nous avait acceptés faute de mieux, mais, lorsque Hervé arriva avec sa Mamzelle Cisaille et son citoyen Browning, cela emballa tous ceux qui, enfin, avaient trouvé la feuille de leurs rêves, et qui pensaient que la moitié de la révolution était faite si leur journal, dans chaque numéro, mangeait du bourgeois, et si « leurs écrivains », employaient constamment les mots : bombes, incendies, « casser la gueule », et accrochaient, figurativement, aux becs de gaz, une demi-douzaine de gouvernants et de politiciens dans chaque article.

La Guerre Sociale leur apportait cela, et davantage encore. Le « Citoyen Browning » et « Mamzelle Cisaille », ces deux précieuses inventions de Hervé, firent la fortune de son journal, si cela valut le bagne ou la prison à quelques naïfs qui, ne se contentant pas . mots, passèrent aux faits, croyant que c'était arrivé.

Ils payèrent les pots cassés, mais aujourd'hui, Hervé, casé dans un journal bourgeois, soutient la politique réactionnaire de Poincaré, et ses lieutenants sont lancés dans le monde des affaires.

Il y eut bien d'autres petites saletés. Mais à quoi bon remuer ce fumier !

Pour en revenir à ce qui nous concerne, la mise à 0 fr. 15 ne fut pas une brillante idée, ni une heureuse spéculation.

*
* *

Cela ne nous empêchait pas de mener quelques campagnes de propagande chaque fois qu'il était possible.

En 1907, ce fut l'affaire Joris.

Ce camarade était allé à Constantinople sur l'invitation des Arméniens pour les aider dans leurs efforts de défense contre l'arbitraire du « Sultan Rouge ». Arrêté à la suite d'un attentat contre ce massacreur, Joris fut condamné à mort.

A plusieurs reprises, il put nous envoyer des lettres (1) qu'il avait trouvé le moyen de faire sortir de sa prison. A force d'en appeler à l'opinion publique, elle finit par

---

(1) Voici l'une d'elles :

Prison Centrale   Constantinople, le ... Juillet.

Cher Grave,

Je n'ai plus eu de vos nouvelles sur ma dernière lettre où je vous demandais l'adresse de Gadobert, en vous remettant égales'y intéresser. Joris put être arraché à Abdul-Hamid. Il fut rendu à la Belgique dont il était sujet, et où des amis avaient mené une campagne active en sa faveur. Il était resté deux ans en prison, au régime des condamnés à mort.

*

* *

Mais il faut en revenir aux mesquineries de la vie.

La vente avait baissé. Nous ne pouvions accepter cela. Les 0 fr. 15 étant une faillite, il fallait revenir aux 0 fr. 10. Un appel signé de tous les amis du journal fut fait en ce sens, et une tombola organisée. En octobre 1907, nous revenions à notre prix de 0 fr. 10.

En novembre, nous organisâmes, à l'occasion de l'anniversaire des Martyrs de Chicago, un meeting international en faveur de Joris et Matha. Ce dernier était poursuivi

---

ment une lettre pour Pierre Quillard. Cette lettre date du 6 juin et Quillard ne m'a pas répondu... Ce qui m'étonne. Il fait presque comme les ministres et ambassadeurs.

Heureuse nouvelle. Grâce aux efforts des amis dont vous m'avez donné les adresses, et surtout V., mon ami d'ici a été sauvé. Le sultan l'a gracié sous la pression de l'ambassade d'Italie. Il est libre deux jours !

J'ai encore un camarade condamné à mort que je voudrais sauver, mais comme il est Grec, il faudrait cette fois-ci des adresses de Grèce. Connaissez-vous quelqu'un à Athènes ou ailleurs qui pourrait être utile ? Si oui, veuillez me donner leurs adresses.

Avez-vous publié l'article que je vous ai envoyé ? Il semble que, de fait, la question des pendaisons est désormais hors de cause quoique le Sultan me tient toujours sous le régime de « l'interdit ». Personne ne peut me voir, ni me causer. Pas même le directeur, ni les médecins de la prison ! Ces gens paraissent ne pas savoir que pour l'homme d'énergie il n'y a aucune chaîne possible.

L'hiver prochain, j'espère pouvoir tenter l'évasion. L'ami grec en question fait des préparatifs pour me faciliter la chose. Ça sera un peu rude, mais ça ira. Surtout, si lui parvient à se faire gracier un peu avant l'hiver. Il pourra prendre les dispositions nécessaires du côté extérieur de la prison.

Répondez-moi sans faute, S. V. P.

Bien cordialement,

E. JORIS.

XIII

PORTRAIT D'ÉMILE HENRY

XIV

REPRODUCTION D'UNE LITHOGRAPHIE DE CONSTANTIN MEUNIER

comme faux monnayeur, la police ayant saisi au *Libertaire* un attirail de faux monnayeur déposé à l'insu de
Matha qui affirmait être victime d'une machination poli-
cière.

Je dois dire que, malgré les difficultés pécuniaires,
j'avais procédé à l'édition de *Guerre-Militarisme*, de
Patriotisme-Colonisation, de trois séries du *Coin des
Enfants*, de *Terre Libre*, d'un album des dessins parus
dans le journal, des tirages à part des gravures de *Guerre-
Militarisme* et *Patriotisme-Colonisation*, ainsi que de
nombreuses cartes postales, et terminé l'édition de nos
lithographies.

Tout cela ne se vendait pas « comme du bon pain »,
mais s'écoulait petit à petit, aidant à la publication du
journal.

La tombola avait produit 9.300 francs, à un franc le
billet. Elle comportait près de 900 lots. Les billets non
sortis étaient remboursables avec des lithos et des volumes
de notre fond.

Mais ce ne fut qu'une bouchée. J'avais fait faire un petit
affichage. Nous avions des déficits de 200 à 300 francs
par mois. Et nous n'avions pas attendu le tirage de la
tombola pour anticiper sur les recettes. La situation restait
tout aussi difficile

Desplanques m'ayant dit que, sentant qu'il était une
charge pour le journal, il préférait se retirer, tout en
continuant sa collaboration, je résolus de ne paraître que
tous les quinze jours et de faire la besogne tout seul.

J'annonçai ma résolution dans le N° 51 de la quatorzième
année (avril 1909), et la 15° année débuta avec l'apparition bi-mensuelle.

Cela marcha assez bien, 18 mois environ. La vente
s'était légèrement, très légèrement améliorée. Nous avions
une économie de 40 fr. par semaine. — Ces 40 francs
représentaient les « fabuleux » appointements de ceux
qui étaient au journal — nous économisions le déficit
d'un numéro sur deux. On ne faisait tout de même pas les
frais, mais le déficit n'était plus une entrave. Ça pouvait
aller.

Oui, mais... il existait un camarade plein d'idées nouvelles qui, appliquées, devaient donner un nouvel essor
à la propagande. De fait, il en avait, de temps à autre,

16

d'excellentes. Seulement, si elles n'étaient pas déjà en pratique, c'est que les moyens manquaient pour les appliquer.

Qu'à cela ne tienne! Il était toujours plein de promesses. Il ferait ceci, organiserait cela. Il était prêt à se charger de tout.

Lui aussi, n'avait qu'un défaut. C'est que, une fois le dos tourné, il oubliait les promesses faites.

Un certain jour, il avait profité de mon absence du journal pour réunir les camarades qui s'y intéressaient et, leur proposa tout un plan de réformes et de changements, sans me consulter.

Ce fut Madame Girard qui vint me prévenir, mais je n'eus pas à intervenir, l'homme ayant oublié tous ses projets d'amélioration et ses promesses financières.

Plus tard, ce fut moi qu'il vint trouver. Nous devions donner une plus grande extension au mouvement international. Il s'abonnerait à plusieurs des principaux journaux européens. Pour améliorer la rédaction, on paierait les articles.

Sur ce, je me gendarmai. Du reste, la question n'était pas à envisager pour le moment. Avant de penser à payer les rédacteurs, il fallait trouver le moyen de payer le marchand de papier, l'imprimeur et la poste.

Notre homme paierait de sa poche! Et, en cela, il était appuyé par Charles-Albert qui, ayant perdu de l'argent dans diverses entreprises malheureuses, était dans la nécessité de trouver une occupation lui permettant, à lui aussi, de boucher les trous de son budget.

Naturellement, ce ne fut pas la raison qu'il donna, — peut-être même n'en avait-il pas conscience lui-même — mais ce fut celle que je compris. A l'appui de son opinion, il fit une série de critiques qui m'abasourdirent.

Il y avait des numéros du journal où des articles faisaient double emploi! D'autre part, il y avait des titres qui n'avaient pas assez de blanc dans la mise en page; d'autres qui avaient des coquilles, etc, etc.

C'était après une collaboration de plus de vingt années que Charles-Albert élevait ces critiques dont quelques-unes pouvaient être justes mais qu'il était mal venu de faire, car, étant libre, il aurait pu sacrifier une heure ou deux chaque semaine pour venir avec moi à l'imprimerie assister à la mise en page, et donner ses conseils.

Je vois, dis-je à Charles-Albert, que c'est la création d'un poste d'inspecteur des blancs de la mise en page, que vous proposez. Ce qui eut pour effet de le froisser.

A la fin, il semblait revenu de sa mauvaise humeur. Il convint que tant que la situation du journal ne serait pas meilleure, il était impossible de payer les articles. Nous ne pouvions pas nous reposer sur la bonne volonté d'un seul pour inaugurer cela.

Ce fut peu de temps après qu'il inventa avec un nommé Duchêne, un nouveau parti révolutionnaire qui, du reste ne vit jamais le jour. Mais il cessa sa collaboration, trouvant que le moment était venu de « reviser » ses idées.

Quant au bonhomme aux promesses, j'aime à penser qu'il était animé de bonnes intentions. Seulement, il en restait là.

*
* *

Mais ceci est de l'histoire ancienne. Il lui arrivait parfois, de se rendre utile. Lors de l'affaire Ferrer, ce fut lui qui, sous le nom de Bertrand, nous aida à mener la campagne d'agitation en vue de sauver notre camarade. Il paya de sa poche les frais du numéro exceptionnel que nous publiâmes, qu'il rédigea lui-même, et où il raconta les forfaitures du procès, dont le texte fut reproduit en brochure.

La campagne, si elle ne réussit pas, avait été bien menée. Cela est à son actif. Je le prenais comme il était, continuant mes relations avec lui, prenant ses promesses pour ce qu'elles valaient.

Le journal paraissait tous les 15 jours depuis 18 mois environ, lorsqu'il vint me trouver pour me dire que, vraiment, c'était pitoyable pour les *Temps Nouveaux*, de ne paraître que tous les 15 jours. Il fallait qu'ils redevinssent hebdomadaires.

— Oui, mais qui comblera le déficit? A l'heure actuelle bien que la situation ne soit pas brillante, nous pouvons marcher sans trop de tiraillements. Je ne veux pas risquer d'empirer la situation.

— A combien se monterait le déficit?

— Le calcul est facile à faire. — Mon livre de comptes était à jour. — Le numéro nous coûte tant. Il faudra que je reprenne un camarade avec moi, c'est 60 de plus par semaine. — 40 fr., c'était tout de même trop maigre.

Nous avons tant d'abonnements par mois, tant de vente au numéro. Il rentrera tant. Le déficit pourra aller de 300 à 400 francs par mois.

— Je peux faire la somme.

Je me grattai l'oreille. Il paierait le déficit, c'était bientôt dit. Je connaissais mon bonhomme, et n'avais pas la moindre confiance dans ses promesses. Mais c'était mon secret désir de voir le journal redevenir hebdomadaire.

Avant de me décider, cela méritait réflexion.

J'en parlai à ma femme. Il ne faut pas plus compter sur Bertrand que sur une planche pourrie, dis-je. Avec lui, les promesses ne comptent pas.

Et ma femme avait la même opinion, et était pour la prudence.

— Oui, mais si nous pouvions reparaître tous les 8 jours, peut-être arriverions-nous à retrouver de nouveaux lecteurs, développer notre tirage et notre propagande. Il ne faut pas compter sur ses promesses, c'est entendu. Mais s'il s'engage, il tiendra quelque temps tout de même. Ne tiendrait-il que 6 mois, ça serait suffisant peut-être, pour que l'expérience réussisse.

Bertrand m'avait dit que sa situation allait encore s'améliorer dans des proportions inespérées.

Reparaître tous les 8 jours était bien tentant. Le désir de reprendre notre place dans le mouvement l'emporta sur la prudence. Je répondis à Bertrand que, comptant cette fois qu'il tiendrait parole, j'allais tenter l'entreprise. Il me confirma ses promesses.

*
* *

J'annonçai nos projets dans le numéro 10 de la 16 année. Et, dès le n° 17, de la même année, nous inaugurions le retour à l'apparition hebdomadaire. Girard reprit ses fonctions avec moi, au journal.

Le premier mois, le déficit ne fut que de 200 fr. Je m'empressai d'en aviser Bertrand, tout en le prévenant de ne rien augurer de ce que le déficit était au-dessous des prévisions. Il pouvait les dépasser le mois suivant.

Bertrand m'apporta les 200 fr., mais, à son grand regret, il se voyait obligé de me prévenir de ne plus compter sur lui. Au lieu de s'améliorer, sa situation chez son employeur était devenue plus médiocre par une diminution de travail et d'appointements.

Ce fut un coup de massue, mais le vin était tiré, il fallait le boire. Ma femme et moi apprimes ce qu'il en coûte de faire fonds sur certaines promesses.

Plus tard, en causant, Bertrand laissa échapper que le motif de sa défection ne devait avoir effet qu'un an plus tard et qu'il avait un projet en vue où il y avait de l'or à gagner.

L'homme était encore plus mufle — ou plus inconscient — que je ne l'eusse cru.

Dans le numéro du 8 avril suivant, je dus faire part de la situation aux lecteurs, et leur demander leur concours pour une tombola. Ce qu'il y en eut de ces tombolas!

Il faut dire que les concours ne nous firent jamais défaut. Seulement, il me fallait les stimuler. Mon insistance finissait par me gêner.

Je ne me rappelle pas ce que rapporta cette tombola — je ne retrouve pas les comptes — mais il y eut 2.024 lots, tous donnés par les amis du journal, parmi lesquels, comme toujours, les artistes se distinguèrent.

*
* *

Durant cette période, les « campagnes » furent nombreuses. Il y eut l'affaire de l'affiche antimilitariste. Un premier affichage ayant été poursuivi, il fut suivi d'un second, où figurèrent les signatures de plus d'un millier de camarades, protestant contre les poursuites.

Mais le Parquet fit un triage parmi les signataires, et se borna à en poursuivre moins d'une vingtaine qui, du reste, furent acquittés. Parmi eux étaient deux de nos collaborateurs, Charles-Albert et de Marmande. Tous les deux furent excellents, leurs petits froissements d'amour-propre n'ayant pas atteint le public.

Il y eut les affaires de Draveil, Raon-L'Etape, Ville-neuve-St-Georges et Vimeux. Clemenceau, en ministre à poigne et voulant se distinguer, avait brutalement fait intervenir l'armée dans les grèves. Dans toutes ces affaires, il y eut des morts et des blessés. A Vimeux, deux grévistes furent fusillés dans leur salle de réunion par les gendarmes.

En Espagne, à la suite d'un attentat contre le roi, Ferrer avait été arrêté. Il resta un an en prison, puis fut acquitté. Nous célébrâmes cet acquittement comme une victoire sur le cléricalisme. Comme il allait bientôt prendre sa revanche!

En Amérique, les chefs de la *Western Federation of Miners* furent impliqués dans une espèce de complot ; il fallait les tirer des griffes de la magistrature capitaliste et ne pas laisser recommencer le coup de Chicago.

En Argentine, c'était la police qui, à la suite d'une grève avait tiré sur la foule, tuant et blessant plusieurs personnes. En revanche, une bombe fut lancée contre la voiture du Préfet de Police maintenu en fonctions contre le sentiment populaire.

Ce fut alors une véritable terreur. L'état de siège fut proclamé. Les bureaux du journal *La Protesta*, des sièges de fédérations ouvrières furent envahis et saccagés par la police. Tous les militants furent arrêtés. Défense aux journaux de parler des arrestations et déportations. Je reçus avis des faits par un de nos correspondants de Buenos-Ayres, et par des réfugiés de Montevideo. Je fis un numéro supplémentaire. C'était en décembre 1909.

En août 1910, numéro spécial contre Biribi, avec textes de Jacques Dhur, P. Quillard, F. de Pressensé, A. Naquet, Sicard de Plauzolles, Malato, M. Sembat, J. Hadamard, V. Basch, et les camarades du journal.

Il fut fait un tirage à part des dessins de Grandjouan, Delannoy, Rodo, Signac et Luce. Avec un supplémentaire de Steinlen qui était arrivé trop tard pour le tirage du numéro.

A ce moment, le gouvernement poursuivait les signataires d'une affiche contre les bagnes militaires. Ils furent tous acquittés.

Plus tard, ce fut l'affaire Kotoku, — Janvier 1911 — l'anarchiste japonais exécuté après un procès comme

savent en faire tous les gouvernements lorsqu'ils veulent
se débarrasser d'adversaires gênants.

Février 1911, mutinerie de marins brésiliens, dont plusieurs furent assassinés clandestinement. L'un d'eux, Candido, avait été notre correspondant.

La même année, nous eûmes une série d'articles, de différents docteurs, soit de la rédaction, soit du dehors, qui s'élevaient contre le criminel « droit à l'avortement » préconisé par certains néo-malthusiens qui, sans aucune connaissance médicale, faisaient le commerce de drogues, risquant la vie ou la santé tout au moins, des pauvres naïves qui avaient recours à leurs bons offices.

*
* *

Entre temps, espérant pouvoir améliorer la publication des brochures, j'eus l'idée d'en faire le travail d'un groupe à part — le *groupe de propagande par la brochure* — et d'offrir une prime à ceux qui souscriraient un certain nombre d'exemplaires. Cela nous fut une occasion d'éditer des lithographies de B. Naudin, des eaux-fortes de F. Jacque et de Daumont.

Nous pûmes régulariser l'impression des brochures, en tirer plus souvent. Il y avait bien chaque fois un déficit que devait combler le journal, mais le stock se vendant continuellement, après tout ce déficit n'était qu'une avance de fonds.

*
* *

XVIII

NOTRE DERNIÈRE CAMPAGNE

J'ai parlé de Ferrer. C'est une figure qui vaut qu'on s'y arrête. Depuis longtemps, il était abonné au journal, me rendant service de temps à autre.

C'était un homme doux, tranquille et simple. Il était pris par l'idée d'éducation. Il avait comme élève une vieille dame qui, souvent, lui avait demandé ce qu'elle pourrait bien faire pour l'aider à la propagande de ses idées, lui promettant de ne pas l'oublier dans son testament.

Fonder une école rationnelle en Espagne était le rêve qu'il caressait, si jamais il venait en possession des moyens de le faire. Aussi lorsque la dame mourut, lui laissant une somme importante, il partit aussitôt pour l'Espagne afin de réaliser son projet.

A son école, il adjoignit une maison d'édition. Il lui fallait éditer lui-même les livres dont il avait besoin pour son enseignement.

Il édita l'ouvrage d'Elysée Reclus : *L'Homme et la Terre.* De moi, il publia la traduction espagnole des *Aventures de Nono* et *Terre Libre*, que j'écrivis pour lui, et dont ma femme avait fait les dessins.

* *

Ferrer était assez content de son école : — « l'Escuela Moderna ». — Il me racontait, lorsqu'il venait à Paris, qu'il lui venait des élèves de toutes les classes sociales.

Jusqu'à un commandant de l'armée qui lui envoyait sa fille.

Mais par sa propagande, il s'était attiré la haine du parti clérical. Aussi profita-t-on de l'attentat de Moral — un professeur de son école — contre le roi pour l'arrêter comme complice.

Ferrer était-il au courant des projets de Moral? Qui sait ? En tout cas, on ne put prouver sa complicité, on dut le relâcher.

Le cas de Moral, du reste, était un peu celui d'Emile Henry. Comme pour ce dernier, c'était, paraît-il, un suicide. Moral était amoureux de celle dont Ferrer devait faire sa compagne.

Peu après, une insurrection ayant éclaté à Barcelone, qui dura une semaine, nombre d'églises et de couvents furent brûlés. Les cléricaux prirent alors leur revanche. Fusillades et arrestations en masse eurent lieu, et il s'ensuivit une véritable terreur.

Cette fois l'occasion était trop belle. Ferrer fut compris dans les poursuites intentées contre ceux qui étaient compromis — ou que l'on voulait englober dans la répression. — Il avait réussi à se cacher. Mais traqué, découvert, il fut arrêté, traduit devant un conseil de guerre qui le condamna à mort après un semblant de jugement.

*

L'opinion publique se souleva de partout. Partout des manifestations eurent lieu en sa faveur.

A Paris, Charles-Albert organisa un « Comité de défense de Ferrer ». Une entente eut lieu entre ce comité et celui de « Défense Sociale », les socialistes et la *Guerre Sociale*.

Le gouvernement français avait-il quelque chantage à exercer contre le gouvernement espagnol? Je le croirais, car, non seulement, il laissa faire, mais organisa la manifestation qui avait été mise debout par ces divers groupes.

*

Notre dernière campagne fut en faveur de Rousset.

Aux compagnies de discipline, un soldat nommé Aernoult avait été tué par un gradé. Rousset, camarade de la victime, avait dénoncé le meurtrier. Il s'ensuivit une campagne de presse. L'autorité militaire dut faire un semblant d'enquête.

Pendant l'instruction, un autre disciplinaire fut tué par un de ses camarades. Rousset était présent. Ce fut lui qui fut accusé du meurtre.

La victime, qui n'était morte que quelques jours après la blessure reçue, se refusait à nommer le meurtrier, mais niait énergiquement que ce fût Rousset. Les témoins terrorisés n'osaient parler.

Aussi, lorsque, au procès du meurtrier d'Aernoult, il se présenta pour l'accuser, étant lui-même sous le poids de la même accusation, son témoignage fut considéré sans valeur. Le meurtrier d'Aernoult fut acquitté. Et lui-même passa en jugement et fut condamné pour un meurtre dont il était innocent.

Il ne cessa de protester de son innocence et de maintenir ses accusations.

Le Comité de Défense Sociale qui se donnait pour but de faire la guerre aux abus de pouvoir, aux actes d'injustice, comme le cas Rousset, s'était emparé de l'affaire et avait confié à de Marmande le soin de mener une enquête. Celui-ci sut ramasser pas mal de documents qu'il apporta au Comité.

Mais ce dernier trouva qu'il avait été dépensé trop d'argent. On se disputa, on se lança des accusations à la tête. Il y eut rupture entre le Comité et son mandataire.

Il y eut des séances orageuses où se firent jour de basses rancunes, mais dont il ne ressortit rien de positif.

Les accusations n'étant pas prouvées, le Comité accepta de passer l'éponge. Mais, écœuré, de Marmande donna sa démission.

L'affaire Rousset dormit quelques temps, le Comité de Défense n'ayant pas su tirer parti des documents que lui avait apportés de Marmande.

Guérin, Benoît, Girard et quelques autres amis du journal ayant fondé un groupe, le « Groupe des Temps Nouveaux », profitèrent de ce que l'affaire Rousset venait en cassation pour demander à de Marmande de bien vouloir reprendre la campagne dans les *Temps Nouveaux* en publiant le résultat de son enquête et de réclamer le dossier qui dormait depuis des mois.

Le dossier ne fut pas positivement refusé, mais le Comité ne pouvait pas s'en dessaisir momentanément. La demande renouvelée un peu plus tard rencontra la même fin de non-recevoir.

Mais de Marmande était un ami de Berthon, l'avocat de Rousset, et membre lui aussi du Comité de Défense. Il possédait le dossier et le communiqua à de Marmande qui, avec son esprit lucide, eut vite fait de l'analyser et d'en tirer le numéro volumineux que nous publiâmes.

A première vue, il faut l'avouer, le dossier semblait plutôt défavorable à Rousset. Aussi se dépêcha-t-on de nous accuser de porter préjudice à celui qu'il s'agissait de défendre.

Raynal, qui devait défendre le cas devant la Cour de Cassation, avouait ne trouver rien de valable en faveur de Rousset. Marmande passa la nuit avec lui à éplucher le dossier, lui indiquant méthodiquement, clairement, les contradictions, les mensonges, les manœuvres que cachaient les pièces. Le jugement fut cassé.

La campagne avait duré un an. En dehors du numéro exceptionnel, tout un numéro des *Temps Nouveaux* fut consacré à publier l'opinion des notabilités littéraires, artistiques, scientifiques et politiques que nous avions supposé devoir s'intéresser à un acte de justice.

*
* *

Grâce à l'ampleur qu'avait prise l'affaire Rousset, nous envisagions de continuer l'agitation en la portant contre les Conseils de Guerre et contre Biribi. Les membres du Comité Rousset nous avaient promis leur concours. Mais, devant les imbéciles attaques du Comité de Défense, principalement, beaucoup de bonnes volontés furent découragées. La mise en liberté de Rousset qui devait être le point de départ d'une campagne plus générale, apaisa les revendications. Il n'y avait plus rien à faire.

Quant à Rousset, qui avait été magnifique alors qu'il était aux prises avec l'autorité militaire, qui avait risqué sa vie en dévoilant le crime dont il avait été témoin, lorsqu'il fut remis en liberté, tiré de droite, tiré de gauche par ceux qui voulaient s'en faire un piédestal, il se laissa circonvenir et eut une piètre attitude.

Pour en finir, les membres du Comité de Défense firent insérer dans la *Bataille* une longue diatribe contre moi, accompagnée de calomnies. Je leur envoyai ma réponse, mais ils refusèrent de l'insérer, sous prétexte de ne pas engager de discussions personnelles !

Je n'insistai pas, me contentant d'observer que, quoique faisant partie d'un journal ouvrier, ils se conduisaient comme de simples bourgeois.

La campagne Rousset fut notre chant du cygne. Elle avait été magnifique, mais ce fut notre dernier éclair de vitalité. Le journal se traîna péniblement, supprimant des pages les trois quarts du temps. Puis ce fut l'attentat de Sarajevo, dont je ne vis pas toutes les conséquences sur le champ.

*
* *

A quoi bon rapporter l'angoisse qui pesa sur l'Europe lorsque se dégagea la certitude que la diplomatie faisait de son mieux, profitant de l'incident pour faire crever l'orage qu'elle prétendait vouloir détourner? Ce furent des heures sombres et tragiques. Pour mon compte, il m'était impossible de croire qu'en plein vingtième siècle, les peuples seraient assez fous pour se laisser jeter les uns contre les autres. Personne n'osera prendre la responsabilité d'une tuerie semblable, pensais-je. Jusqu'au bout, j'espérais que le cataclysme serait évité.

Quoique voulant la guerre — lorsque Poincaré monta à la Présidence, le bruit ne courut-il pas qu'il avait dit que ça serait sous sa Présidence que l'Alsace-Lorraine reviendrait à la France ? — nos gouvernants n'auraient jamais osé en prendre la responsabilité.

Malheureusement, il n'en était pas de même en Allemagne. Je persiste à croire que Guillaume fut dépassé par les événements que le fameux ultimatum n'était qu'un bluff, procédé dont il était assez coutumier, et qui lui réussissait si bien, puisque l'Europe s'empressait de lui céder tout ce qu'il demandait lorsqu'il enfourchait son cheval de bataille. Mais, cette fois, derrière lui et plus fort que lui, il y avait le parti militariste allemand qui, pendant quarante ans, avait prêché et préparé la guerre ; qui avait compris que, plus elle serait reculée, plus elle deviendrait impossible et qui était résolu à précipiter les événements. Pour ne pas se voir supplanter par le Kronprinz, Guillaume dut se mettre à la tête des partisans de la guerre.

J'étais en train de travailler à mon jardin, lorsque le samedi 1" août, le crieur de Robinson annonça que la mobilisation était décrétée. Même encore, je voulais espérer que les choses s'arrangeraient au dernier moment.

Mais comme nous avions toujours été avertis que la mobilisation serait le signal de l'arrestation des anarchistes et leur relégation dans un camp de concentration, il ne me restait qu'une chose à faire : me mettre à l'abri.

Je dis adieu à ma femme et pris le train pour Paris, comptant aller demander asile au sculpteur Lefèvre, un de nos bons amis.

Place Denfert, je rencontrai un peintre avec lequel j'avais été très lié, mais qui s'était disputé avec un des rédacteurs du journal, ce qui avait eu pour effet de refroidir nos relations, de son côté tout au moins. Il ne m'invitait plus à aller le voir.

Nous nous mîmes à parler des événements. Je lui dis que j'étais à la recherche d'un ami qui pourrait me donner asile. Cela lui aurait été facile de me prendre, habitant un pavillon à lui tout seul. Mais il oublia de m'en faire l'offre.

Chez Lefèvre, la concierge m'apprit qu'il était à la campagne. Je pensai à Bertrand, mais, lui aussi, était absent, j'eus l'idée d'aller voir Luce. Mais il était près de onze heures du soir. J'étais éreinté, il aurait fallu aller à Auteuil pour ne trouver personne peut-être. J'y renonçai. Je retournai à Robinson où j'arrivai éreinté.

Je m'étendis tout habillé sur le lit, pour être prêt à me sauver par les jardins si les policiers s'étaient amenés.

Il ne vint personne. Mais, à quatre heures du matin, je repris, à pied cette fois, le chemin de Paris.

Vers les sept heures, j'arrivai harassé à la porte d'Orléans. J'achetai un journal. Il n'était fait mention d'aucune arrestation ou menace d'arrestation. Au contraire, on reproduisait une note du *Bonnet Rouge* où il était dit

que, sur l'initiative de Malvy, le gouvernement avait renon-
cé à faire des arrestations préventives.

Cela s'annonçait mieux, mais il fallait voir. Je me rendis
chez le camarade qui avait mené la campagne de la «Mano
Negra» et qui, depuis, avait trouvé un emploi à la Chambre ; il alla, le premier, voir autour du bureau du journal
si rien de suspect ne s'y révélait. Aucune visite insolite
n'y avait été faite. Je m'y rendis à mon tour et, peu
après, arrivèrent quelques-uns des camarades qui avaient
l'habitude d'y venir le dimanche.

Afin d'être plus sûr encore, le camarade téléphona à
un des manitous de la Chambre, à même de savoir ce qui
se trafiquait en haut lieu ; la réponse fut : « Nous n'em...
nuierons personne si on ne nous em...nuie pas ».

Ayant déjeuné chez le camarade, je filai à Robinson
rassurer ma femme.

*
* *

De ce côté, cela allait assez bien, mais, avec la mobilisation, nous allions perdre la plus grande partie de nos
lecteurs. Les difficultés pécuniaires que j'avais tant de
peine à surmonter allaient, tout simplement, devenir tout
à fait insurmontables. D'autre part, avec la censure que l'on
venait d'établir, il ne serait plus permis de dire que ce
que les autorités voudraient bien laisser passer. Il ne
fallait pas penser pouvoir continuer la publication des
Temps Nouveaux dans ces conditions.

Pour ne pas disparaître sans rien dire, je fis imprimer
une simple feuille où je développai ma note du numéro
précédent. Mais sans grand espoir que la censure laisse-
rait passer. A ma grande stupéfaction, le visa fut donné
sans la moindre rature. Les *Temps Nouveaux* avaient
vécu.

Tout le mois d'août se passa dans l'anxiété et l'attente.
Par l'un ou par l'autre, on apprenait les nouvelles que le
gouvernement tentait de cacher. On savait que les Allemands avançaient continuellement alors que les dépêches
du gouvernement les disaient bien plus loin qu'ils n'étaient
effectivement.

Pendant tout le mois d'août il me rentra 1 fr. 50 de
l'abonnement d'un camarade qui n'avait pas hésité à le
renouveler.

XIX

QUE FAIRE ?

Quoique le journal ne parût plus, j'allais tous les jours au bureau. J'y voyais quelques camarades. Et puis, qui sait ? il pouvait y avoir occasion de faire quelque chose. On ne sait jamais ce qui peut arriver.

Chaque matin, le train que je prenais était bondé de mobilisés, accompagnés, le plus souvent, de leurs femmes. Des conversations que j'entendais, je pus conclure que la guerre — qui, certes, n'était pas désirée — était acceptée comme une cheminée qui vous tombe sur la tête, inévitable. On avait tellement été menacé de cette guerre, que la population, tout en la redoutant, avait fini par l'accepter comme inéluctable.

Les gens partaient sans enthousiasme, mais ils partaient. Tenter de leur faire comprendre qu'ils devaient refuser d'obéir, ou exiger des gouvernants des garanties contre la folie impérialiste, contre une aggravation militariste, n'avait aucune chance de succès. Le fléau déchaîné, il était impossible de l'arrêter.

Vint l'assassinat de Jaurès.

Les amis de Jaurès affirment que, vivant, il aurait, peut-être, pu empêcher la guerre. De cela, je doute fortement. Mais s'il n'avait pu arrêter le conflit, peut-être, lui, aurait-il su arracher au gouvernement quelques-unes des mesures que, en période révolutionnaire, les peuples conscients savent imposer à leurs maîtres. La mort de Jaurès fut, en effet, un grand malheur.

Quelle vie, ces quelques jours qui suivirent la déclaration de guerre ! et tout le mois d'août, se passant dans l'anxiété et l'attente de ce qui ne venait pas.

Les camarades qui venaient au bureau étaient, comme moi, désemparés.

« Nous aurions dû faire quelque chose ». Mais quoi ? On ne s'oppose pas à un tel cataclysme lorsqu'on n'est qu'une poignée.

Les anarchistes n'avaient jamais su créer une organisation capable de les unir entre eux, leur permettant de se trouver et de se concerter en cas de nécessité. Inorganisés, trop peu nombreux, s'étant toujours tenus à l'écart de la masse, ils étaient complètement réduits à l'impuissance.

Je reçus bien une lettre de Pierre Martin me convoquant au *Libertaire* pour y discuter et « délibérer » sur ce que devaient faire les anarchistes.

Le pédantisme de P. Martin m'était insupportable. Je n'avais qu'une confiance limitée dans son entourage. Je lui répondis qu'il était inutile de se réunir pour constater son impuissance. Qu'il n'avait pas à compter sur moi. Le résultat de leurs délibérations dut être ce que j'avais prévu ; car je n'ai pas vu qu'ils aient fait ou tenté quelque chose.

*
* *

« A faire » ! Sans doute, il y avait à faire.

Puisque le peuple allait être appelé à toutes sortes de restrictions et de sacrifices, il aurait été de toute justice qu'il réclamât une part de contrôle sur les mesures à prendre. Puisque toute la vie sociale allait être bouleversée, c'était le moment d'exiger une place dans l'administration de ses affaires.

Il était à prévoir que spéculateurs et agioteurs allaient profiter des circonstances pour « faire leur beurre ». Tous les petits boutiquiers de Paris — cela avait dû se passer de même ailleurs — n'avaient-ils pas augmenté leurs prix dès le lendemain de la déclaration de guerre ? On aurait dû exiger que le gouvernement fît main-basse sur tous les produits de première nécessité pour les revendre lui-même au prix coûtant, augmenté seulement des frais de gestion.

On avait mobilisé les hommes pour les envoyer se faire tuer. On avait mobilisé chevaux, voitures automobiles. En certaines localités, on avait réquisitionné des hôtels pour en faire des hôpitaux. Pourquoi ne mobilisait-on pas les

XV

PORTRAIT DE KROPOTKINE

XVI

REPRODUCTION D'UNE LITHOGRAPHIE DE BERNARD NAUDIN

commerçants, leur personnel, ne réquisitionnait-on pas le contenu de leurs magasins pour que la vente en fût faite au compte du pays?

On aurait eu sous la main des stocks de vivres, on aurait vu ce qui était en quantité suffisante, ce qui manquait, on aurait pu organiser le ravitaillement de la population, écarter la plus grande quantité possible d'intermédiaires et empêcher la spéculation.

Pour réussir dans cette tâche, il aurait fallu, évidemment, opérer de même pour le commerce de gros. Cela, sûrement, aurait fait sauter « d'indignation » ceux qui, déjà, envisageaient la fortune qu'il allait être possible de réaliser par suite des événements qui faisaient le malheur du plus grand nombre. Mais quand les trois quarts de la population virile sont appelés à risquer leur vie pour la défense commune, les criailleries des requins, se plaignant de ne pouvoir spéculer sur le malheur commun, ne comptent pas. D'autant plus que, s'ils avaient voulu aller trop loin, une demi-douzaine d'« exemples bien sentis » auraient vite fait taire le reste.

De plus, n'avait-on pas le personnel des coopératives de consommation, leur organisation de gros, pour aider à la mise en marche de cette entreprise ?

Il y avait la fabrication des armes, des munitions, de tout l'outillage de guerre, dont on allait faire une consommation immense. Est-ce que toutes les usines n'auraient pas dû être réquisitionnées, et mises sous le contrôle de l'Etat, au lieu de fournir des bénéfices énormes à leurs propriétaires ? Encore une fois, c'était une honte que ce qui avait trait à la défense commune fût prétexte à bénéfices pour certains particuliers, alors que la partie la plus saine de la population était appelée à payer de sa peau.

Les travailleurs donnaient, dans cette occasion, tout ce qu'ils possédaient: leur vie, pour la défense commune, laissant dans la misère femmes et enfants, — car les trente sous d'allocation pour la femme et les quinze sous par enfant ne pouvaient suppléer la paie du père — chacun devait donner en proportion de ses moyens.

« Des privilégiés donnaient aussi leur vie ». D'aucuns, c'est entendu. — Il n'y avait pas d'« embuscade » pour tous — D'aucuns jouaient le jeu. Mais leurs femmes et

17

leurs enfants n'avaient pas à souffrir matériellement de leur absence. Ce n'était pas une raison pour que ceux qui restaient chez eux se fissent, du danger que courait le pays, un prétexte à bénéfices.

Tout ce qui, directement ou indirectement, avait utilité pour la défense, devait être réquisitionné comme on réquisitionnait les hommes, être payé au prix de revient, en y ajoutant les frais d'usure de l'outillage réquisitionné, le pays ne devant, en retour, à leurs propriétaires, que les moyens de subsister.

Oui, mais, dans la société actuelle, la propriété est plus intangible que la vie humaine. En temps ordinaire, il en coûte plus de voler un lapin que de tuer un homme. En temps de crise on peut bien envoyer les hommes se faire tuer, mais on se garde bien de toucher à la propriété.

Comme les coopératives de consommation avaient leur emploi dans la distribution des vivres, les syndicats devaient avoir le leur dans la mobilisation des usines, aidant à recruter un personnel de premier choix, indiquant les modifications avantageuses à apporter à l'exploitation, profitant de chaque occasion pour prendre, dans l'intérêt de tous, une part de plus en plus grande dans la gestion de ces usines qui, tant qu'aurait duré la guerre, auraient travaillé pour le pays.

Cela aurait été d'autant plus facile que le gouvernement, ne se sentant pas solide, crut devoir faire appel aux chefs syndicalistes et socialistes, donnant des portefeuilles — de figurants — à ces derniers et des fonctions, non moins de parade, à quelques syndicalistes notoires.

*
* *

Eh! oui, nous étions dans une situation révolutionnaire, sans que personne s'en fût aperçu. Sans doute, ce n'était pas la révolution, mais la situation aurait permis d'arracher des concessions à l'Etat, si les révolutionnaires avaient eu la perception de « ce qui était possible ». Les gouvernants, eux, le sentirent si bien que, dans tous les pays alliés, dès le début de la guerre, ils s'empressèrent de déclarer que cette guerre devait être la fin des guerres, la fin des armements, l'émancipation des peuples opprimés, la fin de la diplomatie secrète. Que sais-je encore!

Ils avaient senti que les peuples ne pouvaient prendre cœur à la défense que s'ils entrevoyaient qu'elle pût leur apporter la certitude que c'était la dernière. Les gouvernements allaient au-devant des vœux des peuples.

Oui, nous étions dans une situation révolutionnaire, mais personne ne s'en aperçut. Aucun de nous n'en eut conscience. Meneurs socialistes et syndicalistes se laissèrent attacher au char de l'Etat pour y figurer le peuple, sans même penser à exiger — que dis-je exiger? — sans même penser à demander des garanties pour ceux qu'ils étaient censés représenter. Ce fut comme fonctionnaires de l'Etat qu'ils se laissèrent embrigader et traversèrent la crise sans s'apercevoir du travail révolutionnaire qui aurait pu s'accomplir. Ils apportèrent leur activité au gouvernement, ne s'apercevant pas que c'était une brèche qui s'ouvrait, par où aurait pu passer l'initiative ouvrière avec eux.

Chez les anarchistes, la situation ne fut pas davantage comprise. Notre petit nombre et notre isolement nous vouaient d'avance à l'incapacité de faire quoi que ce soit par nous-mêmes. Mais eûssions-nous été en mesure d'entreprendre quelque chose, nous en aurions été empêchés par le sectarisme de ceux qui s'entêtaient à prêcher le refus de combattre, comme si l'abstention de quelques milliers d'individus pouvait changer quoi que ce soit à la situation.

Et cependant, avec les idées d'initiative que nous pensions avoir semées, nous avions espéré que les foules n'attendraient plus le mot d'ordre des chefs pour agir, qu'elles sauraient se mettre à l'œuvre d'elles-mêmes là où ce serait nécessaire, sachant tirer de chaque situation la solution à y appliquer. Et voilà qu'une situation révolutionnaire se présentait sans que les foules, sans que les meneurs révolutionnaires s'en soient douté.

Même les anarchistes, s'ils ne pouvaient rien faire seuls, auraient pu agir sur les groupes d'à côté. Mais, inconscients de la situation, eux qui se vantaient de leurs qualités d'initiative, ils préférèrent s'enfermer dans leur dogmatisme, au lieu de chercher à réaliser ce qui pouvait être tiré de la situation qui se présentait.

C'est que, si nous avions beaucoup parlé de révolution, nous ne nous étions jamais rendu compte de ce que c'est qu'une révolution, ni des formes sous lesquelles elle peut se présenter. Nous avions bien déclaré qu'une révolution sociale ne ressemble en rien à une révolution politique, mais ncus avions oublié qu'elle pouvait commencer de même, par quelque incident ne comportant pas de lutte. Au début tout au moins.

Et les groupes syndicalistes, pas plus que les socialistes, ne virent plus loin que leurs meneurs. Ils les laissèrent se pavaner dans leurs fonctions de parade. Ceux que l'on avait réquisitionnés pour les usines de guerre se contentèrent de faire grève de temps à autre, pour exiger une augmentation de salaire!

*
* *

Ces réflexions me venaient en foule, en relisant *La Grande Révolution*, de Kropotkine, et l'*Histoire Politique de la Révolution Française*, d'Aulard, où ils ont si bien décrit le rôle des Sections de Paris, en 1792.

En lisant ces deux livres, comme on se rend bien compte que, lorsque « les idées sont dans l'air », quels que soient les hommes qui semblent mener la foule, les événements se dérouleront dans leur ordre logique, si la foule « sait », elle-même, se mettre en mouvement. Son action suscitera les hommes nécessaires si ceux qui la dirigent ne sont pas à la hauteur des circonstances. Mais, il ne se trouve d'hommes véritablement « nécessaires » que lorsque la masse, épuisée, dégoûtée, ou satisfaite, cesse d'agir elle-même. Alors, les hommes nécessaires deviennent néfastes.

L'action des masses, c'est bien ce que j'avais envisagé pour la réussite de la révolution, les anarchistes déployant leur activité au sein des masses. Mais ici la masse restait inactive, passive. Elle fut aussi inconsciente que ses chefs.

Comme je le dis plus haut : les anarchistes, eussent-ils compris la situation, auraient sûrement été incapables de rien entreprendre. Mais ils étaient d'avance prédestinés à l'inaction de par leur particularisme, sans compter l'esprit sectaire dont ils firent preuve en l'occurrence.

Antérieurement, dans leur propagande n'auraient-ils pas dû chercher à s'associer, tout au moins, avec ceux qui, sur un point bien défini, pensaient de même sans s'occuper des points sur lesquels ils étaient en divergence, afin de mener à bien l'œuvre sur laquelle ils se seraient mis d'accord? Au lieu de cela, chacun voulait être le maître de sa petite chapelle, se condamnant ainsi à l'éparpillement des efforts, et à l'insuccès.

*
* *

Puisqu'il était impossible d'arrêter ce cataclysme déjà déclanché, je pensais que l'on pouvait combattre le débordement de réaction qui se dessinait, arrêter les féroces clameurs de germanophobie des super-patriotes. J'écrivis à Séverine, Mirbeau, A. France, Hermann-Paul, F. Jourdain et quelques autres pour leur proposer de s'entendre pour résister à ce retour vers la barbarie, faire entendre des paroles de raison, éclairer l'opinion publique, en lui faisant comprendre qu'il y avait à distinguer entre le peuple allemand et ses maîtres. Et, si les alliés étaient vainqueurs, être en mesure d'intervenir lorsque se ferait la paix, pour qu'elle ne soit pas une paix d'exploitation et d'oppression du vaincu.

Très peu me répondirent, et ceux qui le firent c'était pour me dire que la question était prématurée. Comme s'il était jamais trop tôt pour s'organiser en vue d'être prêt à faire face aux événements. La paix vint, et il ne se trouva personne pour agir sur l'opinion publique. Aussi, politiciens et financiers purent-ils, à leur aise, maquignonner la paix que l'on connaît.

Hermann-Paul m'écrivit qu'il avait vu A. France, que l'on allait s'occuper de la question, organiser quelque chose, créer un journal, mais je n'entendis plus parler de rien.

*
* *

J'ai déjà noté le manque de parade chauviniste qui avait marqué l'entrée en guerre. On racontait, par contre, que, en divers endroits, de nombreux incidents — tous étaient-ils authentiques? — s'étaient produits, indiquant que cette guerre était acceptée comme la fin d'une situation qui ne pouvait plus durer; comme la fin du militarisme insensé qu'imposait une paix armée ; qu'elle devait en fermer le cycle.

On avait entendu des soldats en service crier: « Vive l'Internationale ! » ; des officiers avaient exprimé leurs sentiments sur l'idiotie de la guerre et du militarisme, sur la nécessité d'en finir avec eux.

Vrais ou faux, ces propos indiquaient un état d'esprit. Si tous ces faits n'étaient pas authentiques, il y en avait, certainement de vrais.

Le dernier dimanche d'août, des camarades, au bureau, m'apprirent que les Allemands étaient bien plus près de Paris que ne l'avouaient les dépêches officielles. Le gouvernement croyait habile de cacher la vérité, alors qu'il ne faisait que créer une atmosphère de crainte et de suspicion, encore plus grande que si on avait été certain de la vérité.

Evidemment, nous étions sous la menace d'un siège ou, pis encore, d'une occupation.

En cas de siège, à Robinson, nous étions sous le feu des batteries du fort de Châtillon, du bois de Verrières et de Bièvres, sans compter les obus perdus des canons allemands. Même en cas d'occupation sans lutte, il n'aurait pas été prudent de rester.

Or, j'avais passé le siège de Paris, en 71. Je savais par expérience que la santé de ma femme ne résisterait pas aux privations qu'auraient entraînées le siège ou une occupation. Condamné à ne pouvoir rien faire, être à Paris ou ailleurs n'avait plus aucune importance. Nous décidâmes de nous rendre en Angleterre, chez une sœur de ma femme.

Le gouvernement lui-même, en remettant le soin de la défense de Paris à l'autorité militaire et en se réfugiant à Bordeaux, avait montré qu'il se désintéressait de la question, et prouvé sa volonté formelle de ne pas faire appel à la collaboration de ce qui restait valide de la population civile mâle.

Nos amis L. nous ayant offert de prendre chez eux tout ce que nous pourrions y faire transporter de ce que nous voulions mettre à l'abri, il se trouva, par chance, que celui qui nous achetait les invendus du journal vint voir s'il y en avait à lui céder. Il se trouvait avoir sa voiture et un vieux cheval qui avaient échappé à la réquisition, il consentit à opérer le déménagement. Avec son aide, celle de Girard, nous emballâmes ce que nous pûmes de livres, linge, meubles, tableaux auxquels nous tenions le plus, qui furent transportés chez nos amis.

Après avoir soupé chez eux, le mardi soir, nous allâmes dormir dans un hôtel, près de la gare Saint-Lazare, afin d'être prêts, le lendemain, à la première heure, pour prendre le train.

Nous eûmes à traverser Paris sans lumières. C'était lugubre. En arrivant sur la place du Hâvre tous étaient en commotion. Un avion allemand venait de laisser tomber une bombe qui, je crois, avait dû blesser quelqu'un.

Le lendemain, à 5 heures du matin, nous étions au milieu d'une foule surexcitée, sur le quai d'embarquement de la gare. Mais les trains ne furent mis en marche qu'à 9 heures. Nous n'emportions qu'un sac de toilette et ce que nous avions sur le dos.

A Dieppe, la foule était encore plus affolée. Ce fut une ruée pour s'embarquer, les hommes étant les pires de tous. Ils auraient écrasé femmes et enfants. On dut établir des barrages.

A la fin, cependant, nous mîmes le pied sur le bateau. Il faisait une journée magnifique. La traversée dura quatre ou cinq heures. Contrairement à mon habitude, j'eus la chance de ne pas être malade. Au débarquement ça allait être encore la ruée. Mais elle fut arrêtée par la nécessité de remplir des cartes où il fallait indiquer son état-civil, d'où l'on venait, où on allait. Cela demanda je ne sais plus combien d'heures avant que l'on puisse débarquer.

Nous étions à Folkestone, où nous restâmes quelques jours, ayant, sitôt débarqués, télégraphié aux sœurs de ma femme notre arrivée en Angleterre. Dans l'hôtel où nous étions, arrivaient, chaque jour, des réfugiés de Belgique fuyant l'invasion. Le bateau qui nous avait amenés en était plein. De pauvres diables sans ressources. Notre dernière vision de Paris, était un agent, sur la plate-forme de la gare élevant à bout de bras un malheureux marmot égaré par ses parents.

Nous nous rendîmes à Clifton, où demeurait une de mes belles-sœurs. Les premières nouvelles que nous apprîmes, ce fut la mort de deux neveux de ma femme, tués dans les Flandres. On nous avait préparé une chambre dans la maison où nous pensions attendre la fin des événements. Six mois, un an? Un peu plus, un peu moins? Qui aurait pu le dire?

XX

EN ANGLETERRE

Pour beaucoup de pacifistes français, et beaucoup
d'anarchistes, c'est l'Angleterre qui, en sous-main, aurait
travaillé depuis longtemps à amener la guerre.

Sans doute, sa diplomatie, aidée par la nôtre, avait
commis nombre de bêtises dont le parti militaire allemand
sut profiter pour surexciter le chauvinisme germanique.
En opérant, par exemple, cet encerclement diplomatique
dont étaient si fiers les politiciens de l'Entente: énorme
maladresse dont l'Allemagne augura sa ruine.

Mais, en Angleterre, personne ne voulait la guerre. Les
gouvernants du moment étaient des pacifistes notoires. Et,
j'ajouterai, certainement sincères.

Beaucoup d'entre eux, et des plus influents, étaient d'éducation allemande. Et par là, ayant des sympathies allemandes. Dès le début de la guerre, tous leurs efforts furent
employés à empêcher le conflit d'éclater.

Depuis que la guerre est finie, toute une bibliothèque
pourrait être formée des livres qui ont été écrits pour
rechercher quels sont les vrais auteurs du conflit. Pour
les uns, c'est l'Allemagne toute seule. Pour d'autres, ce
sont les Alliés. Chacun a ses preuves, qui ne prouvent
rien.

Pour moi, j'admets que, des deux côtés, on voulait la
guerre, on l'avait préparée; mais qui aurait le nerf de la
faire?

Or, quoi qu'on en dise, en refusant d'entrer en pourparlers au sujet de l'ultimatum, ce furent bien l'Autriche
et l'Allemagne qui rendirent la guerre inévitable.

*
* *

Ce qui est bien certain, c'est qu'en Angleterre, l'opinion publique ne voulait pas de guerre. Il n'est même pas sûr que si l'Allemagne — manquant ici, comme en plusieurs autres cas au cours de la guerre, de psychologie, — n'avait pas violé la neutralité de la Belgique, l'Angleterre serait intervenue dans la lutte. Elle aurait eu à payer pour son abstention, si la France avait été battue.

Et cette impression, je ne la tire pas de ce que j'ai lu, mais de ce que j'ai vu et entendu.

Par sa situation, mon beau-frère recevait toutes sortes de gens officiels: professeurs, juges, militaires de tous grades, jusqu'à des généraux et des diplomates des pays alliés, venus en mission en Angleterre. J'y ai même vu des évêques.

Tous, je les ai entendus déplorer la guerre et qu'elle n'ait pu être évitée; souhaiter au moins, qu'elle fût la fin du militarisme, des massacres et de la diplomatie secrète, tous désolidarisant le peuple allemand de ses gouvernants.

J'ai accompagné ma belle-sœur dans ses visites aux vieilles familles aristocratiques des environs, où on me faisait admirer les peintures de Van Dyck, Reynolds, et autres maîtres, représentant des ancêtres en cuirasse, en robe, en perruque ; chez tous, il n'y avait que le sentiment de l'horreur de la guerre, l'espoir d'en finir définitivement avec les massacres, les conquêtes.

Dans un de ces châteaux, dont les propriétaires étaient quelque peu apparentés à ma femme, on avait de proches parents officiers, tant dans l'armée allemande que dans l'armée anglaise. Ce qui était une raison de plus de ne pas vouloir la guerre.

* *

Oh! sans doute, comme dans chaque pays, il y avait en Angleterre une catégorie de mercantis auxquels la guerre n'était qu'une occasion de profits scandaleux, et qui la désiraient. Mais ils n'étaient pas l'opinion.

Et ce n'était pas dans le peuple qu'il fallait aller chercher les partisans de la guerre. Chez lui, surtout, ce fut la violation du territoire belge qui fut, au début, la cause déterminante des enrôlements qui, en peu de temps, permirent au gouvernement anglais de mettre ses premières armées sur pied.

. Par la suite, ce furent les actes de banditisme des impérialistes allemands : massacres de Louvain et d'ailleurs, torpillage du *Britannia* et autres navires non militaires, raids de zeppelins, assassinats de Miss Cavell et du Capitaine Fryatt, qui soulevèrent l'opinion publique et précipitèrent les hommes aux bureaux d'enrôlement. Le recours à la conscription forcée ne vint que très tard au cours de la guerre.

Chose remarquable, le pays de Galles qui, avant la guerre, se distinguait par sa haine de l'armée, se distingua par son empressement à s'enrôler.

Je me rappelle que, la première année de la guerre, étant allé passer quelques mois dans le pays, presque à chaque cottage on pouvait lire aux fenêtres une pancarte annonçant qu'un ou plusieurs des occupants mâles étaient partis pour l'armée.

Par contre, les Irlandais qui, en temps de paix, fournissaient le principal contingent de l'armée anglaise, montrèrent le plus grand empressement à se dérober au service militaire.

Malheureusement, les excès allemands eurent un autre effet : c'est que la colère de la population, au lieu de se concentrer contre la clique militariste, se tourna, peu à peu, contre le peuple allemand lui-même. On oubliait de maudire le Kaiser et sa suite pour exécrer le « Boche », ce qualificatif, remis en circulation par Barrès, Bourget et autres, étant passé dans le vocabulaire anglais.

Petit à petit, on en arrivait à dire que les Allemands avaient besoin d'une leçon, qu'il fallait qu'ils soient écrasés, qu'on devrait leur imposer une « forte » indemnité de guerre pour les empêcher d'être à même de recommencer.

Les raids des zeppelins sur des villes ouvertes, tuant sans aucun profit militaire des femmes, des enfants, ne firent que renforcer cette façon de parler qui, peu à peu, se transforma en façon de penser.

* *

Une des choses qui me frappèrent à notre arrivée en
Angleterre — qui me re-frappèrent serait plus exact, car
j'avais été déjà à même de constater le fait auparavant —
ce fut la générosité des Anglais. Faut-il rappeler comment
furent reçus les réfugiés belges? Des comités s'étaient formés dans les localités les plus éloignées pour les recevoir.
Nous en rencontrâmes jusqu'au fin fond du Pays de
Galles, dans des petits villages de rien du tout.

Des habitations furent préparées pour les y installer ;
du linge, des vêtements furent envoyés en quantité, et
une allocation hebdomadaire — venant de l'initiative privée — fut allouée à chaque famille, tant qu'elle n'arriverait
pas à se suffire par son travail.

Combien furent reçues dans de riches familles et trai-
tées comme si elles étaient de la maison !

Sans doute, par la suite, l'enthousiasme s'était un peu
refroidi. C'est que certains réfugiés se montrèrent passablement exigeants et surent se rendre parfaitement in-
supportables. Mais les secours n'en allèrent pas moins
jusqu'à la fin à des milliers de familles qui étaient venues
chercher abri en Angleterre.

Les souscriptions, pour venir en aide à tel genre ou tel
autre d'infortunes, abondaient.

Il y eut d'abord, la souscription la plus importante —
par le total qu'elle atteignit — « Le Funds du Prince de
Galles », pour venir en aide aux misères causées par
l'état de guerre. Dès la deuxième année, la souscription
atteignit le chiffre coquet de 5.000.000 de livres; à la
troisième année, cela dépassa 160.000.000 de livres, dont
la moitié seulement fut dépensée.

C'est qu'ici, contrairement à ce que je croyais, la
guerre ne fut pas la source de misère que je prévoyais.
Le départ pour l'armée de millions d'hommes faits avait
creusé des vides dans le monde du travail. Il n'y avait plus
assez de travailleurs pour remplacer ceux qui manquaient,
et l'énorme consommation de munitions offrait du travail aux femmes, à tous ceux qui voulurent travailler.

Je ne me suis pas amusé à dénombrer les souscriptions
mais elles furent extrêmement nombreuses et fructueuses.

*
* *

Evidemment, les profiteurs ne manquèrent pas. Ils sont de tous les pays, et de toutes les occasions.

Les compagnies de transport et de navigation, les propriétaires de mines de charbons tondirent le public de la belle façon. Par deux fois, la censure française me supprima les articles où je citais le cas d'un nommé Thomas, un des plus richissimes charbonniers qui, sur ses bénéfices de guerre, avait trouvé le moyen d'acheter deux immenses propriétés, dont l'une comprenait un château historique. Jusqu'aux fermiers qui, eux aussi, surent tirer tout ce qu'ils pouvaient de la situation.

Un jour que je voyageais avec ma femme, dans le même train que nous se trouvaient deux fermiers gallois qui parlaient de leurs affaires, se félicitant de leurs bénéfices, et souhaitant que la guerre durât. Ils parlaient leur langue. Mais, près d'eux, se trouvait un soldat gallois qui avait suivi leur conversation. Outré, il leur conta quelque chose. Les fermiers se dépêchèrent de descendre à la plus proche station.

Le jour de l'armistice, nous promenant, dans la campagne, près de Criccieth, (pays de Galles), nous entrâmes prendre le thé dans une ferme. A la fermière qui nous servit, nous exprimâmes le contentement que la guerre fût finie. « Oh ! on aurait pu tenir encore quelque temps », nous répondit-elle.

*
* *

XXI

LA PREMIÈRE SCISSION

Arrivé en Angleterre, j'écrivis à nouveau à ceux auxquels j'avais déjà prêché l'union en vue de combattre l'impérialisme qui menaçait. Mais sans plus de succès.

En Angleterre s'était fondé un groupement de députés libéraux et socialistes qui se proposait :

1. — D'assurer un réel contrôle parlementaire sur la politique étrangère et d'empêcher qu'elle agisse en secret, en forçant le pays à accepter le fait accompli.

2. — Quand la paix reviendrait, de former avec les partis et influences démocratiques du continent une organisation internationale s'appuyant sur les partis populaires plutôt que sur les gouvernants.

3. — De réclamer de telles conditions que la paix ne fût pas humiliante pour les vaincus, et ne devînt — par des frontières arbitraires — le point de départ d'un antagonisme des nations et d'une guerre future.

C'était signé : J. Ramsay Macdonald, Charles Trevelyan, Norman Angell, E.D. Morel.

Cela restait parlementaire, mais le but était celui auquel faute de mieux, on pouvait se rallier sans compromission.

Je me mis en relation avec eux.

D'autre part, Wedgewood, en réponse à une lettre où je lui exprimais la nécessité de se sentir les coudes, m'écrivit qu'il était absolument de mon avis, mais que lui allait s'enrôler dans un corps franc d'automobiles blindées, se proposant de lutter à corps perdu.

En même temps, il m'envoyait copie de la lettre qu'il adressait à ses électeurs, donnant les raisons pour lesquelles, tout anti-militariste, tout adversaire de la guerre qu'il fût, il s'enrôlait.

Je fis un article de tout cela que j'envoyai à la *Bataille*. L'article fut refusé par la censure.

J'envoyai copie du programme de l'« Union du Contrôle Démocratique » — c'était le nom pris par le groupement dont j'ai parlé plus haut — à tous ceux dont je pus me rappeler l'adresse, en vue d'organiser un groupe semblable. Cela resta sans réponse.

Quand je quittai Paris, de tous les camarades qui venaient au bureau, aucun n'avait pensé qu'il fallût s'opposer à la défense. Quelques-uns avaient envisagé la possibilité de déserter. Mais, je crois que, pour la plupart, la question de principe ne venait que secondairement.

Jusqu'en 1915, dans les lettres que nous échangeâmes, Girard, Benoît et moi, bien que nous ne fussions pas toujours d'accord, les divergences ne s'étaient pas trop accentuées. Mais la guerre se prolongeant avec son cortège de massacres, de misères, de dévastations et de douleurs, nos camarades énervés, subissant l'influence des Zimmerwaldiens, se trouvèrent entraînés à vouloir la paix quand même, s'en prenant à ceux qui, voyant la situation telle qu'elle était, et non telle qu'ils l'auraient voulue, étaient d'avis que l'imposition de la paix n'avait de raison d'être que si les peuples la réclamaient avec une unanime intensité.

Si les alliés avaient été en Allemagne et non les Allemands chez nous, j'aurais compris. Mais dix départements envahis, les populations terrorisées, déportées en masse, au gré de l'envahisseur, forcées de travailler pour lui, cela changeait absolument la question.

La non-résistance, j'aurais compris cela de la part des tolstoïens. De la part des révolutionnaires, cela me dépassait !

Voilà ce que ne voulurent pas voir les partisans de la « paix par les peuples ». Ils ne voulurent pas voir que la demi-douzaine de « social-démocrates » qui les amusaient à Kienthal, à Zimmerwald, n'étaient pas le peuple allemand, qu'ils n'étaient là que pour faire le jeu des militaristes allemands.

N'ayant même pas pu remuer le petit doigt pour empêcher la conflagration, il fallait être absolument dépour-

vu de jugeotte pour s'imaginer que, déchaînée, on allait
pouvoir l'arrêter.

Et, lorsque de l'issue de cette lutte dépendait l'avenir
de l'humanité entière, il . était pas indifférent de s'inquiéter de quel côté serait le vainqueur.

Butés, les « gardiens des principes » ne voulurent s'embarrasser d'aucune de ces raisons. De là cette scission
qui devait être si fatale au mouvement anarchiste tout
entier.

Nous nous étions trop isolés de la foule. Nous payâmes
pour cela. Si la leçon pouvait profiter...

*
* *

Le camarade Wintsch, de Lausanne, ayant eu l'idée de
publier un journal, *La Libre Fédération*, où il se proposait de défendre notre point de vue, me proposa d'y collaborer. J'acceptai aussitôt. Je lui fis envoyer les adresses
des abonnés des *Temps Nouveaux*. Grâce à ses efforts, le
journal vécut près de deux ans et demi.

Jusque-là, Girard s'était employé à faire parvenir à
leur adresse toutes les lettres que je lui envoyais en vue de
susciter un groupement semblable à celui du « Contrôle
Démocratique ». Mais voyant que ça restait sans effet,
il m'écrivit que, puisqu'il ne résultait rien de mes efforts,
il voulait — lui et d'autres camarades — tenter quelque
chose d'autre. Il m'envoyait un projet de manifeste qu'ils
avaient élaboré.

C'était à peu de choses près, mais affaibli, ce que
je disais dans mes lettres. Mais, ce que l'on y sentait surtout, c'était un affaissement d'hommes qui plient sous
l'horreur de la situation, et veulent en sortir n'importe
comment. Ce n'était pas le ton d'hommes décidés à marcher vers un but voulu, précis.

Je leur en fis la remarque. Ils me dirent que je ne les
avais pas compris, que je dénaturais leur pensée. Ce que
je sais bien, c'est que si ces sentiments n'y étaient pas
nettement exprimés, c'était bien ce qui s'en dégageait à
la lecture, l'impression qu'elle me laissa.

Ne voulant pas, sur une simple impression, les décourager, je leur écrivis — Girard était leur porte-parole —

que si leur manifeste ne me plaisait pas, et si je refusais par conséquent de le signer, je restais, en principe, avec eux. Mais qu'ils devaient me tenir au courant de ce qu'ils faisaient et ne faire usage de mon nom que lorsque je leur en donnerais l'autorisation.

Entraînés, ils eurent vite fait de dégringoler la pente. Ils adhérèrent aux parlotes de Kienthal et de Zimmerwald. Et, cela, au nom des *Temps Nouveaux*. De plus, ils tenaient leurs réunions au journal, y faisaient adresser la correspondance de leur groupe, qu'ils appelaient « La Paix par les Peuples ». Un but des plus désirables si les peuples avaient pu avoir la parole pendant qu'on se battait, mais qui n'était que bluff, puisque les peuples restaient muets et que l'insistance du groupe ne laissait aucun espoir.

Je trouvai cela un peu excessif. J'écrivis à Girard que, puisque nous ne voyions plus de la même façon — la scission s'était encore élargie depuis leur manifeste — ils n'étaient pas autorisés à parler au nom des *Temps Nouveaux*, ni à se servir de son adresse. Qu'ils fussent du journal, c'était fort possible. Mais moi, Kropotkine, Pierrot et Guérin en étions aussi. Puisque le groupe se dissolvait par suite de notre mésintelligence, il était vain de disputer quels en étaient les vrais représentants. Le mieux était d'agir, en notre nom, chacun de son côté. Enfin, étant locataire en nom pour le journal, responsable par conséquent, je leur refusais le droit de se servir de cette adresse.

Il me fut répondu que, avant la guerre, pour venir en aide au journal, ils avaient fondé un groupe sous le nom des « Temps Nouveaux » et que c'était au nom de ce groupe qu'ils avaient adhéré à la conférence de Zimmerwald.

C'était tout simplement du jésuitisme, car Pierrot et Guérin faisaient également partie dudit groupe. Guérin était celui qui en avait eu l'idée. J'aime à croire que Girard était étranger à cette « subtilité ».

On condescendait aussi à ne plus intituler les manifestes à venir « Aux Abonnés des *Temps Nouveaux* ». On les intitulerait « Aux Amis des *Temps Nouveaux* » ! Mais, à cause du Cabinet Noir, aucune adresse de camarade n'étant sûre, il était préférable d'employer celle du journal !

Ce qui équivalait à dire que, si, il y avait des risques à courir, à recevoir cette correspondance, on préférait me les laisser, puisque le loyer du local était à mon nom.

Je suis sûr que, encore ici, Girard ne se rendait pas bien compte de l'énormité de ce qu'il écrivait, autrement il ne l'aurait pas écrit.

J'écrivis à Girard et à Benoît pour leur demander s'ils se moquaient de moi et que, puisqu'ils le prenaient comme cela, j'exigeais qu'ils rendissent les clefs, et ne tinssent plus aucune réunion au bureau.

Girard se froissa — ce que je regrettai — mais porta les clefs à Mme Guérin comme je le lui avais demandé, en disant que les camarades entendaient continuer à se réunir au bureau, et que Mme Guérin devrait leur en permettre l'accès.

Benoît fit des difficultés pour remettre sa clef. Voyant cela, j'écrivis à mon ami L... de prendre un serrurier et d'aller faire mettre un cadenas à la porte du bureau. Ce qui fut fait.

Ce fut pour moi très désagréable d'avoir à agir ainsi avec des camarades que j'estimais. Mais leur aveuglement ne me laissait pas d'autre alternative.

Envers l'autorité j'ai toujours pris la responsabilité de ce que je faisais, mais je ne voulais pas me trouver mêlé à une affaire que j'aurais été forcé de désavouer mes co-accusés — puisque j'étais contre — si jamais il y avait eu poursuites.

Et bien m'en prit d'avoir agi ainsi, car quelques jours après la pose du cadenas, un commissaire de police se présenta rue Broca pour perquisitionner.

J'avais demandé à Girard et aux autres de faire eux-mêmes la déclaration par laquelle ils signifieraient qu'ils agissaient en leur propre nom et non en celui du journal, ou je serais forcé de le faire moi-même en des termes qui pourraient leur être désagréables. Comme ils s'y refusèrent, j'envoyai un article à *La Bataille*.

Enfin, pour en finir avec ce triste épisode, un jour, Cornelissen m'avisa que Benoît et Girard avaient, sous le titre « Un Désaccord », publié une brochure contenant ma correspondance avec eux.

Ce que je leur avais écrit, je le disais dans mes articles à *La Bataille*. Il m'était donc indifférent qu'ils publient mes lettres. Je n'avais rien à cacher. Mais la moindre loyauté aurait exigé qu'ils m'en avertissent. Ce qu'ils se gardèrent bien de faire. Bien mieux, il ne m'envoyèrent même pas un exemplaire de la brochure. Pour des camarades de lutte, liés comme nous l'avions été, je trouvais cela plutôt indélicat.

Pour donner plus de poids à leurs déclarations, quelques-uns des signataires de ladite brochure s'intitulaient : « rédacteur aux *Temps Nouveaux* », alors qu'ils y avaient passé simplement quelques articles, sans avoir jamais rien eu à voir dans la direction du journal.

*
* *

Etant donné les divergences de vue que nous avions sur la situation, il me semblait que nous nous devions de le déclarer publiquement Non pas seulement dans nos articles, mais par une déclaration spéciale adressée à nos camarades.

Cela me trottait par la tête depuis quelque temps, mais jamais je n'avais pu décider Kropotkine à adhérer à mon point de vue. Son objection était que, « trop vieux pour aller combattre, il ne nous convenait pas d'avoir l'air d'y pousser les autres ».

Etant allé, avec ma femme passer quelques semaines à Brighton, près de lui, nous eûmes nombre de discussions là-dessus. Je lui faisais observer que si, de ce que nous dirions, il ressortait implicitement qu'il fallait prendre part à la lutte, cela nous ne pouvions l'empêcher. Mais, ce qu'il s'agissait d'affirmer, c'était le danger d'une tentative d'hégémonie allemande, le danger pour l'évolution humaine du triomphe du militarisme allemand, et rien de plus. Que ce n'était pas parce que nous avions passé l'âge de combattre que cela devait nous ôter le droit de libérer notre conscience; nous priver de dire ce que nous pensions.

A la fin, il fut ébranlé. Il fut convenu que, sitôt retourné à Clifton, je lui enverrais un projet de manifeste. Ce que je fis. Il en rejeta une partie qu'il remplaça et il fut convenu que j'en taperais des exemplaires qui seraient envoyés à différents camarades pour leur demander de le signer avec nous. Nous recueillîmes 15 signatures. A peu près tous ceux auxquels nous nous étions adressés.

Lorsqu'il fut publié, les adhésions nous vinrent nombreuses. Plus d'une centaine, dont la moitié d'Italie, figurèrent à la suite de cette « Déclaration », lorsque Guérin la publia en brochure.

Nous aurions pu en trouver quantité d'autres si nous avions eu le loisir d'écrire un peu partout. Dans le tas de lettres que je possède, j'en retrouve une de Pindy dans laquelle il regrette de ne pas avoir été appelé à signer notre Déclaration, exprimant l'espoir, qu'à la fin de la guerre, ces divisions disparaîtraient et que nous pourrions — ensemble — reprendre la bonne lutte.

Pauvre Pindy! Je crois qu'il vit la fin de la guerre, mais la reprise de notre propagande, elle fut bien piteuse. Il avait cent fois raison. Mais il y avait ceux qui avaient pour mission d'envenimer nos dissensions, et qui profitèrent de ce que nous n'avions plus notre journal pour empoisonner l'esprit de ceux qui ne connaissaient rien du mouvement d'avant-guerre.

Et aussi quelques vieilles rancunes qui avaient à se satisfaire.

*
* *

Un jour, je reçus une lettre de *P.-H. Loyson*, qui professait, m'écrivait-il, une « affectueuse admiration » pour moi et me voulait voir.

Si, à la lecture de cette lettre, quelqu'un fut estomaqué, ce fut moi. « En affectueuse admiration »! Bigre! ce n'était pas de la petite bière! C'était le moment de se pousser du col.

Je ne me rappelais m'être rencontré qu'une fois avec Loyson. C'était à un déjeuner, pour l'anniversaire de Zola. Ma figure ne sembla pas l'avoir frappé outre mesure, car ayant à lui demander un renseignement — il était un des organisateurs — ce fut à peine s'il daigna me répondre. Et cela d'une façon plutôt rude. Ce que voyant, je ne l'importunai pas davantage.

Qu'importait! J'étais curieux de savoir ce qu'il pouvait bien avoir à me dire. Après en avoir causé avec ma femme, nous décidâmes que, au lieu d'aller à Londres, nous l'inviterions à Clifton.

Je pensais l'inviter à un restaurant. — Nous étions chez mon beau-frère. — Mais quand j'en parlai à ce dernier, il ne voulut pas entendre parler de restaurant, me disant de l'inviter à la maison et, poussant la gentillesse jusqu'à lui offrir l'hospitalité pour la nuit. Loyson arriva un dimanche à Clifton. Mais il devait retourner à Londres le même après-midi, où il avait rendez-vous.

Il me raconta que, lieutenant de réserve, il avait concouru comme interprète, (langues italienne et anglaise). Il était chargé de la propagande chez les neutres, sous la dépendance du Ministère des Affaires Etrangères.

Il avait suivi mes articles dans *La Bataille*, et n'avait pu s'empêcher de me dire son contentement de voir que j'avais pris la droite ligne, malgré l'accusation de trahison que certains anarchistes lançaient contre moi.

Il me dit encore qu'il était intervenu pour d'autres auprès de la censure et me donna à entendre qu'il était prêt à me rendre le même service le cas échéant. Ce dont je le remerciai. Quoique la censure ait continué par la suite à sabrer mes articles, je jugeai inutile d'en appeler à Loyson.

Cependant, comme *La Libre Fédération*, de Wintsch, venait justement de se voir interdire l'entrée en France, je lui demandai d'intervenir. Mais il était déjà, dit-il, en rapports avec Wintsch, et avait commencé des démarches.

Plus tard, de France, il m'envoya copie d'un rapport, pour faire parvenir à Wintsch, qu'il adressait à son supérieur au sujet de l'interdiction de *La Libre Fédération*. Pourquoi me prit-il comme intermédiaire au lieu de l'envoyer directement à son destinataire ?... C'est ce que je me demande encore.

Je l'accompagnai au train; il m'embrassa avant de partir. C'était une amitié qui lui était poussée bien vite. Elle lui passa, du reste, aussi vite. Je le revis, chez lui, après l'armistice, où il nous avait invités, ma femme et moi. Et ce fut fini.

*

Nous étions prêts à partir pour Tenby, dans la Galles

du Sud, lorsque je reçus un mot de Cornélissen me disant
qu'il se rendait à Londres et qu'il serait désireux de me
voir.

Il s'agissait de la *Feuille*. Charles-Albert était en relations avec un ex-dreyfusard qui mettait des fonds à sa disposition pour fonder ce journal. Cornelissen voulait avoir
ma collaboration, celle de Tcherkesoff et de Kropotkine.

L'ex-dreyfusard pouvait être un brave homme, mais
tout réfléchi, je préférai m'abstenir. J'ignorais dans quel
but il subventionnait cette feuille, où on nous promettait,
il est vrai, de nous laisser toute liberté, mais c'était à voir.

D'autant plus que ce mot subvention sonnait mal, surtout
dans les circonstances présentes. Kropotkine et Tcherkesoff pensèrent comme moi, et refusèrent. Quant à Cornelissen, il démissionna au deuxième numéro. Charles-Albert
ayant coiffé son article d'un entrefilet qui le fit regim-
ber — Cornelissen, pas l'article.

Entre temps avait éclaté la révolte irlandaise. Ce fut
un incident malheureux. Les Alliés se vantant de combattre pour la libération des peuples et l'un d'eux ayant
à combattre chez lui la révolte de populations qu'il tenait sous sa domination.

Cependant à la décharge des gouvernants actuels de
l'Angleterre, il faut dire que le problème de l'Irlande était
l'héritage d'une ancienne politique.

Comme tous les peuples, les Irlandais avaient le droit
de réclamer leur autonomie. Mais, il faut avouer que ce
sont des gens bien encombrants et peu intéressants. Dans
les derniers temps, ils étaient surtout menés par des politiciens qui avaient pris à tâche de tirer de l'Angleterre
tout ce qu'ils pouvaient.

Ce n'était plus le peuple asservi qu'ils aimaient à se
représenter. Depuis des décades, ils étaient traités mieux
que les autres peuples du Royaume-Uni, le gouvernement
avançant aux paysans de l'argent à bas intérêt pour acheter de la terre, et forçant les landlords à leur en vendre.
Les comptes individuels dans les banques augmentant
chaque année, dénotaient une situation florissante.

La veille de la guerre, leur autonomie leur avait été
reconnue, et, comme on les supposait incapables de boucler leur budget, c'étaient les contribuables anglais, gallois
et écossais qui devaient combler le déficit. Le gouverne-

ment anglais consentait à verser au trésor irlandais quelques millions de livres par an. Un vainqueur n'aurait pu imposer de conditions de libération plus avantageuses.

Mais l'Irlande ou plutôt le ramassis de politiciens qui parlait en son nom, refusait cet affranchissement, parce que l'Ulster, selon sa volonté formelle, était soustrait à la domination irlandaise et obtenait un régime particulier.

La raison?... C'est que l'Ulster est un pays de travailleurs, riche, et que l'Irlandais, catholique, ivrogne, ignorant, paresseux, politicien jusqu'à la moëlle, ne voulait pas voir lui échapper une poire juteuse, bonne à presser.

Drôles de partisans de la liberté qui veulent bien le leur, mais la refusent aux autres.

Par contre, les Irlandais ont cela de bon que, lorsqu'ils ne cherchent pas à vous apitoyer sur leurs prétendus maux, ils savent se moquer d'eux-mêmes spirituellement. On n'a qu'à lire les romans de l'humoriste irlandais Birmingham, dont la plupart traitent de la vie irlandaise, pour être fixé à ce sujet.

N'était-ce pas Birrell, le Secrétaire pour l'Irlande qui, en plein Parlement, avouait qu'il s'était souvent demandé pourquoi à sa place on n'avait pas un Jackdaw (corbeau) ayant pour fonction de crier de temps à autre : « Pauvre Irlande ! Pauvre Irlande ! Pauvre Irlande ! ».

*
* *

Dans les premiers temps, la censure anglaise avait été assez convenable. Mais, par la suite, elle voulut, elle aussi, faire voir qu'elle était un peu là.

Deux de mes articles envoyés à la *Libre Fédération* furent échoppés avant de lui parvenir. Quatre autres furent arrêtés. Quels étaient-ils? Je les ai oubliés. Mais je jugeai bon de réclamer. J'écrivis au chef censeur une lettre où, en résumé, je lui disais que je ne discuterais pas avec lui la légalité de la confiscation de mes articles, la censure n'étant elle même qu'une extra-légalité. Seulement mes articles ne comportaient aucun renseignement pouvant compromettre la défense du royaume, seul motif valable qui pût être invoqué. Que, s'ils avaient été écrits pour un journal anglais, ils auraient passé sans difficulté. De quel droit faisait-on, dans l'ombre, ce que l'on n'aurait pas osé faire ouvertement ?

Je terminai en réclamant mes articles et mes frais de poste.

Je reçus bien une lettre de la censure m'accusant réception de ma réclamation, mais il n'était pas question de me retourner les articles ni mes frais de poste.

Vers la fin de la guerre, on commençait à parler de la « Société des Nations ». Société des Nations, certes, c'était un beau but à atteindre, mais à condition que ce soient réellement les nations qui composent l'association. Une société des nations dont les membres seraient nommés par les gouvernements était un bloc enfariné qui ne me disait rien qui vaille. J'écrivis plusieurs articles pour combattre ce gouvernement supplémentaire dont on voulait nous gratifier, et expliquer comment j'entendais ce que devait être une vraie société des nations, ayant pour but de les relier, régler elle-même leurs discussions, et empêcher la guerre.

A diverses reprises, j'avais écrit à Wells pour essayer de l'intéresser aux projets qui me trottaient par la tête. Il m'avait toujours répondu des lettres polies, mais sans s'engager en rien. Je lui envoyai mes articles sur la société des nations. Voici la réponse que j'en reçus :

> 52, Jame's Court.
> Buckingam Gate. S. W.
>
> Mon cher Monsieur,
>
> Si vous n'êtes pas en train, payé ou non payé, de travailler pour la victoire de l'impérialisme allemand, alors je n'arrive pas à comprendre ce que vous vous imaginez faire à l'heure qu'il est.
>
> Votre très sincèrement,
> H. G. WELLS.

Ne voulant pas être en reste de politesse avec l'auteur de *Kipps*, je lui répondis par la lettre suivante :

> Clifton, 21/3, 1916.
>
> Cher Monsieur,
>
> Ce que je m'imagine faire en les temps présents ? Ce que vous faites vous-même, combattre l'impérialisme allemand.

Faute de trouver un meilleur emploi de mes forces, je discute les moyens que l'on nous propose pour le museler. Si je le fais avec moins de bruit que vous, c'est que je n'ai pas votre notoriété. Je veux la fin des guerres, la fin des armements, l'entente des peuples.

Seulement, convaincu que si ce sont les peuples qui se battent, ce sont les gouvernants qui ont voulu la guerre ou l'ont rendue possible, je ne veux pas en instituer un de plus, qui serait plus malfaisant, parce que plus puissant.

Vous assurez qu'il maintiendra la paix. Quelles garanties avez-vous qu'il sera mieux que les autres, recruté par les mêmes moyens, puisqu'il sera composé des mêmes hommes ?

Si je voulais employer vos arguments, je vous dirais que votre projet n'est que la contre-partie du projet de Guillaume. Votre paix ne serait qu'une contrefaçon de paix allemande.

Sans doute, c'est prétentieux de la part d'une simple individualité de penser différemment que la majorité de ses contemporains, mais cela n'excuse personne, pas même Wells, d'affirmer que ceux qui se permettent d'être indépendants font le jeu de l'Allemagne.

C'est un argument que, pour ma part, je laisse aux journalistes de troisième ordre.

Avec mes salutations,

                                        J. GRAVE.

La lettre reste sans réponse. Mais, plus tard, lorsqu'il revint de Russie, je lui écrivis pour savoir s'il avait des nouvelles de Kropotkine ; j'en reçus une réponse un peu plus amicale où il faisait allusion à notre petit attrapage.

*
* *

Enfin, ce fut la fin du cauchemar. Arriva la nouvelle que l'armée allemande se débandait, que ses chefs avaient fait une demande d'armistice. Et puis, enfin, que cet armistice était signé.

Nous nous préparâmes à rentrer. J'avais pensé, faute de mieux, que nous pourrions provisoirement continuer la publication des petits bulletins dont Guérin avait pris l'initiative, quitte à élargir le format au fur et à mesure des possibilités.

Sa publication nous tiendrait en relation avec les camarades que nous pourrions y intéresser, et, ainsi pré-

parer la réapparition des *Temps Nouveaux*, sous leur nom
ou un autre. Ce serait à voir. J'écrivis donc à Pierrot et à
Guérin dans ce sens.
Mais cela demande tout un autre chapitre.

XXII

COMMENT ON TUE UNE PROPAGANDE

Pour différentes raisons, notre retour en France fut retardé à plusieurs reprises. Ce fut épistolairement que je commençai à m'attraper avec Pierrot et Guérin.

Je leur avais écrit que, peut-être on pourrait penser à faire reparaître les *Temps Nouveaux*, mais que, ne pouvant plus, comme par le passé, m'occuper de l'administration, il faudrait que ce soit quelque autre camarade qui en prenne la charge. Je me réservais la partie rédaction. Il fut à peu près convenu que ce serait Guérin qui prendrait l'administration.

Du reste, voici le programme que je leur avais envoyé. Ils en publièrent une partie dans le Bulletin de Guérin. Ce qui indiquait qu'ils adhéraient à cette partie, du moins. Or, c'était la principale.

PROGRAMME POUR LA RÉAPPARITION DES *Temps Nouveaux*.

1.— Trouver 5 à 6 camarades capables de résister aux influences de chapelles, sachant juger des choses et des gens pour assurer une tenue nette et logique du journal, sachant s'opposer aux ingérances indésirables, et écarter toute déviation.

2. — Le groupe devra se composer de camarades se connaissant, ayant un fonds commun d'idées leur permettant de s'entendre après discussion sans avoir à se partager en majorité et en minorité.

3. — Ce groupe organisera la rédaction et l'administration, décidera du mode de publicaton, et fera appel au concours de tous ceux qu approuveront le programme qui leur sera soumis.

(Il va sans dire que, en dehors de la rédaction responsable, la collaboration au journal sera ouverte à toutes les bonnes volontés valant d'être utilisées).

4. — Un fonds de caisse de 5.000 francs sera créé avant que
soit lancé le premier numéro.

5. — Ce fonds de caisse sera constitué par des souscriptions,
le produit de réunions, conférences, etc... — ce qui impliquera
l'organisation de groupes actifs, — les camarades feront donc
bien, dès à présent, d'envisager ce côté de la propagande. C'est
le manque d'organisation et de cohésion qui nous a rendus im-
puissants devant les événements.

((Un moyen de nous aider à former ce fonds de caisse serait
de nous aider à liquider le stock de brochures, de volumes et
de lithos qui nous restent de l'ancienne administration. 50 %
de cette vente serait affectés à liquider les dettes de ladite
administration, les autres 50 % à verser au fonds de caisse et
suppléer aux frais de propagande et d'organisation).

6.— Création d'un groupe de souscripteurs permanents s'engageant à des versements réguliers.

7. — Partout où nous aurons des camarades, leur demander
qu'ils nous trouvent des abonnés, des acheteurs au numéro, et
tous autres concours possibles et utiles. Leur suggérer de prendre, chaque fois que paraîtra le journal, ou une quelconque
de nos publications, plusieurs exemplaires dont ils garanti-
raient le paiement, engageant leurs amis à opérer de même.

Nous invitons instamment ceux de nos camarades qui estiment
nécessaire la réapparition des *Temps Nouveaux*, de nous faire
connaître, dès à présent, le chiffre d'abonnés qu'ils espèrent
trouver, le nombre de numéros dont ils peuvent assurer la
vente et le chiffre de souscriptions qu'ils peuvent ramasser.
Cela nous aiderait grandement à calculer les chances de réussite que nous pouvons avoir. Le paiement des abonnements et
souscriptions ne sera demandé qu'à l'apparition du journal).

8. — Quand les fonds le permettront, il sera bon d'organiser,
au moyen de voyages circulaires, des visites aux camarades de
province · · et de l'étranger — par des camarades qui, sans être
orateurs, sauront exposer nos buts, et organiser des groupes
de propagande.

Ces voyages seraient une force pour le journal, également
pour la propagande.

9. — Si, jamais nous arrivons à avoir avec nous des camarades pouvant être autre chose que des moulins à paroles, nous
pourrions organiser des tournées de conférences, et profiter du
passage du conférencier pour organiser dans les localités où
il s'arrêterait, et dans les localités voisines, des groupes qui se
chargeraient d'envoyer au journal tous renseignements utiles.
Mais il ne faudrait pas que ce soit leur seule besogne. Jusqu'ici,
on a trop parlé d'initiative, sans jamais la pratiquer, il serait
temps que les camarades s'associent en vue de mettre sur pied
quelque œuvre de propagande.

S'il veut durer, le groupe doit avoir un but à accomplir. Ce ne sont que les groupes déjà existants au moment de la révolution qui en assureront le triomphe, en étant capables de se substituer aux organisations capitalistes qu'il s'agit de détruire. Ces formes de groupement ne manquent pas. Il ne s'agit que de les rendre conscientes du rôle qu'elles auront à jouer. (Défense Sociale, Résistance aux abus de toutes sortes, Ligue de consommateurs, Groupes d'Echanges, Coopératives de production et de Consommation, etc.).

Provisoirement, le Bulletin de Guérin servira de lien entre ceux qui pensent que quelque chose doit être fait pour reprendre sérieusement la propagande.

Ce programme, comme on le voit, ne concernait pas seulement la réapparition du journal. Il visait à organiser une propagande suivie et raisonnée.

Au lieu de cela, le numéro du Bulletin qui suivit celui qui avait publié ce programme en partie, annonçait, dans une petite note que, dans une réunion organisée par Pierrot et Guérin, il avait été décidé que les *Temps Nouveaux* reparaîtrait sous forme de revue, et qu'on avait procédé au choix d'un comité de rédaction.

C'était le contre-pied absolu du programme qu'ils avaient accepté sans objection. Tellement bien accepté, que, d'eux-mêmes, ils avaient porté à 8.000 fr. le fonds que je demandais de 5.000 seulement.

*
* *

Je m'empressai de protester contre cette hâte et ce mépris des conditions acceptées. Nous échangeâmes plusieurs lettres. Je n'ai pas gardé copie de toutes les miennes, mais j'en retrouve une qui, à mon avis, résume bien la situation ; sa longueur seule m'oblige à ne pas l'insérer.

J'expliquais que, tôt ou tard, la place d'un journal manquant serait prise et — peut-être pas pour le bien de la Propagande. Que, risquer une faillite serait néfaste, qu'il fallait ne partir que lorsque le chiffre des adhésions permettrait d'espérer de pouvoir tenir. Et combien d'autres raisons !

*
* *

Bien qu'ils eussent annoncé l'apparition, j'espérais que, au dernier moment, ils réfléchiraient. A une de mes lettres, Pierrot ne m'avait-il pas répondu : « Ne vous alarmez pas. Il n'y a rien de cassé ». A la fin, notre retour à Paris avait été décidé pour le milieu de juillet. Je les adjurai d'attendre.

Sitôt rentrés, ma femme et moi allâmes rendre visite à Guérin. Durant cette visite nous avions tant à nous dire qu'il ne fut pas question de ce qui nous divisait. Mais en partant, je dis à Guérin : « J'espère que vous avez réfléchi. Je reviendrai pour discuter la question à fond ».

— Oui, oui, fit Guérin.

Quelques jours après, j'apprenais que, à ce moment-là, il avait le numéro imprimé chez lui.

Non seulement, ils avaient passé outre à ma résistance, mais s'ils avaient eu soin de faire disparaître mon nom de la liste des collaborateurs, ils s'étaient bien gardé d'indiquer les raisons, comme je le leur avais demandé, qui faisaient que j'étais opposé à la tentative, et ma volonté qu'ils aient à changer de titre.

Aussi, lorsque je reçus le premier numéro, je rédigeai une protestation où le plus courtoisement possible, je faisais l'historique de nos divergences et donnais les raisons de mon opposition. On refusa d'insérer. Ce fut encore Pierrot qui servit de porte-parole à ces messieurs : « Si nous insérions votre protestation, me disait-il, nous passerions pour des vaniteux ».

— Je ne vous l'ai pas fait dire, lui répondis-je.

Moi, qui pendant les trente ans que j'avais dirigé le journal, n'avais pas même changé un mot à leurs articles, je trouvais un peu excessif que l'on me refusât dans un journal qui avait repris un titre que, à tous les points de vue, je pouvais considérer comme m'appartenant, l'insertion d'une note qui avait pour but de donner les raisons de mon exclusion.

Mais cela m'était dur de me trouver divisé avec les derniers camarades de lutte qui restaient. Je renouvelai ma protestation que, pour ne pas allonger ce chapitre outre mesure, je ne donnerai pas.

Je me déclarais prêt à marcher avec eux s'ils voulaient seulement changer le titre des *Temps Nouveaux.*

Cela ne fut pas davantage inséré. Mais on m'expédia

Tcherkesoff et Paul Reclus qui vinrent m'expliquer que,
« pour le bien de la propagande », nous devions rester
unis, que, peut-être les camarades avaient eu tort d'être
si précipités, mais qu'en agissant ainsi ils avaient cru
agir pour le mieux; que ce qui était fait était fait, qu'il
fallait passer l'éponge.

Je fus assez jobard pour négliger leur manque de parole
et travailler avec eux. D'autant plus jobard que les belles
paroles de leurs délégués ne m'avaient nullement convaincu. Mais je voulais faire preuve de bonne volonté.

J'étais censé devoir m'occuper de la confection des numéros, mais les articles ne me furent jamais communiqués
que par les épreuves en feuille. Une seule fois, je demandai la suppression d'un article qui me semblait par trop
« déroulédiste ». Pierrot me répondit qu'il l'avait donné
à lire à sa fille qui l'avait trouvé excellent !

Je laissai passer. J'avais promis de faire mon possible
pour aider.

Vint la mort de Guérin. Dans la notice nécrologique qui
lui fut consacrée, on disait que ce n'était que grâce à lui
que les *Temps Nouveaux* avaient pu reparaître.

Lorsque j'en pris connaissance, je trouvai vraiment
qu'ils exagéraient. C'était moi, le premier, qui leur avait
demandé de travailler ensemble à cette réapparition. Et
quoique nous ayons été en discussion à ce sujet, je ren-
trais pour une partie dans la proposition de reparaître.

Je leur demandai la suppression de ce passage. Cela
ne faisait aucun tort à Guérin, et me donnait satisfaction.
On refusa de modifier le passage.

Je ne donnerai pas les lettres que j'eus à leur écrire
pour obtenir l'insertion d'une protestation. Ce ne fut qu'à
la troisième qu'ils s'exécutèrent, et de mauvaise grâce.
Au lieu d'être insérée dans la revue, ma protestation fut
imprimée sur une feuille à part. C'était d'autant plus
dégoûtant qu'en me forçant à cette protestation, j'avais
l'air de peser au compte-goutte les éloges à Guérin.

J'ai des lettres instructives sur ce débat. Mais, à quoi
bon insister!

*
* *

Après ceci, mon tort fut de ne pas rompre aussitôt

avec eux. Mais, en rompant, je restais isolé. Et il y avait
tant à faire pour remettre la propagande sur pied. Je
continual à « marcher ». Ce fut un tas de petites pi-
qûres qui, à la fin, me firent comprendre que nous
avions assez les uns des autres.

Quand les *Temps Nouveaux* paraissaient, m'avait-on
assez reproché que le journal n'était pas vivant, ne faisant que de la théorie, ne sachant pas se tenir au courant de la vie active.

Ayant le temps, — n'étant plus tenu à la lutte journalière pour faire vivre le journal — je ramassai avec soin
dans mes lectures tout ce qui était de nature à intéresser le lecteur — et la propagande — et l'envoyai pour
l'insertion. C'était régulièrement mis au panier.

Personne ne s'intéressait à la bibliographie. Moi, ça
m'intéressait, on me l'avait laissée. J'essayai de faire
le travail consciencieusement. Il n'arriva qu'un seul volume intéressant: on ne me le remit qu'au bout de six mois,
malgré mes réclamations réitérées. Un camarade de
Guérin l'avait emprunté pour le lire!

Ne voulant pas passer pour un farceur, je donnai, dans
mon compte-rendu, les raisons qui faisaient que j'en
parlais si tard. On supprima le passage.

Ce qui me dégoûta le plus, c'est qu'il me vint aux
oreilles que le sieur Bertrand — l'homme aux idées —
revenait avec le projet que j'avais fait écarter au début : mettre le journal sous la coupe d'actionnaires.
Mais, cette fois, par un détour.

On fonderait une coopérative de librairie et d'éditions.
C'est à cette coopérative que l'on confierait le soin d'éditer
le journal.

Je n'avais aucune objection contre la coopérative de
librairie. Elle pouvait rendre des services. Mais j'en avais
de fortes à mettre le journal à la merci d'un vote d'une as-
semblée qui pouvait nous mettre en désaccord avec elle.

J'écrivis à Pierrot que j'en avais assez, qu'à titre de con-
ciliation, je voulais bien continuer de marcher avec eux,
mais que j'exigeais qu'on abandonnât le titre des *Temps
Nouveaux*.

Une réunion eut lieu. Etaient présents: Pierrot, Rullières,
l'inévitable Bertrand et son fils, trop jeune pour avoir collaboré aux *Temps Nouveaux*, mais aussi prétentieux que son

père, et quelques autres dont la collaboration à l'ancien
journal avait été plutôt vague.

Bertrand commença à pontifier. C'était par solidarité
pour moi que l'on s'était résigné à prendre le titre des
Temps Nouveaux. Ils en étaient payés par la plus noire ingratitude. Enfin, ils étaient assez magnanimes pour passer
là-dessus.

En passant, j'admirai la solidarité de ces gens, dont la
première besogne avait eté de vouloir me prendre comme
paravent dans une publication dont ils entendaient être les
maîtres, et qui, lorsque me refusant à ce rôle, je leur avais
demandé de me laisser dire, dans ce qui avait été mon
journal — puisqu'ils en avaient pris le titre — les raisons
pour lesquelles je n'avais rien à faire dans le nouveau, s'y
étaient absolument refusés.

N'étant pas venu pour entendre les gasconnades du sieur
Bertrand, je l'interrompis lorsque je vis qu'il allait tenir
toute la séance sur des questions d'à-côté. Je les avais fait
réunir pour leur demander d'abandonner le titre : c'était
cela que je voulais que l'on discute. Et me levant, je me
préparai à quitter la pièce.

Pierrot, c'était chez lui que cela se passait, courut après
nous, — ma femme m'accompagnait —me disant de ne pas
m'emballer, que les choses s'arrangeraient, et d'attendre la
fin. Et il nous fit passer dans une pièce contiguë.

La porte de communication etant restée entr'ouverte, il
nous venait des bribes de la discussion.

— Si vous renoncez au titre, disait Bertand, c'est la débâcle certaine, tandis que je vous promets 1.500 abonnés
avant trois mois d'ici, si nous le gardons.

Tiens! tiens! ce n'était donc pas seulement pour mes
beaux yeux que l'on s'était emparé du titre?

Des murmures de voix, quelques paroles que je ne comprenais pas, d'autres chuchotements, puis la voix d'un
homme que je ne nommerai pas, mais qui ne s'était jamais
occupé du journal lorsqu'il vivait, qui affirmait que,
« somme toute, Grave n'avait jamais été que leur mandataire ». Un comble !

D'autres chuchotements. La séance était finie. Pierrot
vint nous délivrer, déclarant que l'on n'avait pas pris de
décision. Qu'il nous ferait savoir lorsqu'une décision aurait

été prise. Le lendemain, je recevais une lettre de lui, disant qu'il lui avait été désagréable de nous le dire de vive voix, mais que les camarades avaient décidé de garder le titre.

C'était donc la rupture.

* *

Comme sur les 2 ou 300 abonnés qu'ils avaient ramassés, il y en avait bien les 80 centièmes qui étaient déjà d'anciens abonnés, il s'en trouva quelques-uns pour trouver étrange mon exclusion. Ils écrivirent aux « pirates » pour leur demander une explication.

Deux d'entre eux m'envoyèrent la réponse qu'ils avaient reçue. La lettre elle-même. Comme c'est bien l'écriture du signataire, donc, pas d'erreur :

31/7, 1920.

Mon cher.....

Croyez-vous que la séparation ne nous a pas été pénible ? Nous avons fait tout notre possible pour l'éviter, Paul Reclus surtout, qui a une âme de chrétien. Quant à moi excédé, j'aurais rompu depuis longtemps.

Nous n'avons ni ambition ni vanité. Nous avons repris les *Temps Nouveaux* à l'instigation de Grave. *Il demandait qu'on le déchargeât des dettes et de toute la cuisine du journal (administration, etc.).*

Guérin accepta tout. — Je m'embarquai dans la galère sans aucune espèce d'enthousiasme, Grave retardant sans cesse son retour d'Angleterre et les camarades me pressant, Guérin et moi lançâmes le premier numéro, en juin 1919 -- à la grande fureur de Grave.

Puis la vie continua à être impossible. Grave habite la banlieue, ne veut pas se déranger pour venir à Paris, et veut que tout marche sur ses ordres, comme lorsqu'il faisait tout seul le journal. Notre petit groupe faisait pour le mieux : nous étions régulièrement engueulés et excommuniés.

Heureusement, le vieux Tcherkesoff et Paul Reclus intervinrent pour dire à Grave qu'il n'avait pas la propriété exclusive de la propagande (et même des *Temps Nouveaux*). Et cela se remit à marcher plus ou moins bien.

Mais ce ne fut qu'une accalmie. Grave absent, était travaillé de la maladie de la méfiance. Guérin mort, il imagina qu'on avait voulu l'écarter. Aucune preuve ne le satisfit. Il nous envoya le factum inséré dans le N° 9, par lequel il déclarait se désintéresser de la revue.

Reclus ayant succédé à Guérin, rencontra les mêmes difficultés. Enfin, je passe sur les choses de détail. Les fonds n'étant pas suffisants, nous pensons créer une coopérative de librairie pour faire vivre le journal. Grave en est aussi partisan, mais exige maintenant qu'on abandonne le titre. Cela devenait fou. Nous avions conservé le titre au début justement pour ne pas abandonner Grave.

Maintenant, c'est trop tard.

Atteint par la maladie de la persécution, Grave se retire. Mais il voudrait que le journal mourût avec lui. Par honnêteté, nous avons voulu que le public fût prévenu de cette scission.

Bien à vous,

X...

Par respect pour notre ancienne amitié, je ne donne pas le nom du signataire.

Cette lettre est un modèle du jésuitisme le plus parfait, où le signataire se sert de quelques demi-vérités pour en extraire les mensonges les plus audacieux.

1. — En ce qui concerne les dettes, il est vrai que je leur avais écrit que, les discussions d'affaires n'étant pas mon fort et me déplaisant, ils eussent l'obligeance de voir nos créanciers pour moi et d'arranger l'affaire avec eux. *Que je paierais.*

2. — Je leur avais déclaré qu'il m'était impossible de reprendre l'administration, mais que *je me réservais la rédaction.*

3. — Si Paul Reclus et Tcherkesoff avaient usé, avec moi, du langage que leur prête le signataire avec moi, je les aurais remis à leur place.

4. — Leur comité de rédaction avait été nommé en dehors de moi. En effet, je n'ai jamais voulu le reconnaître et ne suis jamais allé à ses réunions. Je ne marche qu'avec ceux que j'ai librement choisis. Je ne m'en laisse imposer par personne.

5. — Par honnêteté, ils voulurent que le public fut prévenu de notre scission. Ils refusèrent d'insérer la note que je leur envoyais à ce sujet. Ce ne fut que grâce à l'intervention d'une amie commune qu'ils se résignèrent à insérer quelques lignes de leur crû à ce sujet.

6. — J'étais atteint du délire de persécution!...

Inutile de reproduire la deuxième lettre qui renouvelle les mêmes faussetés, les mêmes mensonges.

Tout ce que je puis dire, c'est qu'il est pitoyable que des amis de vingt ans, pour se justifier d'un premier manque de franchise aient eu recours à tant d'autres mensonges qui frisent tant soit peu la calomnie.

Ils voulaient avoir leur journal à eux. C'est là le fond de l'affaire. De cela, ils étaient parfaitement libres, et maîtres de le faire si telle était leur intention. Seulement pourquoi ne pas le dire franchement? Pourquoi s'acharner à prendre un titre qui certainement m'appartenait, à tous les points de vue, plus qu'à eux?

Un journal à eux paraissant dans les mêmes conditions d'incertitude, il est probable que je leur aurais fait les mêmes objections d'inopportunité, dont ils auraient toujours été libres de ne pas tenir compte. Mais, alors, ils auraient agi sous leur seule et propre reponsabilité. Je n'y aurais rien eu à dire. Je n'aurais même eu aucune objection à collaborer avec eux, s'ils avaient voulu accepter.

Pour ne pas perdre contact avec le peu d'amis qui me restaient, je profitai d'un « Message aux Ouvriers d'Occident » que Kropotkine avait envoyé par Miss Bonfield qui l'avait visité en Russie, pour commencer la publication de petits « Bulletins », dans le genre de ceux de Guérin, que je me proposais de publier chaque fois qu'il me serait possible.

J'écrivis à Turner, le secrétaire de « l'Union des Employés », de Londres, ami de Kropotkine, qui m'envoya le numéro du « Labour Leader » contenant ledit message, que je traduisis et qui fut le texte du premier nu..ro de la série que j'entreprenais.

Je n'avais aucune illusion en faisant cette tentative. Je n'espérais pas atteindre la demi-douzaine sans être forcé de lâcher. Mais ma faillite ne barrerait la route à personne. Or voilà sept ans que cela dure, et j'ai la perspective de pouvoir tenir encore un peu de temps. Mon cercle ne s'élargit pas beaucoup. Mais les nouveaux venus compensent la perte de ceux qui s'en vont. La publication ne fait pas ses frais, mais quels furent les journaux révolutionnaires — à part « la Guerre Sociale » — qui les ont jamais faits ? L'important est de tenir. Il faudra bien que l'opinion publique se ressaisisse un jour (¹)

*
* *

Mais il reste la question des dettes, un gros mensonge à réfuter..
« Que je me serais déchargé sur eux » !
Voyons un peu comment?
Ces dettes se montaient à :

L'imprimeur du journal, environ................ 1.300 »
Au camarade Prouvost, reliquat des 3.000 fr.
   qu'il m'avait autrefois prêtés 501,50
Marchand de papier .... 60 »
« La Productrice », impression de brochures.. 160 »

                    En tout...... 2.021,50

Mais, s'il y avait des dettes, il y avait de la marchandise pour payer.
Pendant mon absence, d'après le détail qu'il me fournit, Guérin avait encaissé... y compris 385 fr. qui lui furent remis par Girard 1.730,10
   Par contre, il avait dépensé 1.283,70
(Dans cette dépense étaient compris 501,50 pour la dette Prouvost qu'il avait payés, déménagement, etc...)

---

(1) Je dois ajouter que si j'ai pu parer au déficit toujours croissant et tenir si longtemps, je le dois à un camarade suisse qui, à sa mort, me laissa environ 2.000 francs. Ce camarade, ancien lecteur du *Révolté*, atteint d'une maladie incurable, m'avait écrit me disant son état et son estime pour moi.

Dans la vie de propagandiste, il se trouve, comme cela, des amis inconnus venant vous consoler de la mûflerie de quelques-uns.

Quelques temps après cette lettre, un ami d'enfance de ce camarade, ancien lecteur du *Révolté* lui aussi, m'apprenait la mort de mon correspondant et m'avisait que, par testament, il me laissait le quart de son petit avoir, 1.352 francs suisses, lesquels à l'époque, faisaient 2.107 francs.

Ce camarade insistait que la somme était pour moi, personnellement, et non pour la propagande.

Il lui restait donc en caisse................ 452,40

Ajoutons :

Vente de brochures et volumes.............. 1.400 »
Vente, par moi, de papier et remis à Guérin.... 160 »
Sur une vente de lithos, à lui remis par moi.... 500 »
Pour les boiseries du bureau, achetées par Ber-
trand (à bon compte)...................... 250 »
Vente de lithos Naudin, par Guérin............ 200 »

Il y avait donc à leur avoir................ 2.962,40
Dont il convient de déduire les dettes, soit.. 1.520 »

Il resta, en leur possession................ 1.442,40

C'est ce qu'ils appelaient leur avoir laissé la charge des dettes.

Mais ce n'était pas tout.

Il était resté, chez Guérin, au moins 100 lithos Naudin, à 20 fr. pièce, au bas mot, c'était la coquette somme de 2.000 fr. De plus, il avait conservé trois ou quatre collections de nos lithos, de 30 lithos chaque. Cela représentait au bas mot 800 fr. Pendant le temps que je collaborais avec eux, je fournis toutes les commandes de brochures qu'ils me transmirent. Je n'en ai pas conservé la liste. Mais cela représente encore au moins 2 à 300 fr., sinon davantage.

Les dettes furent-elles payées? Je l'espère.

XXIII

KALEIDOSCOPE

Dans un mouvement qui combat tout ce qui existe, qui critique la morale courante, sans avoir encore bien pu définir la sienne, il est inévitable qu'il se trouve toutes sortes d'individus. Les meilleurs comme les pires. Des sincères comme d'autres qui, dans les idées émises, ne cherchent que la justification de leurs appétits ou de leur vanité. D'intelligents comme des détraqués.

C'est dire que, pendant mes quarante ans de propagande, j'ai vu défiler toutes sortes de figures. Dans ce chapitre, j'en introduirai quelques-unes qui n'ont pu trouver place dans les chapitres précédents.

*
* *

Au retour de la Nouvelle-Calédonie, Louise Michel était allée habiter Levallois-Perret. Je lui rendis visite un jour. Son portrait a été fait trop souvent pour qu'il soit nécessaire de le retracer. Tout a été dit sur son désintéressement, sa générosité qui allait — il faut nommer les choses par leur nom — jusqu'à la bêtise, car elle était exploitée par un tas de ruffians qui spéculaient sur son bon cœur. Elle abandonnait son dernier morceau de pain au premier mendigot venu qui, bien souvent, en avait moins besoin qu'elle.

Incapable du moindre mal, elle ne voulait voir que des petits saints dans ceux qui l'approchaient. Sa bonté s'étendait même à des personnages assez louches, ce qui est gênant, parfois, dans la propagande.

Une nommée V. s'était attachée à elle, comme garde du corps, surtout comme parasite, paraît-il! Mais le manque de sens pratique de Louise la rendant incapable de se défendre, V., après tout, la défendait, dans la mesure du possible, contre l'exploitation des autres.

Cette pauvre Louise! ce qu'elle fut pressurée, exploitée sous prétexte de propagande, par les aigrefins de l'anarchie! Janvion et un de ses associés, Ernest Girault, entre autres, l'ayant entraînée dans une tournée de conférences à travers la France, la surmenèrent, à un tel point qu'elle tomba malade en cours de route; ils l'abandonnèrent, sans le sou, dans une ville de province, tellement malade qu'elle en mourut.

Je ne la rencontrais que très rarement. Quelquefois, entre deux tournées, elle m'écrivait d'aller la voir dans quelque hôtel où elle était descendue. Chaque fois, j'essayais de la mettre en garde contre les ruffians, mais c'était peine perdue, Louise Michel ne pouvait se méfier de personne.

Son corps ramené à Paris, la population lui fit de magnifiques funérailles.

Comme d'habitude, la police avait fait un déploiement formidable de forces sur le parcours du cortège, Lépine et ses subordonnés déployant un zèle intempestif.

Un fait significatif qui prouve que, lorsque la foule est bien résolue à ne pas se laisser em...bêter, elle peut avoir le libre exercice de sa volonté : la partie du cortège où je me trouvais était, si mes souvenirs sont exacts, à peu près à la hauteur de la place Clichy, — l'endroit, du reste importe peu, le fait est exact. — Lépine nous jappait aux talons. Il ordonna à un peloton de gardes municipaux qui se trouvait là de mettre baïonnette au canon. Ce qui fut fait. Mais un cri formidable de: « A bas les baïonnettes! » sortit des rangs de la foule. Et les baïonnettes furent remises au fourreau, sans attendre l'ordre des chefs. Lépine sut se taire, cette fois.

*
* *

Au temps du *Révolté* venait au bureau, rue Mouffetard, une jeune dame choisir des brochures. Nous nous entretenions de propagande. Elle me paraissait très intelligente.

Qui était-elle? Je ne lui avais jamais demandé son nom.

Un jour elle vint, accompagnée par un gros garçon, blond, joufflu, ayant l'air fort réjoui. Elle me le présenta comme son mari, Albert Métin. Tous deux faisaient partie du « Groupe des Etudiants socialistes révolutionnaires ».

Par la suite, Métin prit l'habitude de venir bavarder, mais je le trouvais superficiel et très inférieur à sa femme.

Il parut vouloir s'intéresser au journal. Un jour, il me demanda où en était la situation? Ce fut la réponse habituelle: financièrement, elle n'était pas brillante.

— Cela ne peut pas continuer ainsi, me fit-il, d'un ton résolu. Je vais m'occuper de récolter des souscripteurs. Autour de moi, je vous promets de trouver au moins 4o fr. par mois. De plus, je vous enverrai des articles. Donnez-moi les journaux anglais, flamands, espagnols, italiens, je vous en tirerai le « Mouvement social ». Il faut que les *Temps Nouveaux* marchent.

Je lui fis un paquet de tous les journaux dernièrement arrivés, me félicitant d'avoir trouvé un collaborateur si actif!

Trois ou quatre semaines se passèrent. Il revint, me rapportant les journaux, mais ni articles ni mouvement social. Ses occupations ne lui permettaient plus de faire le travail promis. Quant aux souscriptions: néant.

J'appris par la suite qu'il venait d'être nommé à la chaire d'histoire, à l'Hôtel de Ville, en remplacement de Louis Ménard.

L'hiver d'après, je le rencontrai au cours de Manouvrier, à l'Ecole d'Anthropologie. Il était plein d'importance, me demandant, avec grande condescendance, comment allait le mouvement, faisant des critiques d'une façon détachée, comme quelqu'un qui voit de bien plus haut, et surtout de très loin.

Je ne le revis plus. Ayant obtenu une bourse de voyage, il visita l'Australie et les îles d'alentour. Le voyage était de 6 mois. Il en rapporta deux bouquins.

Lancé dans la politique, il devint ministre. L'anarchie n'est pas une entrave... si on sait en sortir à temps!

*
* *

Parmi les originaux qui vinrent tâter de l'anarchie, il convient de citer Zo d'Axa. Son véritable nom, je l'ai oublié. C'était, paraît-il, le fils d'un des hauts fonctionnaires de la compagnie d'Orléans.

Ce fut dans les milieux littéraires de Montmartre qu'il fit son apparition, et commença à se faire remarquer dans quelques petits cénacles où il annonça son intention de publier un journal.

Zo d'Axa ne voulait pas ressembler à tout le monde. Témoin le nom de guerre qu'il avait choisi. Il le montrait également par la coupe de ses vêtements qui lui donnaient l'air d'un mousquetaire. Sur la fin, ils tournaient à l'allure monastique.

Au sujet du journal à paraître, il était perplexe, — ce fut Ritzerfeld, qui fréquentait ces milieux, qui me l'apprit. — Serait-il royaliste ou anarchiste? Grave problème. Il fallait épater les gens! d'Axa penchait pour le royalisme. Et ça cadrait avec son caractère. Par tempérament c'était un aristocrate. Son entourage finit par le décider pour l'anarchie. Mais, pour avoir plus d'allure, son journal s'appellerait *L'Endehors.*

Il était bien fait et fournit une carrière de près de trois ans. Des jeunes littérateurs, dont quelques-uns sans grand souffle, s'y essayèrent à l'anarchie. Mais il y eut de très bons articles.

Dans le premier numéro, d'Axa avait pris près de la moitié de la première page pour y proclamer les aphorismes suivants:

Les Intensifs
   Zo d'Axa   Les phases

Superbe ! commencer l'œuvre
    c'est la passion
      l'on croit

        Pénible ! la continuer
          c'est le travail
           on doute

              Habile ! l'achever
                c'est l'art
                 on ment

Zo d'Axa était désabusé avant d'avoir commencé !

Poursuivi pour je ne sais quel article, il préféra voyager plutôt que d'accepter l'hospitalité que lui offrait la « justice » de son pays. Il fut arrêté à Jérusalem, en vertu des « Capitulations » de 1778 ! Ramené à Paris et incarcéré à Sainte-Pélagie, il y écrivit un volume sur son odyssée qui parut sous le titre : « Sur le Trimard », puis sous cet autre : « De Mazas à Jérusalem ».

En 1897, il publia, sous forme de feuilles volantes, un pamphlet intitulé « La Feuille », qui comportait une page de texte et une p je d'illustrations, un dessin en couleur, que fournissaient Steinlen, Luce, Hermann-Paul et Wilette. Il y eut 25 numéros. Puis d'Axa disparut.

*
* *

Un jour, en compagnie de Reclus, j'étais allé rendre visite à Léon Cladel qui habitait Suresnes, où, à cette époque, habitait également Reclus.

Toute la famille Cladel était intéressante et sans morgue.

Au cours de la conversation, Cladel nous raconta que, lorsqu'il vint à Paris, — il était jeune, — il n'eut de cesse jusqu'à ce qu'il fût présenté à Victor-Hugo, objet de sa grande admiration alors.

Il fut invité à déjeuner chez le Dieu. Or, paraît-il, il ne fallait jamais contredire le « Maître » ! ; lorsqu'il avait parlé, il ne restait plus qu'à s'incliner. Voilà que, au cours du repas, Cladel, en véritable irrégulier qu'il était, s'avisa d'émettre une opinion qui différait quelque peu de celle du grand homme.

Devant un pareil blasphème, Lockroy et Meurice — si mes souvenirs sont exacts — qui étaient placés de chaque côté de Hugo, eurent le geste de se lever pour empoigner le blasphémateur, et l'expulser. Mais, magnanime, le Maître fit signe aux deux préfets de police qu'il pardonnait au jeune imprudent qui, sans doute, avait péché par ignorance.

Cladel échappa à l'ignominie d'être mis à la porte. Mais, sous les regards d'indignation, il passa le reste du déjeuner d'une façon très inconfortable.

*
* *

Un jour, vint me trouver une vieille dame russe, du nom
de Mansouroff.

Venue aux idées par le néo-malthusianisme, elle avait
d'abord été en relations avec Robin. Mais, autant que je
pus en juger, elle était un peu méfiante. Robin, de son
côté, était comme je l'ai dit, de caractère difficile, l'harmonie ne dura pas longtemps entre eux.

Je ne lui cachai pas que le néo-malthusianisme n'avait
rien qui m'emballât par la façon même où nous le présen-
taient ceux qui le prônaient. Elle n'insista pas. Elle me
remit mille francs pour faire imprimer en russe *La Société
Mourante* qui lui plaisait beaucoup. Puis, en plusieurs fois,
diverses sommes se montant à près de 4.000 fr.

Elle me parla de son intention de laisser sa fortune
pour fonder une colonie anarchiste dans sa villa de Menton, où j'étais allé passer quelques semaines, à la suite
d'une pneumonie. Ce fut ce séjour qui servit de prétexte à
Gohier pour m'accuser d'aller vivre en sybarite sur la
Côte d'Azur.

Mais, qui choisirait-elle comme héritiers, et quels hommes étaient dignes de remplir exactement ses vœux? Je
lui nommai Kropotkine, Reclus, Malatesta, Domela Nieu-
wenhuis. Avec eux, elle pouvait être sûre que l'argent ne
serait pas détourné de sa destination.

L'année suivante, un camarade de l'entourage de Robin,
vint me dire que, sérieusement malade, elle était séquestrée
par sa famille dans sa villa. Que je ferais bien d'aller la
voir.

Par hasard, je me trouvais en mesure de disposer des
frais du voyage pour deux ou trois jours ; je pris le train
et débarquai à Menton. On consentit à m'introduire auprès
d'elle. Je la trouvai couchée sur un matelas posé à terre.
Près d'elle étaient également couchées, tout habillées,
deux servantes italiennes.

Elle me dit qu'elle souffrait horriblement, et n'avait
qu'un désir: en finir vite avec la vie. Pouvais-je lui procurer quelque poison qui l'emporterait sans souffrir?

Elle me fit énormément de peine. Si cela avait été en

mon pouvoir, je crois que j'aurais accédé à son désir. Au cours de la conversation, elle s'excusa de ne rien pouvoir faire pour la propagande: « On » ne lui laissait rien.

Je lui dis de ne pas se tourmenter là-dessus, que je n'étais venu que pour savoir si je pouvais lui être utile.

De mes relations, je ne pouvais, du reste, lui procurer ce qu'elle m'avait demandé.

J'y retournai le lendemain, mais on ne me permit pas d'entrer. Je n'avais qu'une chose à faire, reprendre le train.

Quelques semaines après, le même camarade m'apprit qu'elle était morte. Le consulat russe avait mis l'embargo sur ce qu'elle laissait. Si elle avait laissé un testament, il n'en fut jamais question.

D'après le même camarade, qui avait rangé ses papiers avec elle, sa fortune devait se monter à un million de roubles.

*
* *

Dans une garnison de l'Est, se trouvait un sergent, nommé Guillon, qui, à plusieurs reprises, se fit envoyer des colis de brochures qu'il distribuait autour de lui.

Un jour, le chef de gare s'avisa de fouiller dans le paquet, et avertit l'autorité militaire. Guillon fut arrêté en allant retirer le colis.

Mais son arrestation eut un contre-coup. Des perquisitions furent opérées dans le paquetage des hommes de la compagnie de Guillon. Dans celui d'un nommé Dubois-Desaulle on trouva un journal qu'il s'amusait à écrire, où l'autorité militaire était fortement maltraitée.

Ce fut suffisant pour l'envoyer aux compagnies de discipline.

Pour Guillon, j'avais été averti de l'arrestation et j'avais pu faire faire un peu de tapage dans la presse. On se borna à le traduire devant un conseil de corps qui l'envoya finir les six mois de service qui lui restaient à faire dans un régiment d'Afrique.

Mais pour Dubois-Desaulle, ce ne fut que lorsqu'il déserta de la compagnie de discipline où il avait été envoyé par un conseil de guerre que sa mère vint me trouver. Elle me raconta que son fils lui avait bien dit de venir me trouver la première fois, mais que s'ét..nt adressée à des « influences », on lui avait conseil'é de ne faire aucun bruit, lui promettant d'obtenir l'indulgence de l'autorité pour son fils.

Inutile d'ajouter que ces promesses n'avaient eu aucune réalisation.

J'allai trouver Séverine, pour lui demander d'entamer une campagne en sa faveur.

Séverine me dit : Une campagne dans la presse a peu de chances d'être profitable à celui que vous voulez sauver. Mais le cabinet Bourgeois qui vient de se constituer m'a fait demander de l'appuyer. Je lui demanderai, en retour, la grâce de Dubois-Desaulle ».

En plus du délit de désertion, ce dernier s'était sauvé avec ses effets d'ordonnance. Il avait été repris et passa en conseil de guerre.

Le président du conseil de guerre, me racontait peu après Mme Desaulle, « fut tout à fait paternel, allant lui-même au devant des réponses à faire à ses questions ». Quant au commissaire du gouvernement, on n'en avait jamais vu d'aussi humain. L'intervention de Séverine avait produit son effet.

Acquitté, Dubois-Desaulle fut nommé bibliothécaire dans un régiment où il termina tranquillement son temps de service.

Lorsqu'il fut libéré, il publia, chez Stock, un volume sur les compagnies de discipline, *Sous la casaque*. Puis à la *Revue Blanche*, *Camisards*, *Peaux de Lapins*, et *Cocos*.

Ayant trouvé à faire partie d'une caravane d'explorations organisée par un nommé Mc-Millan, il périt dans une embuscade, sur la Côte des Somalis, s'étant aventuré, sans armes, loin de ses camarades, malgré toutes les recommandations.

*
* *

Comme je l'ai dit, la plupart des artistes et littérateurs furent très obligeants avec nous. Quillard, Hérold, Malquin, nous aidèrent grandement. Et je ne parle que des plus connus.

Mais je dois faire une place à part à Luce. D'abord, ce fut à lui que je dus de connaître d'autres artistes, et quelques littérateurs.

Toujours prêt, on pouvait lui demander n'importe quel service, il se mettait en quatre pour vous satisfaire. Et, ce qui est plus rare, je ne lui ai jamais entendu faire la moindre critique sur ses confrères. Il les défendait, au contraire, lorsque quelque rosserie était hasardée contre eux en leur absence. Cela, même lorsque celui qui était attaqué n'était pas tout à fait de ses amis.

*
* *

Vers 1908 ou 1909, je fus mis en relations avec un groupe de jeunes Chinois désireux d'apporter de l'extérieur leur concours à ceux de leurs camarades qui travaillaient à préparer la révolution en Chine.

Ils avaient fait venir des caractères chinois, et se proposaient de publier un journal destiné à être expédié en Chine et aux associations chinoises éparpillées sur divers points du globe.

Leur journal devait s'appeler « *Les Temps Nouveaux* ». Ils me demandèrent de leur laisser prendre l'adresse de la rue Broca et de bien vouloir recevoir leur correspondance. Ce que j'acceptai de grand cœur.

Je suis persuadé qu'ils contribuèrent pour une bonne part au succès de la Révolution qui mit fin au Vieux Régime chinois. La plupart, d'ailleurs, partirent pour la Chine quand elle éclata. Leur journal cessa alors de paraître.

XXIV

LA VIE FINANCIÈRE
D'UN JOURNAL RÉVOLUTIONNAIRE

« *Le Révolté* » ! « *Les Temps Nouveaux* «! Peuh! Ils étaient en mendicité perpétuelle » ! Telle est l'appréciation courante dont quelques « bons amis » ont tenté, plus tard, de me faire un grief. Critique que, pendant longtemps, j'ai cru presque vraie, ne me rappelant que les crises traversées, les appels de fonds, les exposés de la situation insérés.

Mais, en relisant la collection du journal, j'ai pu constater que si les difficultés pécuniaires furent constantes et si, au gré des lecteurs, je les en entretennais trop, ces appels de fonds s'adressaient, surtout, aux dépositaires qui se faisaient par trop tirer l'oreille.

Si c'est faire de la mendicité que de dire aux dépositaires, aux abonnés en retard que leur négligence était cause de l'irrégularité de la publication, soit. Je ne chicanerai pas sur le mot : le journal a vécu de mendicité.

Mais ce fut une maladie commune aux journaux de propagande révolutionnaire, car en lisant d'autres feuilles de propagande — même les peuples étrangers — à part quelques exceptions, j'ai pu constater que nous n'étions pas les seuls à avoir multiplié les appels de fonds.

Si, de temps à autres, je glissais un mot à l'adresse de ceux qui nous affirmaient approuver la ligne de conduite du journal, partager nos façons de voir, et leur demandais de nous prouver leur sympathie autrement que par des mots, je suis tellement obtus que, même encore, je crois cette mendicité justifiée.

Si notre journal, sous divers noms, ne fut contrôlé que par un très petit nombre, le but de ce petit groupe fut de faire œuvre collective de propagande aussi large que possible, acceptant toutes les bonnes volontés qui venaient franchement, excluant toute idée de chapelle ou de coterie.

Y avons-nous réussi? A ceux qui suivirent notre propagande, à ceux qui se donneront la peine de relire les 33 années qui, sous trois titres différents, représentent le même journal, je laisse le soin de répondre.

Que ces exposés aient manqué de « décorum », c'est possible. Mais, faisant œuvre de propagande, j'ai toujours considéré que ceux qui approuvaient cette propagande, qui la trouvaient bonne, devaient la soutenir. Ce qui manque de décorum, ce n'est pas de faire appel à ces concours, mais d'être forcé de rappeler à ceux qui se réclament de certaines idées, que toute foi qui n'agit pas ne vaut pas grand chose.

En tous cas, ces appels furent toujours impersonnels. Adressés seulement à ceux qui approuvaient notre ligne de conduite, je n'ai jamais importuné personne, sauf ceux qui m'y avaient autorisé, soit en promettant une souscription définie, soit en me permettant d'aller les trouver en cas de besoin extrême. Et je n'ai jamais usé de la permission que lorsque je me voyais acculé à la suppression d'un numéro, ou si je ne trouvais pas la somme nécessaire pour payer une vieille dette.

*
* *

Si ces appels furent nombreux, c'est, surtout parce que les camarades qui recevaient le journal pour le vendre ne se pressaient pas de régler. Parmi les abonnés aussi, il y en avait trop qui oubliaient de renouveler. Et, parmi ceux qui nous approuvaient chaudement, il s'en trouvait trop qui étaient plus généreux en louanges qu'en monnaie, ou en toute autre aide effective.

Cela me rappelle un journaliste se disant avec nous, gagnant largement sa vie et auquel j'avais fait cadeau d'une des rares collections de « *La Révolte* » qui me restaient, qui vint un jour me trouver au journal et me dit :

— Connaissez-vous les Russes qui sont venus me trouver pour me demander de souscrire à un journal, en leur langue, qu'ils veulent publier ? Nous avons assez à soutenir les nôtres, sans être « tapés » pour d'autres qui nous touchent de moins près.

Estomaqué, je le regardai sans trouver quoi lui répondre!

Il m'avait toujours dit que le seul journal révolutionnaire qui l'intéressait, c'était « *Les Temps Nouveaux* ». Or, il n'avait jamais donné un sou, ni même payé l'abonnement de l'exemplaire dont je lui faisais le service! J'aurais pu lui demander quels étaient les journaux qu'il soutenait?

Je me vengeai en faisant prendre le remboursement, par la poste, de l'abonnement, qu'il paya quelque temps du reste.

« Il n'y avait qu'à supprimer l'envoi à ceux qui ne payaient pas », me dira-t-on, et c'est ce qui me fut conseillé plus d'une fois.

Si j'avais mené une affaire commerciale, c'est ce que j'aurais fait. Mais c'était un journal de propagande que je dirigeais. C'est tout différent. En ce qui concernait les vendeurs surtout.

Si ce vendeur plaçait cinq, dix, vingt exemplaires, parfois plus, en lui supprimant l'envoi, c'était autant de lecteurs que nous perdions. Autant de perdu pour la propagande, car nous ne trouvions pas toujours à remplacer le vendeur.

Quelques-uns nous coûtaient, en frais de lettre, autant, si non plus, que ne nous rapportait leur vente. Mais nous avions des lecteurs.

Il y avait aussi le bouillonnage. Que de fois les gens « pratiques » me disaient de limiter le tirage au chiffre de la vente. Seulement, j'avais remarqué une chose : Lorsque je réduisais le chiffre d'exemplaires à mettre en dépôt chez Hachette, aussitôt correspondait une baisse dans la vente. L'idéal aurait été d'être assez riche pour doubler les dépôts afin d'augmenter notre circulation. C'est pourquoi, bien que le bouillonnage de nos journaux fût un des grands griefs de ceux qui « savaient mieux », j'ai préféré mener une vie de mendiant, tant que je pus éviter de diminuer notre propagande.

C'était aux souscriptions à aider à couvrir le déficit.

Nous étions quelques-uns qui y consacrions nos forces, notre temps, notre intelligence, notre volonté, les autres pouvaient bien aider de leur poche.

Et cependant, pour mettre le journal à flot, il n'aurait pas fallu tant d'efforts ni tant d'argent.

Sur les 5.000 acheteurs au numéro ou abonnés, s'il y en avait eu seulement la moitié qui s'y fussent sérieusement intéressés — c'est faire large part aux curieux et aux indifférents — et eussent consenti à prendre deux numéros par semaine pour les distribuer autour d'eux — 0,20 centimes par semaine, ce n'est pas un grand effort — ces 2 ou 3.000 exemplaires eussent suffi à améliorer grandement la situation. Sans compter la propagande faite.

C'est un des mille « petits moyens » d'aider à la propagande, mais négligés par les anarchistes, parce que petit moyen. Les anarchistes ont toujours vu « grand », voulant fonder des quotidiens, alors qu'ils n'étaient pas capables de faire vivre les hebdomadaires qui existaient!

*
* *

J'eus l'idée de fonder un groupe de souscripteurs bénévoles qui voudraient bien s'engager à un versement mensuel sur lequel nous pourrions compter.

En juillet 1904, nous avions des promesses pour 344 fr. de versement mensuels et récolté 1188 fr. une fois versés. Mais un an après, les versements mensuels étaient tombés à 200 fr., environ. Deux ans après, ils étaient de moins de 100 fr. Les anarchistes n'ont jamais eu d'esprit de suite.

Ce fut pour sortir de la gêne que je pensai à faire paraître « *Le Révolté* » tous les 8 jours au lieu de tous les 15.

Si la vente n'augmentait pas c'était doubler un déficit, mais il fallait sortir de la situation où nous végétions. Je ne voyais pas d'autre issue.

Consultés, Reclus et Kropotkine me répondirent : «que, tenant la queue de la poêle, j'étais mieux à même qu'eux de savoir ce qu'il était possible de faire. Je tentai l'aventure.

Je lançai donc un appel pour annoncer notre intention,

demandant aux lecteurs de nous aider de leur obole pour couvrir les premiers déficits.

Il m'arriva de nombreuses et « très » chaleureuses lettres d'encouragement. Et, en 10 mois de temps, je reçus 357 fr. 60 de souscriptions ! Là-dessus, il y avait 300 fr. qui nous étaient venus d'un bloc, sous la dénomination : « divers anonymes ».

Je dois ajouter que ce n'étaient pas les souscriptions, pour une cause ou pour une autre, qui manquaient.

Nous avons été soutenus. Cela est indéniable. Pourtant, quel minime effort il aurait fallu — et qui ne fut pas fait — pour parer à notre déficit.

Dans le n° 39, du 30 juin 1888, je trouve un exposé de la situation financière, démontrant que, souscriptions comprises, le déficit n'était que de 37 fr. par numéro.

Pendant les périodes de persécution, les difficultés financières furent moindres car les camarades sortaient alors de leur apathie.

Il faut ajouter qu'il y avait cette légende que Reclus était là pour venir en aide au journal. En effet, Reclus nous venait en aide et nous faisait une subvention de 100 fr. par mois lorsque le journal vint à Paris.

Mais les ressources de Reclus n'étaient pas inépuisables. Sa *Géographie* terminée, Reclus dut nous supprimer sa souscription mensuelle lorsque parurent les « *Temps Nouveaux* ».

Pendant longtemps ce fut le camarade Ardouin qui nous sauva en versant une souscription mensuelle de 60 fr.

Je l'avais connu au « *Groupe d'Aide aux Amnistiés* ». Le groupe s'étant dispersé, je l'avais perdu de vue.

Quelque temps après, j'avais bien lu dans les journaux qu'un nommé Ardouin, fabricant de couleurs pour fleuristes, avaient été appelé à siéger comme juré aux Assises de la Seine, mais s'était récusé en disant : « Que la société ne faisant rien pour prévenir le crime, il ne lui reconnaissait pas le droit de le punir ».

— Tiens ! pensais-je, ça doit être mon Ardouin. Puis je n'y pensai plus. Un an plus tard, étant au journal, méditant sur les moyens d'arriver à faire paraître le numéro de la semaine, — celui de la semaine précédente n'étant paru qu'après un appel désespéré, et une augmentation de dette chez l'imprimeur, je vis tout à coup entrer quelqu'un qu'il me semblait connaître, sans pouvoir, sur le moment, mettre un nom sur sa figure.

— Vous ne me reconnaissez pas? fit-il.

— Vous êtes Ardouin.

Le nom m'était revenu.

Nous refîmes connaissance. Je lui parlai de l'incident de la Cour d'Assises dont il me raconta les détails.

— Voilà ce qui m'amène, reprit-il. Voulant m'affranchir du patronat, — il était ouvrier fleuriste — j'ai monté un atelier de couleurs pour fleuristes. Mais l'affaire ayant prospéré au-delà de ce que j'avais prévu, j'ai été amené à prendre des ouvriers. Ne voulant pas les exploiter, je leur paie une bonne journée et à l'inventaire, à chaque fin d'année, nous partageons les bénéfices. Mais quelques-uns d'entre eux ont des femme qui occupent des ouvrières qu'elles paient très mal, et il n'est nullement question de partage de bénéfices. D'autre part, j'ai remarqué que, lorsqu'on leur présente une liste de souscription, soit pour quelque œuvre de solidarité, soit pour quelque œuvre de propagande, plusieurs d'entre eux se défilent la plupart du temps. Je ne trouve pas cela juste. J'ai décidé que, dorénavant, une partie seulement des bénéfices serait leur, l'autre irait à des œuvres de propagande ou de solidarité. J'ai lu votre appel, et je vous apporte une partie de la somme prélevée sur les bénéfices de l'année.

Ce disant, il me tendit un billet de cinq cents francs!

Cinq cents francs! C'était une aubaine qui ne se produisait pas souvent.

Pendant longtemps, Ardouin nous continua un versement mensuel de 80 fr. environ.

Ce fut Pissarro qui, deux fois, paya nos dettes chez l'imprimeur, dépassant mille francs à chaque fois.

Une autre fois, ce fut une camarade polonaise qui m'apporta deux mille et quelques cents francs provenant d'un héritage qui lui était échu et que, adversaire de l'héritage, elle considérait ne pas devoir garder.

Enfin, un de nos abonnés à la « *Révolte* », le camarade Lucien Massé de Ars-en-Ré, nous laissa, par testament, une somme de douze cents francs avec laquelle nous fîmes imprimer diverses brochures.

Parmi les bons amis du journal, je ne dois pas oublier Frédéric Stackelberg qui, outre sa collaboration, fut, avec Signac et Hérold, un de nos plus fidèles souscripteurs mensuels, depuis « *La Révolte* » jusqu'à la fin des « *Temps Nouveaux* ».

Stackelberg, lui aussi, venait de la noblesse russe. Son père était un riche propriétaire. Il possédait l'île de Warms : 100 kilomètres carrés et 200 habitants qui lui appartenaient également.

Mais, tout jeune, Stackelberg avait des idées libérales. Il ne s'entendait pas avec son père. Ayant vu fouetter des paysans, il ne put le supporter. Il quitta sa famille et la Russie. Il avait seize ou dix-sept ans alors. Mais sa mère lui fut fidèle jusqu'à sa mort. Devenue veuve, elle vint habiter avec son fils à Nice.

Il se mêla au mouvement révolutionnaire de bonne heure Du temps de la Fédération Jurassienne, dont il faisait partie, il publia une brochure : « *La Femme et la Révolution.* Plus tard, *L'Inévitable Révolution*, dans la Bibliothèque Sociologique, chez Stock, et enfin, *L' A. B. C. de l'astronomie* paru en Variétés dans *Les Temps Nouveaux*.

*
* *

Par ce rapide aperçu, on peut voir que l'aide n'a pas manqué au journal, ni l'encouragement. Malheureusement, cette aide s'est répartie sur une période de plus de trente années, avec des lacunes que ne comblaient pas les petites souscriptions ordinaires qui pouvaient se monter à un millier de francs chaque année, souscriptions nombreuses mais modiques, variant de 0,10 à 0,50. Un franc parfois, 5 francs, c'était rare, 10 fr. encore plus.

Et cependant que n'aurait-on pas pu faire avec de l'esprit de suite? J'ai souvent cité l'exemple du « Touring Club » qui, avec une cotisation modique de 5 fr., versée par chaque adhérent, entretient des routes, en construit au besoin, et, en beaucoup de cas, se substitue à l'Etat pour faire ce dont ce dernier n'est pas capable.

Il est impossible de dire à quel chiffre se montait le total de ceux qui se disaient anarchistes. Mettons 20.000 et nous

serons bien au-dessous. Si chacun d'eux avait voulu — et
qu'il y eût eu une organisation pour centraliser les souscriptions — verser seulement 0,50 par mois — je parle en monnaie d'avant-guerre — cela aurait fait 120.000 fr. par an.
Cette somme centralisée pendant 10 ou 20 ans, on aurait
eu de quoi faire le quotidien après lequel les anarchistes
ont soupiré si longtemps, ou subventionner des propagandes que nous ne fûmes jamais capables même d'envisager, faute de fonds.

Et, je le répète, 20.000 anarchistes est un minimum.

Pourtant notre personnel de propagande ne s'accrois-
sait que très lentement; les nouveaux venus ne faisant que
remplacer ceux qui disparaissaient, et nous laissant toujours patauger dans les mêmes difficultés.

Je suppose que les individus n'ont qu'une certaine
énergie à dépenser pour la diffusion d'idées d'ordre général. Cette énergie dépensée, ils retombent dans la masse
qui regarde faire, se désintéressant des idées d'émancipation. Cette « masse veule », pour laquelle d'aucuns n'avaient
pas assez de mépris.

Quoique retirés de la lutte, quelques-uns, cependant,
conservaient leur façon de penser. On les voyait reparaître
aux périodes d'agitation. Mais, phénomène curieux, quoique ayant connu les difficultés de la propagande, on ne
voyait jamais figurer leur nom aux souscriptions.

On se demandera comment, en définitive, j'arrivai à
combler le déficit de quelques milliers de francs qui clô-
turait l'exercice de chaque année ?

Comme je l'ai dit, par deux fois, Pissarro paya nos dettes.
Comme droits d'auteur, je touchai, pour mes livres chez
Stock, une dizaine de mille francs qui s'engouffrèrent dans
notre budget si instable.

Tout gosse, j'avais commencé une collection de timbres-
poste, que nos relations mondiales me permirent d'augmenter. Un jour de dèche noire, je me décidai à la vendre.
Elle me fut payée 800 fr. Aujourd'hui, elle en vaudrait
30 ou 40.000.

Une autre fois, Stock étant embarrassé pour payer ses
droits d'auteur à Kropotkine, il fut convenu que je prendrais des volumes et que je solderais Kropotkine. Je crois
bien qu'il lui est redu, de ce fait, deux cents francs qui
furent digérés par le journal.

Il y a, enfin, les tombolas. Elle rapportaient, en moyenne, deux ou trois mille francs. Je ne me rappelle pas au juste. Sauf pour la dernière dont j'avais gardé les comptes (qui fut la plus productive de l'année, 8 à 9.000 fr. environ).

Pour vingt sous on pouvait gagner des tableaux de Angrand, Agar, Bonnard, des médaillons de Charpentier, des peintures de Cross, Mme Cousturier, Van Dongen, Delannoy, d'Espagnat, Grandjouan, Hermann-Paul, F. Jourdain, Lebasque, Lefèvre, Manzana, Paviot, Pissarro père, L. Pissaro, Luce, Petitjean, Roubille, Van Rysselberg, Raieter, Steinlen, Valloton et Willette. Et je ne cite que les plus connus.

Au début, je m'étais inscrit pour un salaire de 150 fr. par mois puisque tout mon temps était pris par le journal. Je l'avais porté à 200 dans les dernières années. Mais c'était pour fixer un chiffre car je ne tirais pas cela du journal.

Les camarades qui m'aidèrent furent payés 40 fr. par semaine. Ce ne fut que dans les derniers temps que Girard fut élevé au haut chiffre de 60 fr. par semaine.

*
* *

Voilà, résumé, le travail de 35 années de travail — en prenant notre point de départ de l'apparition du premier numéro du *Révolté*. 35 années de propagande, 35 années de lutte acharnée.

Et, aujourd'hui, que reste-t-il de tout cela? Qu'est devenu le mouvement?

Pour ainsi dire rien, ou presque rien. Nos idées, qui se répandaient dans tous les milieux, qui s'imposaient à tous ceux qui étaient capables de réfléchir, ont été brusquement arrêtées dans leur essor par le cataclysme de 1914.

Mais la boucherie de cinq ans de massacres, la fameuse « Déclaration » des seize, ne furent qu'une occasion, qu'un prétexte pour cette reculade. Sans doute, le sectarisme des uns, la vanité d'aucuns, et la basse rancune des éléments désorganisateurs envoyés parmi nous y contribuèrent pour une bonne part. Mais l'œuvre de désorganisation menée systématiquement et habilement par la police, avait, bien avant la guerre, — nous l'avons vu dans ces pages — commencé son œuvre néfaste.

Tout y a contribué. Il est fatal qu'à une période d'effervescence où les individus se sont dépensés en espoirs, en luttes, en sacrifices succède une période d'enlisement. La période révolutionnaire de 1789 à 1795 fut suivie de celle du Directoire, où la majeure partie des gens ne pensaient qu'à jouir crapuleusement. Les 5 ans de guerre de 1914 ont été suivis d'une période d'apathie qui dure encore, et finira on ne sait quand.

Mais, quel que soit le dégoût que nous inspire la démoralisation de l'heure présente, malgré le bas niveau où est tombé notre mouvement par l'action voulue des uns, l'inconscience des autres, je persiste à croire qu'il ne faut pas désespérer. Nos idées ont trouvé trop de répercussion dans les milieux où on se piquait de réfléchir pour croire qu'elles peuvent disparaître, sans laisser de trace. Elles peuvent sommeiller dans les cerveaux, mourir, non.

Il reviendra un moment où les esprits se reprendront. Le simple bon sens et la saine raison ne peuvent mourir. Reviendra le moment où elles se réveilleront, où les individus se ressaisiront, et comprendront que lutter pour jouir n'est pas une solution, ni un but.

Aux anciens éléments de propagande disparus, se substitueront de jeunes générations qui reprendront la lutte où nous l'aurons laissée. La lutte pour plus de bien-être pour tous, pour la libération des cerveaux et des individus, reprendra la première place dans les préoccupations humaines, les individus ayant compris, à nouveau, que la satisfaction de bas appétits ne peut contenter que des brutes. Boire et manger, sans doute, sont des besoins primordiaux qu'il faut satisfaire, mais pour avoir la force de travailler au développement intégral de notre être: moral, intellectuel aussi bien que physique.

Oui, nos idées portent en elles-mêmes leur force de vie et d'expansion. Tôt ou tard, elles reprendront leur place dans les préoccupations humaines.

APPENDICE

Recettes et Dépenses de quelques années :

Beaucoup de mes livres de comptes ayant disparu dans le déménagement de la rue Broca, je n'en retrouve pas d'antérieurs à 1902.

Le bilan de cette année se décompose ainsi:

Aux Recettes :

Abonnements	6.599 »
Vente au numéro	21.273 »
Brochures et souscriptions	13.000 »
Bénéfices sur vente de livres	765,55
Total des recettes....	**41.637 55**

Aux Dépenses :

Papier	7.450 »
Impression	16.000 »
Expédition, frais divers de poste	6.947,45
Divers	10.750,40
Total des dépenses....	**41.147,85**

Mais, pour bien comprendre ces comptes, il est nécessaire de donner quelques explications.

Toujours sous la menace d'une perquisition ou d'une arrestation, afin d'éviter des tracasseries pareilles aux camarades, dès le début, j'avais pris l'habitude de n'insérer

que les initiales des souscripteurs dans le journal, et de ne
faire figurer que la somme dans mes livres.

Les noms des abonnés, impossible de les dissimuler. Mais,
comme pour les souscriptions, il ne figurait aucun nom
pour les achats de livres et de brochures. J'avais mis les
trois dans la même colonne pour ne pas en avoir trente-
six sur la même page.

La maison Hachette qui nous faisait le service de la province, nous faisait payer 0,01 par exemplaire pour l'envoi
à ses dépositaires. En plus, les frais de retour au kilo. Dans
les recettes de la vente au numéro, ces frais ne figurent pas.
Je n'inscrivais que la somme reçue. De sorte, que notre
vente était un peu plus forte qu'elle ne figure aux recettes.

Aux dépenses, sous la rubrique « Divers », j'inscrivais
les menues dépenses: Frais de bureau, loyer, mon traitement et celui du camarade qui était avec moi, le coût
des clichés, et autres dépenses qui ne rentraient pas sous
les autres rubriques.

Pour en revenir à ce chiffre de 41.637 fr. 55, le plus élevé
que nous ayons encaissé — je n'ai pas les années précéden-
tes — les souscriptions et les brochures y figurent pour
13.000 fr. C'est que, là-dedans, est inclus le produit d'une
tombola. Ce qui explique cette autre anomalie: aux *Temps
Nouveaux* et à *La Révolte*, un excédent de 500 fr.

De plus, aux dépenses, figurent les sommes payées, mais
non les commandes de papier ou les numéros parus non
payés qui formaient notre passif.

Aux recettes ne figurent pas davantage les numéros
vendus mais que les dépositaires oubliaient de nous payer.
Ce qui ne figure pas encore aux dépenses, ce sont les sommes prêtées à des camarades qu'ils oubliaient de rendre.
Celles versées pour venir en aide à quelque infortune.
Il existait bien une souscription pour aide aux famille des
détenus. Mais les besoins dépassèrent toujours les recettes.

Je reviens à mes comptes:

1903. — Recettes : 41.428,55. — Dépenses : 44.567,80.
Déficit : 3.139,25. La prospérité n'avait pas duré.

1904. — Manque.

1905. — Recettes : 26.600,40. — Dépenses : 25.868,65.
Excédent : 731 fr. 75. Cet excédent, je ne peux l'expliquer,
alors qu'il y a une baisse sérieuse dans la vente au numéro,

les abonnements restant à peu près les mêmes.

1906. — Se maintient. — Recettes : 26.332,30. — Dépenses : 28.056,50. — Déficit : monte aussi : 1.724,20.

1908. — Légère augmentation, mais c'est une autre année de tombola, qui a rapporté 9.256 fr. — Recettes : 29.488,45. — Dépenses : 25.633,85, avec un excédent de 3.854,60 qui servit à liquider quelques dettes.

1912. — (Manquent les autres années) donne 21.887,20 de recettes, autre baisse, et 29.481,85 de dépenses. Déficit: 7.594,65.

1913. — Autre baisse. Recettes : 20.052. — Dépenses : 25.370,05.

1914. — C'est la déroute.

*
* *

A côté de ces chiffres, voyons la besogne faite.

Laissons de côté le journal, qui compta, pendant les trente années de son existence, quelque chose comme 12.000.000 d'exemplaires.

Pour l'affaire Ferrer et l'affaire Rousset nous publiâmes des feuilles spéciales tirées à 10.000 exemplaires chaque.

Pour la campagne en faveur des prisonniers de Montjuich, il fut tiré une feuille spéciale, l'*Echo de Montjuich*, distribuée avec les *Temps Nouveaux*, mais les frais en furent payés par Ardouin.

Ce fut dans l'édition des brochures que nous fûmes les plus brillants.

Lors du déménagement de la rue Broca, fait d'une façon imbécile, il a été perdu quantité de documents. Je reconstitue avec ce qui me reste. Voici les chiffres que j'arrive à reconstituer:

Nous publiâmes 88 brochures, avec un tirage global de 2.236.000 exemplaires.

Certaines comme *Entre Paysans*, de Malatesta, furent en plusieurs reprises, tirées à 95.000. *Aux Jeunes Gens*, de Kropotkine, 80.000. *L'Esprit du Révolté*, 30.000. Les autres à 10.000.

2.236.000 exemplaires, et je dois être au-dessous de la vérité. Cela représente une belle activité.

A Genève, pendant les cinq ans qui précédèrent mon arrivée, diverses brochures furent éditées, dont je ne connais pas le chiffre de tirage et dont plusieurs me manquent.

Entre autres, *La Peine de Mort* de Reclus, *Le procès Solovief*, *Le procès de Lyon* et diverses autres dont je ne puis faire figurer les tirages ici, faute de renseignements.

Il faut ajouter la brochure à distribuer que nous laissions aux camarades pour le prix du port. J'en trouve 6. Avec un tirage global de 240.000.

Ensuite, nous eûmes les volumes suivants: *Guerre-Militarisme*, 2.000 exemplaires ; *Patriotisme-Colonisation* 2.000 ex.; *Le Coin des Enfants* (3 séries) 6.000 ex.; *Terre-Libre*, 2.000 ex.

Une série de 35 lithographies, dont 5 en couleurs, devant servir de frontispice aux volumes du Supplément, et dont le tirage fut de 2 à 300 exemplaires chacune.

Une eau-forte de Daumont et de Barbotin, une autre de Daumont seul et une autre de Frédéric Jacques. Même tirage que les lithos.

Il y eut un tirage à part des illustrations de *Guerre-Militarisme* et de *Patriotisme-Colonisation*. Un des dessins parus dans l'année où *Les Temps Nouveaux* furent illustrés. Un autre dessin du numéro sur *Biribi*.

Une eaux-forte assez mal réussie (c'était notre début) sur les martyrs de Chicago.

Portraits de Bakounine, Proudhon et Cafiero, burins de Barbotin.

Plus, trois affiches illustrées. Une de Luce, une de Steinlen et une de Léomin.

En somme, si la vie du *Révolté* jusqu'aux *Temps Nouveaux*, fut une vie de mendicité, comme d'aucuns « bons camarades » veulent l'insinuer, il semble que, par contr., il y fut fait de la besogne.

J'oubliais l'image « Cnauvinard » (genre Epinal), pour gosses, qui fut tirée à 15.000 exemplaires, que les 4.000 fr. de la camarade russe nous avaient permis d'exécuter.

FIN

XVII

FAC-SIMILE D'UNE LETTRE DE KROPOTKINE
ADRESSÉE A JEAN GRAVE LE 2 SEPTEMBRE 1914
ET SUIVIE D'UNE AUTRE DU MÊME AU MÊME CONTENANT
UNE CRITIQUE INATTENDUE DE DOSTOÏWSKY

Brighton
2 septembre 1914.

Mon bien cher Jean

J'écris à l'instant ta lettre. Mon cœur s'est serré de douleur en la lisant. Dans quel monde d'illusions vivez-vous pour parler de la paix ?

Les conditions de la paix seront imposées par le vainqueur. Et, avec la Belgique conquise, les armées allemandes à 100 kilom. de Paris, amenant des canons nouveaux de 425 m/m (17 pouces de diamètre à la gueule), et nos forts faits pour résister

Seulement aux canons de
275 cm au maximum ~~[illisible]~~
30 cm, ~~avec~~ une armée de
~~Huns~~ à ~~[illisible]~~ ~~battant~~ comme
~~[illisible]~~ des diables, ~~[illisible]~~
ne parlez de dicter les !!
conditions de la paix.

Mais pensez donc d'abord
à ~~battre~~ cette armée, à
~~reconquérir~~ la Belgique
livrée à feu et à sang, à
défendre Paris.
Vite, vite, versez et
fondez des canons de
50 cm et mettez les, en
les traînant tous, — vieux,
femmes et enfants — pour
les placer en position
sur les hauteurs au
nord de Paris pour attaquer

des Russes par derrière.

Vite, vite apprenons tous à démonter leurs aéroplanes Taubes, et à massacrer les envahisseurs ~~partout. la Belgique envahie, le droit international n'existe plus.~~

Mais on ne vous dira rien sur ce qui se passe en Belgique,— et vous continuez à rien.

Je parie que vous comptez sur les Russes, et que personne de vous n'a mesuré sur une carte la distance depuis Eydtkuhnen à Berlin (800 km.) en comprenant que rien que pour une ~~promenade~~ cela prendrait 40 jours de mardi. Mais

les Allemands sau-
ront défendre Berlin,
ils sauront transformer
ces 40 jours en 80, alors
même que ce serait
une succession de victoires
pendant 3 mois ! Et
voilà un mois passé et
les Russes pas encore
sortis de la Prusse orientale
ce qui ne permet pas aux
armées marchant sur Posen
de sortir de la Pologne !

Armez vous ! Faites un
effort surhumain, — c'est
comme cela seulement que
la France reconquériera le
droit d'inspirer de sa civilisation, de ses idées de liberté
de communisme, de fraternité

les peuples de l'Europe.
De grâce réveillez-vous!
Ne laissez pas ces autres
conquérants de nouveau
écraser la civilisation
latine et le peuple
français qui a déjà
en Juin 1848 et en
(1871) Ne les laissez pas à s'ingérer à
alors qu'eux n'ont pas encore l'Europe un siècle de
fait, ni essayé militarisme.
de faire leur 1789-
1798. Je sais bien qu'il y a
des socialistes en Alle-
magne, — mais on
sait que c'est une joyeuserie, qui,
si elle essayait de lever,
serait écrasé comme la
Révolution russe fut écrasé
en 1905. C'est la clique
militaire qui a joué. Que
dirait-ce si elle était militaire?

Passe cette lettre aux camarades, je t'en prie.

Nous sommes mieux renseignés ici, et mieux placés que vous pourriez, où nous en sommes avec cette guerre.

Sophie et moi nous vous embrassons de tout cœur.

Ton Pierre

Si tu savais, comme mon cœur — nos cœurs à nous quatre — avec tant d'horreur souffre d'assaut de voir la France investie et menacée, [Corinthos?], et la Belgique écrasée, mutilée.

j'espère, je suis encore
à la victoire. Mais
la calme résignation
de Paris, dont me parle
un nouvel arrivé — un
camarade américain —
me plein le cœur.
L'ardeur, la bravoure inouïe
des armées belge et fran-
çaises sont adorables.
Mais au nombre des
hordes allemandes il
faut opposer le nombre.
Ici, avec les amis anglais
nous faisons tout pour
qu'on presse l'envoi des
renforts. Mais cela
prend du temps. En
tout cas, nous voilà au
2 septembre, et les allem...

ont manqué à leur
promesse d'être déjà
à Paris. Mais il
faudra le défendre
comme des bêtes
féroces pour les
empêcher d'y entrer.

EXTRAIT D'UNE LETTRE DE PIERRE KROPOTKINE
A JEAN GRAVE (4 AVRIL 1916)

Sais-tu, mon flair ne m'avait
pas trompé sur Dostoïevsky. Dans
les frères Karamazoff le type de prêtre
très touché évidemment bas, vient,
dit-on de Martin l'enfant trouvé
(n'as-tu pas ce roman ?). Quant à sa
fameuse conversation avec l'inquisiteur celle
c'est complètement inspiré par les volumes
des Mystères du Peuple où il parle du Christ
et plus tard des auto-da-fé, et plus tard encore
à Loyola — Nous vous embrassons bien tous
deux.   Ton Pierre

TABLE DES GRAVURES

TABLE DES MATIÈRES

ACHEVÉ D'IMPRIMER
LE VINGT-HUIT FÉVRIER MIL NEUF CENT TRENTE
PAR LES SOINS DE
GEORGES-CÉLESTIN CRÈS, ÉDITEUR
SUR LES PRESSES
DE L'IMPRIMERIE CHASSAING
DE NEVERS